JN203878

清末中国の士大夫像の形成

郭嵩燾の模索と実践

小野泰教――著

東京大学出版会

The Formation of the Ideal Image of Scholar-Officials
in the Late Qing Period: Guo Songtao's Contemplation and Practice

Yasunori ONO

University of Tokyo Press, 2018
ISBN 978-4-13-026159-3

清末中国の士大夫像の形成／目次

第Ⅲ部　士大夫像の模索と経学・諸子学

凡例

・漢字は特に必要がある場合を除いては常用漢字を用いる。
・年月日の表現については、陰暦を主とし、陽暦を併記する。
・本文中の（ ）は筆者による補足や注記を表す。
・引用史料原文中の……は、筆者による省略を表す。引用史料の現代日本語訳中の（ ）は史料の著者による注記、〔 〕は筆者による補足を表す。

序章　郭嵩燾による士大夫像の模索

第一節　中国近代思想史の枠組みと郭嵩燾

本書の多くの読者にとって、郭嵩燾（一八一八―一八九一）は、何よりもまず中国初代駐英公使として知られているだろう。中国の海外における常駐公使の設置は、第二次アヘン戦争終結後に結ばれた天津条約（一八五八）に規定されていたが、正式には、英国公使館員マーガリー殺害事件（一八七五）後の芝罘条約で派遣が決まった謝罪使を、そのまま英国に駐在させる形で実現したものだった。

この中国史上初の常駐公使派遣は、当時の中国の外交政策上重要であっただけでなく、中国の旧来型知識人である士大夫の西洋認識という面においても極めて重要な出来事であった。というのも、郭のように進士の肩書を持つ士大夫が、長期にわたって西洋諸国に滞在したうえ、現地の観察まで行うといったことは中国史上例のないことだったからである。なかでも注目されてきたのは、郭嵩燾が、光緒三年（一八七七）から光緒五年（一八七九）までのヨーロッパ滞在中、詳細な西洋観察記録を書き残していたことである。郭は西洋の政治、経済、文化のあり方を詳細に記録し、西洋との比較で中国を批判している場合も少なくない。

このような郭嵩燾については、清末思想史研究のパイオニアである小野川秀美が次のような論評を行っている。西人の政教に対する関心は、光緒の初葉において、曾紀沢の外にも特志の士には抱かれていた。……また初代駐英公使郭嵩燾も西人の政教に注目した先駆的な一人ということが出来る。光緒二年（一八七六）イギリスへの赴任の航海中において、郭嵩燾はイギリス艦船の交歓の状に「彬々然たる礼譲の行を見、彼の国の富強の基がかりそめでない」ことを知った。西洋は貿易を立国の本としているが、その商政の経理は整々と厳粛に、条理は秩然としている。そこに富強を致す所以の根本があると考え、アデン近くのペリム島をイギリスがフランスから奪取したことには、イギリス人が上下一心となって国の利を謀ることを思い、その沛然として興るべき所以に想到したのである。これはすなわち「西洋は立国二千年、政教修明にしてつぶさに本末がある」という、西洋の富強の背後にあるものに対する反省に外ならないであろう。……それにしても西人の政教の優秀さを認めることは、当時にあっては勿論異例のことであった。先きに郭筠仙侍郎（嵩燾）は、常に西洋の国政民風の美を心から羨んで、清議の士の排撃するところとなるに至った。余もまたややその言の過当なるを訝っていたが、この度欧洲に来游してパリからロンドンに至り、始めて侍郎の説の当れるを信じたとは、光緒十六年（一八九〇）欧洲諸国へ出使した薛福成の言葉である。(1)

清末中国において郭ほどに主体的に西洋に関わり、自らの観点から詳細なる観察を行った人物は存在せず、これまで多くの研究者が郭の西洋における言動や西洋認識に注目してきたのである。

郭嵩燾の以上のようなあり方から、従来の研究においては大まかに二つの郭嵩燾像が描かれてきたと言える。

一つは、当時の士大夫としてはいち早く西洋社会の進歩性に気づいた開明的知識人というものである。中国と西洋との関わりは、二度のアヘン戦争によってそれまでになく高まったが、一般的な士大夫の頭のなかでは、中国こそが世界の文明を代表するものであり、西洋は単に軍事技術にたけた夷狄にすぎなかったのである。このような考えが多勢をしめる中国知識人のなかで、西洋に関心を示したばかりか、軍事技術のみならず議会制度や資本主義、各種文化にまで高い評価を下した郭嵩燾は、確かに異彩を放っていた。そして例えば、郭嵩燾の西洋観察日記である『使西紀程』が、中央の保守派官僚から非難を受けて発禁処分になったというエピソードともあいまって[2]、彼の進歩性が高く評価されてきたのである。前述の小野川の見方もこのような郭嵩燾像の一例である。

ではもう一つの郭嵩燾像とはどのようなものか。それは西洋に儒家的価値観で臨んだ伝統士大夫というものである。周知のとおり、士大夫とは、儒家の経典である経書と詩文との教養を身につけ、科挙試験に合格して行政を担った学者官僚のことである。彼らは、宋代に科挙制度が整備されたのを契機に台頭し、その道徳的、文化的威光によって民を教化する存在として活躍した。また科挙試験の門戸は広く、それに合格して士大夫になることで得られる各種の恩恵は、自身のみならず一族の安泰を保証するものであった。そのため科挙に合格して士大夫になるという理想像は中国社会のすみずみにまで浸透し、中国人の思想に多大な影響を与えてきたのである。

郭嵩燾は、道光二十七年（一八四七）の進士で、さらに翰林院庶吉士に選ばれており、当時の士大夫のなかでもとびぬけたエリートであったことが知られる。そして彼は、渡英以前の長い時期を中国で地方官や郷紳として過ごし、さらには生涯を通して経学や諸子学など伝統学術の研究に従事している。このように、郭嵩燾は間違いなく典型的な士大夫の一人であった。そして郭嵩燾の士大夫という側面を重視する研究者たちは、次のような問題へと関心を向けていくことになった。すなわち、郭嵩燾は伝統士大夫であるにもかかわらずなぜ西洋を高く評価できたのか、彼の儒家思想と西洋認識とはどのような関係があるのか、駐英公使でありながら経学者でもあった彼の経学とはいかなるものなのか、などである。

以上が従来の研究に見られた二つの郭嵩燾像であった。これらの郭嵩燾像は、一見、相いれない性格を有しているように思われる。だが筆者の見るところ、この二つの郭嵩燾像は、ある共通した郭嵩燾へのアプローチの仕方から生まれたものだと言うことができる。そのアプローチの仕方とはすなわち、進歩と保守、あるいは西洋近代と伝統儒学といった中国近代思想史研究の枠組みに関連させる形で郭嵩燾を分析しようとするものである。換言すれば、郭嵩燾はこれまで、研究者が前提とする中国近代思想史研究の枠組みの恰好の事例として取りあげられてきたのである。このようなアプローチは、確かに多くの成果をあげ、中国近代思想史研究を活性化させてきたと言える。

しかしながら筆者は、こうした従来の郭嵩燾像やそれを生んだアプローチの仕方に対し次のような疑問を抱くものである。従来の郭嵩燾像が現代の研究者の研究枠組みと深く結びついているとしたら、それは本当に当時の郭嵩燾のあり方を描けているのであろうか、果たしてそのような方法によって郭嵩燾が何を目指していたのかを明らかにできるのであろうか、という疑問である。進歩と保守、西洋近代と伝統儒学といった枠組みはあくまで現代の研究者のものである。本書を通して明らかにされるように、郭嵩燾自身が自らを進歩派と見なして保守派を排撃したわけではないし、また自身の思想課題を伝統儒学と西洋近代との接合などと見なしていたわけでもない。つまり、従来の研究では、郭嵩燾自身の主体的な問題意識という最も基本的な点が、十分に検討されてこなかったと言えるのである。

筆者が本書を通して主張したいのは、郭嵩燾がやはり彼自身の主体的問題意識を有していたということである。彼の思想と実践は、この問題意識のためになされたものであった。そして、まさにその問題意識の歴史的価値ゆえに、郭嵩燾を研究対象として取りあげる意義があるのである。

では郭嵩燾の主体的な問題意識とは何であったのか。それこそが本書の最大のテーマである士大夫像の模索、すなわち士大夫とは社会においていかにあるべきかという問題をめぐる思索である。郭嵩燾が自身の最大の課題としていたのは、士大夫がさまざまな要因により能力を発揮できていない当時の現状を打破し、士大夫の本来あるべき姿を回復することであり、さらには真の士大夫たちによって担われるべき社会秩序を自らもその一員として構築することだったのである。そして郭嵩燾は、地方官の経験や西洋体験、そして経学・諸子学研究から、士大夫とはいかにあるべきかという問いへの答えを見出そうとしたのである。郭嵩燾の思想と実践の最大の魅力は、この士大夫の社会的地位の回復への熱意と、士大夫が目指すべきとされた秩序像にあるのである。

それでは本書のこうした主張をより明確にするため、次節において、先行研究を整理検討したうえで、士大夫像の模索という郭嵩燾の問題意識についてさらに詳しく解説をしていきたい。

第二節　先行研究の整理と本書の位置

郭嵩燾は著名な官僚であって、その人物評価は彼の同時代から存在した。当時の官界の有力者李鴻章や湖南省の有力者王先謙が、湘軍での軍費獲得・西洋との外交交渉・礼学研究といった観点から郭の功績を称揚している。一方、郭は生涯を通じ、政争に巻き込まれることが多かった。賜諡の要求と郭の著作の国史館への保存という李鴻章の希望は、朝廷に認められなかった(3)。

その後、清朝最末期から中華民国期にかけては、中国最初の外交官として、また地元湖南の偉人として顕彰されていくことになる。このような郭の評価の第一の転機は、中華人民共和国期、特に改革開放前であり、洋務運動評価との関連で彼の評価がなされた。彼は湘軍の一員として農民起義を弾圧した封建的社会階層に属する。しかも彼の生涯を貫く親西洋的言動は、帝国主義勢力への妥協と見なされた。こうした当時の学術界の雰囲気を伝える研究として、王栻・孫応祥、熊月之らの研究がある(4)。

一方この時期には、中国外交史上における郭嵩燾の役割を解明しようとする研究も進んだ。これらの研究の特徴は、イギリス外交文書等を参照し、在外公館の設立や外交活動の観点から公使時期の郭の言行を精緻に跡づけるものである。代表的な研究としては、彭沢益や王曾才のもの、[5] 西欧圏の研究としてはフロッドシャムによる『使西紀程』の解説・訳注、[6] そして郭の外交姿勢を彼の自強観との関連で精緻に分析したツイの博士論文などは、[7] 現在でも参照価値が高い。以上の外交史研究の流れにおいて後述の『日記』史料も使って詳細なものとしては、黄康顕の研究がある。[8] また台湾でこの時期出版された『郭嵩燾先生年譜』は、現在でも極めて有用な史料となっている。[9]

第二の転機は、改革開放後の一九八〇年代である。この時期には、洋務運動の再評価が進み、その機運のもと、郭嵩燾関連の一次史料が大量に刊行された。なかでも最大の成果は、咸豊から光緒年間までを含む郭の日記（『郭嵩燾日記』）が刊行されたことである。[10] こうした史料状況の進展に伴い、中国、台湾、日本において、郭の外交史上の貢献のみならず、一個の知識人や士大夫としての郭の思想や行動、そして彼をとりまく中国社会の分析に関心が持たれるようになった。また近年では関連学会が開催され、研究史整理の著作も刊行されている。[11] 二〇一二年には『郭嵩燾全集』が出版され、郭嵩燾の残した論著へのアクセスが容易となった。[12]

本書は、旧来の外交史研究の成果も摂取しつつ、[13] 基本的にはこうした知識人や士大夫としての郭の思想、そして彼が見た中国・西洋の現状を明らかにするというスタンスをとる。

知識人や士大夫としての郭の思想の研究にも膨大な蓄積があるが、そのおおまかな枠組みは次の三つに分類できると思われる。

第一の枠組みは、研究者が西洋像をあらかじめ想定し、その像に郭の認識がいかに近いかで、進歩性や保守性を測定するというものである。こうした枠組みを採る研究は枚挙にいとまがないが、例えば鍾叔河の研究などはその一例であろう。[14] こうした研究は郭嵩燾研究を牽引し、多くの成果をあげてきた。しかしながらこのような枠組みが導き出す結論、すなわち、郭の思想は当時としては進歩的であったという見解には、筆者は同意できない。なぜなら、こうした枠組みには次のような視点が欠落しているからである。すなわち、郭の西洋認識が、彼自身の問題意識に基づく論理的整合性を有しており、われわれの西洋認識をよりいっそう豊かにしてくれる場合もある、という視点である。こうした視点を欠いた第一の枠組みは、郭嵩燾の思想、ひいては中国近代思想の描き方としては非常に知的魅力に乏しいものと思われるのである。

第二の枠組みは、郭嵩燾の西洋認識と士大夫としての思想との関係を解明しようとするものであり、現在ではこの枠組みが研究の主流となっている。郭が書き残した史料の大半を占めるのが中国古来の概念や思考様式であり、進士という郭の肩書からしても、こうした研究方法が採られてしかるべきであろう。この第二の枠組みの多くは、彼の日記に見られる概念や思考様式を儒家思想と概括し、それと西洋認識との関係を比較するものであり、その結論として次の二つの相反する見解が導き出されている。

一つは、郭が儒家思想に基づきつつ西洋を高く評価しえたことをもって儒家思想と西洋近代との親和性を主張するものである。こうした評価をしているものとして汪栄祖の詳細な伝記研究があげられる。⑮また郭嵩燾の儒家思想を、実践性の高い経世思想と捉え、彼の経世思想と西洋認識を関連づけようとする黎志剛の研究や、⑯王興国の研究などがあげられる。⑰さらに枠組みとしては前述の第一のものに近いが、郭嵩燾の風俗観念に着目し、西洋の政治・経済・文化の根底にある風俗という点に注目しえたことを郭の先駆性だったとする曾永玲の研究は、本書でも議論すべき内容を含んでおり参考になる。⑱

一方で、郭嵩燾の儒家思想が彼の西洋認識を不正確なものにしたという評価もある。こうした研究の代表例としては、佐々木揚の一連の研究があげられる。⑲佐々木は、渡英以前から見られた郭嵩燾の士大夫批判、特に中央の士大夫の外交政策への批判を網羅的に取りあげ分析したうえで、そうした士大夫批判と彼の西洋への高い関心が結びついていたことを示した。しかしながら、こうした西洋への関心も結局、「政教」「人治」「人心風俗」といった伝統的観点からなされているにすぎず、そこに郭嵩燾に対する中国の歴史的思想的重圧を見ようとする。また手代木有児の研究は、郭が見たイギリス社会の現状も視野に入れながら郭の「政教」「風俗」観念と西洋認識との関係を考察している点で重要である。ただその考察の重点は、その関係自体にあるのではなく、「政教」「風俗」の良し悪しで「華夷」を分けるという発想が郭において強固に持続していたことにある。[20]

こうした第二の枠組みは、第一の枠組みに比べ、郭嵩燾の思想をより内在的に考察しようとするもので、その姿勢には共感できる。しかしながら、筆者は次のような点でこうした枠組みの研究に不十分さを感じている。

一つは、儒家思想が郭嵩燾において強固に持続したという事実ばかりに関心が向きがちであったということである。上記のいくつかの研究は、例えば郭嵩燾において風俗観念と西洋認識とが関係していたという事実を的確に指摘しているにもかかわらず、そこから郭の風俗観念の内実をつきとめたり、また風俗という観念から構成された西洋認識のユニークさを十分検討したりせず、むしろ西洋認識においてさえ儒家的発想が現れるという持続性の存在のみに着目しているのである。

以上に関連して二つ目の不十分さというのは、こうした研究が前提とする儒家思想である。これまでの研究では、郭嵩燾の儒家的発想は、概して伝統中国の儒家思想として極度の一般化をもって論じられてきた。[21] しかしながら、本書で明らかにしていくように、同じく儒学に基づきながらも郭と同時代人たちの見解には大きな相違があったし、士大夫の学問の創始者である朱熹と比較した場合でさえ、非常に大きく異なっているのである。

もっとも、こうした先行研究への不満を持つのは筆者のみではない。以上のような第二の枠組みを再検討する形で現れたのが、次の第三の枠組みである。

すなわち郭嵩燾の儒家思想のどの部分が具体的に変化したのか、またどの部分が西洋認識に結びついているのかを彼の経書解釈から導き出そうとするものである。このような枠組みの代表としては、王賓の研究があげられる。[22] 王賓は、郭嵩燾の儒家思想を固定的に捉えるのではなく、郭が具体的にどう西洋の衝撃を受け、彼の儒家思想のどの部分が変わったのかを内在的に明らかにしようとし、郭嵩燾の『大学章句質疑』の分析を軸に考察を進めている。王の研究は、郭嵩燾の思索の出発点として西洋の衝撃とともに士大夫の私利追求という官界の腐敗をあげている点や、『大学章句質疑』に基づいて彼の修己治人観に言及している点など、本書も注目する出来事や史料について論じており、筆者が最も深く対話すべき研究の一つであると言える。

だが、こうした郭嵩燾の経書解釈から彼の西洋認識を考えようとする研究には、ある共通した傾向が見られる。それは、郭嵩燾の経書解釈に「実践性」や「制度」の重視といった志向を読み取り、それを「個人修養」「道徳」重視の朱熹の思想と対置するという見方である。これに対し筆者は、そもそも郭嵩燾の経書解釈に「制度」の創作とそれに基づく社会変革という志向は読み取ることができず、「個人修養―実践」「道徳重視―制度重視」という対立軸で朱熹と郭嵩燾を比較することは妥当性を欠くと考えている。郭の経書解釈に朱熹以上の「実践性」や「制度」の重視の志向を読み込んでしまう背景には、郭嵩燾思想の内在的分析を目指しているにもかかわらず、個人の修養よりも制度改革の方を評価するような価値観が前提としてあるのではないか。

さらには、こうした第三の枠組みの研究が、郭は西洋を理解しその衝撃に対応するための武器として経書解釈を用いたと見なしている点は、結局のところ、儒家思想と西洋との関係を分析する第二の枠組みそれ自体を乗り越えられないのではないか。

それでは、郭嵩燾の士大夫像の模索に着目する本書は、以上のような先行研究、とりわけ第三の枠組みとどう異なるのであろうか。その相違と絡めつつ本書の主要な関心を述べれば次のようになる。

その相違とは、まず筆者が、郭嵩燾自身の次のような問題意識を重視している点である。すなわち郭自身の問題意識とは、「士大夫がどのようにすれば存在意義を回復できるのか」「士大夫たちはどのようにして秩序を構築すべきか」というものであった。郭嵩燾が残した多くの史料に共通して現れるのは、このような問題意識であった。郭の思想と実践とは、いずれもこの問題意識と何らかの関係を持っていたのである。

郭嵩燾は生涯のあらゆる場面において、この問題意識から思索を行っているが、本書は郭嵩燾の生涯のなかでも、次の三つの場面に注目し、そこにおける士大夫像の模索を考察する。それら三つの場面とは、一つ目が、郭嵩燾の地方官経験、二つ目が彼の西洋体験、そして三つ目が彼の経学・諸子学である。これら三つの場面を取りあげる理由は、まずそれらがそもそも郭嵩燾の人生の特徴を最もよく表すものだったからである。すなわち、郭嵩燾はアヘン戦争を幕友として経験し、咸豊期には太平天国討伐のため湘軍において軍費獲得業務を任され、同治期には署広東巡撫に就任、西洋諸国との条約改正交渉や排外運動への対応に関わった。光緒初期にはマーガリー事件の謝罪のためイギリスに派遣され、そのまま初代駐英公使として西欧諸国とかずかずの外交交渉をこなした。またそれ以外の時期には、故郷湖南において終始郷紳としての影響力を保持し、伝統学術の研究や教育を行っている。郭嵩燾と同時代、ひいては中国近代史上、これほどの経験をした知識人は存在しないであろう。

さらにもう一つの重要な理由は、郭嵩燾の士大夫像の模索はこれら三つの場面において最も鮮明に表れてくることである。本書が明らかにするように、郭嵩燾はこうした三つの場面で得た経験をもとに自身の士大夫像を作り出していった。これら郭嵩燾の生涯を彩る三つの場面は、まさに郭嵩燾の人生の特徴を表すものであると同時に、彼の士大夫像の模索が最も強く表れている点で、注目されるのである。

では、具体的にこれら三つの場面から郭嵩燾のどのような士大夫像の模索が浮かび上がるのであろうか。以下では、こうした三つの場面と彼の士大夫像の模索との関連について解説を行っておきたい。

第一に郭嵩燾の地方官経験についてである。郭嵩燾は、その生涯の後半期に駐英公使として渡英する以前、中国の各地で幕友や地方官を歴任している。そして郭嵩燾がこの時期に主に担当した業務は釐金をはじめとする財務であった。筆者はこの財務の経験を、郭嵩燾の士大夫像の模索にとって決定的な影響を与えた要因の一つとして重視する。

郭嵩燾は地方官として財務に関わるなかで、士大夫と商賈との関係を日々切実な問題として考えるようになったからである。

士大夫と商賈との関係は、中国思想史上、極めて重要なものである。一般に前近代中国では、士大夫が自身の徳によって他者を感化する存在であるのに対して、商賈は私利を追求する存在として倫理的に地位の低いものと見なされてきた。しかしながら、このような士大夫と商賈との関係に変化が生じてくるのが、清末であった。清末において商賈の社会的地位や力量が増加したことはすでによく知られている。その要因としては、捐納の実施により多くの商賈が任官資格を買ったことや、西洋社会における商賈層の活躍が知られるようになったことなどがあげられる。[23]そのような商賈のなかからは、国家の運営において、商賈こそが最も主体的に活躍すべきだとする鄭観応の「商戦」論のような主張まで登場するようになる。[24]このような状況のもと、科挙出身の従来型の士大夫の存在意義とは何かという問題が浮上してくるのである。

興味深いのは、郭嵩燾がこのような議論において、あくまで士大夫の社会的意義の回復を主張したことである。郭嵩燾は、当時の現状を士大夫と商賈の境界の崩壊と見なし、両者をできるだけ切り分け、士大夫により商賈が管理されるあり方を目指したのである。

また郭嵩燾の地方官時代には、もう一つの士大夫像の模索が見られる。それはすなわち、士大夫どうしがどのように良好な関係を結ぶべきか、そしてそれによりどのような秩序を生み出すべきか、というものである。郭嵩燾が財務や外交交渉などを担うなかで痛感したのは、当時の士大夫たちの協調性のなさであった。例えば、商人から低い税率で徴税する釐金を主張した郭に対し、商人を痛めつけるものだという批判がなされた。財政難で国家が傾きかけているにもかかわらず、国家の担い手としての士大夫が合意を形成できないでいたのである。また郭の見るところ、外交交渉においても士大夫たちはいたずらに排外の議論を行い、議論を行うこと自体を自らの美徳であるかのように錯覚していた。

ここで注目すべきは、郭嵩燾が単に士大夫の仲の悪さを嘆いたり、政策がまとまらないことを嘆いたりしているのではないということである。ここに表れているのは、より深淵な彼の秩序観である。すなわち、士大夫がそれぞれに意見をぶつけ合うことによってそれが一種の習慣となり、周囲の人々を無意識のうちに論争好きにさせる。そしてそのことが最終的に国家全体の秩序を混乱させ、時代を超えて人々に悪影響を与えるというものである。こうした習慣——彼はこれを風俗という概念で表現することが多い——の持つ強固な規定性とそこにおける士大夫のあり方の重要性に注目していることは、郭嵩燾の秩序観の一つの重要な特徴であると言える。このような秩序観を持つ郭嵩燾にとって、何より課題となるのは、いかにして士大夫どうしが意思疎通をはかるのか、またそれによりどのように秩序を形成していくのかということなのであった。

第二に郭嵩燾の西洋体験についてである。郭嵩燾が独自の西洋観を有し清末当時としては最も豊富な西洋体験をした人物の一人であることは間違いなく、従来の研究もそのことゆえに郭嵩燾を取りあげてきた。郭嵩燾の西洋体験を考えるうえで筆者が重要であると思うのは、郭嵩燾が士大夫像の模索のもとに西洋を見ていたということである。

郭嵩燾にとっての西洋というテーマにおいてまず取りあげるべきは、士大夫と洋務時期の実務人材との関係という論点である。例えば、同治年間から光緒年間にかけて起こった同文館論争や海防籌議は、旧来型の士大夫と軍事・科学技術に携わる洋務の人材とをどのように関係づけるべきかという論点を含んでいた。洋務の人材は科挙社会においては世間からの評価が低い者たちであったが、中国の近代化において彼らの能力は必要不可欠のものであった。郭嵩燾も積極的にこの論点に関わったが、興味深いのは、彼があくまで旧来型の士大夫の存在意義を主張していることである。郭嵩燾は士大夫をこうした洋務の人材の統括者と位置づけ、洋務の人材よりも一次元上の業務を想定しようとするのである。郭嵩燾のこのような見方は、前述した士大夫と商賈との関係への見方の延長線上に見られるものと言えよう。

そしてさらに重要なのが、郭嵩燾が西洋社会を、士大夫に相当する為政者たちの政治教化が実現している社会だと見なし、為政者どうしの関係も極めて良好に維持されていると見なしていたことである。郭嵩燾が西洋に関心を抱いたのは、彼が当時まさに士大夫像の模索を行っており、その模索に有用な要素を西洋に見出したからであった。郭嵩燾が西洋において注目したのは、議会制度とアソシエーションであったが、それは郭の見るところ、これらの制度が、士大夫どうしの関係改善、そしてそれによる社会全体の秩序構築を実現しているからであった。

第三に郭嵩燾の経学・諸子学についてである。郭嵩燾が多くの経学・諸子学に関する著作を残していることはよく知られており、彼の経学・諸子学については少なくない研究がある。さらには彼が西洋に関心を持つ特殊な士大夫であったことから、彼の経学・諸子学と西洋認識との関係が分析されてきた。

これに対し本書は、郭嵩燾の経学・諸子学もやはり、士大夫はいかにあるべきか、また士大夫どうしどのような社会秩序を構築していくかという、士大夫像の模索と関わるものであったと考える。こうした観点から本書が注目するのは、第一に彼の『大学』『中庸』解釈である。郭嵩燾は士大夫の学問の創始者たる南宋の朱熹の『大学』『中庸』の解釈を批判しながら、自らの解釈を行っていく。そこで郭嵩燾が重視したのが、君子が他者と接する際の内面の発露である誠と、君子が直接接することのできない人々をも含む天下を治めるための礼であった。そして郭のこうした主張の背景には、価値観がバラバラな世界においていかに統一的な価値を打ち立てるかという問題意識があり、郭嵩燾にとって『大学』『中庸』とは、そのような秩序実現の方法を士大夫に示すための書だったのである。

また郭嵩燾自身、礼の実践を行っている。その礼とは、宗族の運営である。郭嵩燾が礼に志した動機は、太平天国期における自身の宗族の崩壊への危機感だったのである。士大夫像の模索という観点から注目されるのは、郭嵩燾が宗族の運営を士大夫の責務と考え、宗祠の運営による大宗の実現と、規律ある宗族運営による他族の士大夫の感化を目指していたことである。

さらに郭嵩燾は経学以外に諸子学、特に荘子学において功績のあった人物として知られる。郭嵩燾は、『荘子』の有名な注釈者である西晋の郭象が、『荘子』の解釈を通じて世の中の是非の争いを無化しようとしたことを批判した。そして郭嵩燾は、是非の争いはあくまで存在し、そのなかでいかにして秩序を構築するかが重要であると考え、『荘子』からそうした秩序を形成するための方法やその任務の担う聖人のあり方を読み取ろうとするのである。

以上が郭嵩燾の生涯の三つの主要な場面と、そこから浮かび上がる士大夫像の模索の概要である。

本書の以上のような分析視角は、次の点で先行研究と異なっている。すなわち、筆者は、従来の研究が重視してきた郭嵩燾の西洋認識や儒学を、彼が士大夫像の模索を行ううえでの一つの方法であったと考えているということである。彼は西洋であろうが、儒学であろうが、士大夫像の模索に有用なものであれば積極的に利用していったのである。こうした観点からすれば、従来の研究は、これら方法にすぎない西洋認識と儒学とを郭嵩燾の目標と見なし、両者を性急に結びつけようとしていた点に問題があったと言える。筆者が関心を持つのは、郭嵩燾の西洋認識や儒学理解そのものではなく、彼がそれらを利用しつつ、どのような士大夫像を模索したのかということなのである。

さらに本書のもう一つの特徴は、郭嵩燾の士大夫像の模索の意義をよりいっそう明らかなものとするために、多くの比較対象を用意していることである。その比較対象として最も重要なのが、郭嵩燾と生涯深い関係にあった劉錫鴻である。劉錫鴻は郭とともにイギリスに渡り駐英副使となった人物で、挙人の資格を持つ士大夫であった。郭嵩燾と劉錫鴻は従来、それぞれ近代対伝統、進歩対保守といった近代思想史研究の枠組みと結びつけられつつ比較されてきた。なぜなら、西洋の事物に対し郭嵩燾が礼賛に近い態度をとったのに対し、劉錫鴻が終始懐疑的な態度をとったために、両者の関係が近代対伝統、進歩対保守といった枠組みの恰好の事例と考えられたからである。

しかし本書で明らかにされるように、両者は士大夫像の模索という問題意識を共有しつつ、その問題解決の方法や根拠が異なっていた。つまり両者の真の相違は、士大夫像の模索の仕方にあったのである。このように、従来の研究とは異なる観点から思想比較を行うことは、必然的に従来の思想史研究の枠組みを見直すための重要な作業へとつながっていくであろう。また本書では劉錫鴻以外にも、同時代の多くの士大夫たちの言論や、南宋の朱熹、西晋の郭象といった時代の異なる人物たちの思想との比較も試み、郭嵩燾の士大夫像の模索の意義を検討する。

以上のように、本書は、郭嵩燾の主体的な問題意識である士大夫像の模索を彼の思想や実践から明らかにし、清末中国の士大夫像の形成が持った意味の解明に迫ることを目標とする。では本論に入る前に、次節で郭嵩燾の経歴を確認し、あわせて本書の章構成を示しておきたい。

第三節　郭嵩燾の経歴と本書の構成

郭嵩燾（一八一八―一八九一）、字は伯琛、号は筠仙、玉池老人。養知先生とも称された(25)。湖南省湘陰県の人。郭嵩燾と後年関係の深かった人物の生年をあげておけば、曾国藩は嘉慶一六年（一八一一）生、左宗棠は嘉慶一七年（一八一二）生、そして李鴻章は道光三年（一八二三）生である。曾国藩とは道光十年代に湖南の岳麓書院でともに学んだ学友であった。左宗棠は当初郭が高く評価した人物であり、郭が署広東巡撫の職にあった時期には、福建省、江西省、広東省の軍務をつかさどるようになっていた。ただこの時期以降、両者は政見のすれ違いから完全に決裂した。また李鴻章は郭と科挙合格の同年であり、政界における彼の最大の擁護者となった。

郭が渡英する以前、中国では太平天国（一八五一―一八六四）、第二次アヘン戦争（一八五六―一八六〇）、日本の台湾出兵（一八七四）などの重要事件が起こっており、彼も何らかの形でこれらの事件に関わっている。

郭は道光二十七年（一八四七）進士となり、翰林院庶吉士となるも、そのまま帰郷し、道光二十九年（一八四九）に母が、道光三十年（一八五〇）に父が死去すると、その喪に服した。郭はその後も故郷に滞在していたが、ほどなくして咸豊二年（一八五二）に太平天国軍が北上し長沙を包囲したため、彼はそれに応じて咸豊三年（一八五三）曾国藩に湘軍結成を促した。郭はすでにアヘン戦争時期、浙江学政羅文俊のもと幕友として実務を担ったことがあり、その経験をいかしつつ、湘軍においては、軍費の獲得を担い、また太平天国軍に対する水師の建設を提案するなどした。彼はなかでも釐金事業を重要視し、その任務の一環として、咸豊六年（一八五六）には上海に赴き、外国領事と面会している。

郭は、咸豊八年（一八五八）北京で翰林院編修の原職に復し、咸豊九年（一八五九）に南書房行走に任命された。時は第二次アヘン戦争が勃発（一八五六）して間もなくのころであった。彼はその間、国史館に蔵せられた政府の記録文書類を貪り読み外交問題について研鑽に努めるとともに、中央官界の腐敗を目の当たりにしそれを批判した。咸豊九年（一八五九）からは、欽差大臣僧格林沁と天津の防衛に取り組み、また煙台における税釐徴収の事情調査を行うなどした。その後その調査に関し不手際があったとして弾劾され、咸豊十年（一八六〇）には再帰郷することとなった。

郭は帰郷直後、英仏連合軍北京入城の報を受けた。彼の見るところ第二次アヘン戦争の敗因は、主戦派士大夫が好戦的な言論を行い、朝廷の判断を誤らせたことにあった。そして士大夫のそうした傾向は、金の侵略に抵抗した宋代士大夫の言論に由来するものであった(26)。

その後同治元年（一八六二）には、江蘇巡撫李鴻章の推挙で蘇松糧儲道となった。そして同治二年（一八六三）には両淮塩運使となり、また同年両広総督毛鴻賓の推挙で署広東巡撫となる。この時期彼は引き続き釐金政策を自身の課題としていた。

また郭は、署広東巡撫時期に西洋とより多く接触するようになり、オランダとの条約批准書交換やイギリス領事の潮州入城問題をはじめとする多くの外交案件に関わった。同治五年（一八六六）には、郭を含む各省の有力督撫に対し、総税務司ハート（Robert Hart）の「局外傍観論」と英国公使館員ウェード（Thomas F. Wade）の「外国新議論略」についての意見を総理衙門に提出するよう上諭が出されたが、その際、郭嵩燾は、沿海地方の郷紳たちによる民営の汽船会社建設を上奏する予定であったという。しかし職務上の意見の相違から毛鴻賓との確執も生じはじめ、同年、解任となり再び故郷に戻ることとなる。

解任後は、再び両淮塩運使を授かるもこれを辞退し、以後約八年間、地元湖南で城南書院等における講学を務めるなど郷紳としての生活を送る。ただこの八年間郭は、中央の動きに絶えず目を向けていた。この時期中央を最も騒がせた問題の一つは、同文館論争（一八六七）であった。当時総理衙門は、洋務政策上の必要から、その附属機関である同文館において、正途出身者に西洋人を師として自然科学を学習させるという案を提出した。これに対し、内閣大学士倭仁（一八〇四―一八七一）らが、西洋人を師とする点に猛反発し、中国の自強に必要なものは自然科学ではなく士大夫の「忠信礼義」であることを主張したのである。この論争に対して郭も日記上で意見を述べている。

郭が帰郷して八年後の同治十三年（一八七四）、日本の台湾出兵が起こった。この事態に対し恭親王は、洋務論者や湘軍の将軍らを招集し国防を検討したが、郭嵩燾もその討議に参加するために上京した。光緒元年（一八七五）には福建按察使として福州に赴任、同年に上奏文「条議海防事宜」を提出した。この上奏は、台湾出兵の解決後に総理衙門が作成した六カ条の海防案（「練兵」「簡器」「造船」「籌餉」「用人」「持久」）についての意見として提出されたものである。この上奏のなかで彼は、西洋の国家には本末があり、本は朝廷の政教、末は商賈であるとする。中国は西洋の末の末である軍事を学んでいるが、中国はこの西洋の本にも目を向けるべきであるとした。またこの上奏で郭は、西洋政治を念頭に中国も官と商の正常な関係を維持すべきだと主張している。

郭嵩燾は、光緒元年（一八七五）マーガリー事件の謝罪および公使館常設のための出使英国欽差大臣に任命された。そして北京で署兵部侍郎兼総理衙門大臣を務め、マーガリー事件が芝罘条約調印によりある程度解決した後、光緒二年（一八七六）十月十七日（一二月二日）に副使劉錫鴻や通訳張徳彝を含む随員を率い上海を出航した。そして香港、シンガポール、コロンボ、スエズ、マルタ、ジブラルタル等の海港都市を経由し、同年（西暦では翌年）十二月八日（一月二一日）ロンドンに到着した。

英国滞在中の郭の任務は主に、西太后に依頼された西洋社会の観察となった。彼は王宮、外務省、議会、裁判所、刑務所、各種学術団体、新聞社、学校、工場、図書館、博物館、万国博覧会などありとあらゆる場所を訪れ、西洋の富強の様子を観察し、中国と比較した。郭嵩燾は光緒四年（一八七八）から駐仏公使も兼任するよう命じられ英仏間を往復した。郭がこの時期、西洋のさまざまな事象のなかでも特に関心を寄せたのは、議会制度とアソシエーションであった。こうした関心は、郭嵩燾がそれまで終始一貫して為政者たる士大夫の意義や士大夫どうしの関係性を思索してきたことと関連があった。

この西洋滞在中、駐英副使であった劉錫鴻と関係を悪化させ、それが原因で光緒四年（一八七八）七月二十七日（八月二五日）朝廷より帰国を命じられる事態にいたっている。

光緒五年（一八七九）に帰国して以降、郭は、官界から離れ再び湖南の郷紳として生活を送った。郭はこの時期も、李鴻章など有力官僚に書簡を送って官界の動向やイリ問題、そして清仏戦争について論じ、中国の内政外交を有利に導くことのできない士大夫たちを批判した。また自らの洋務関係の上奏文を『罪言存略』として編集したり、地元湖南の著名な知識人で強い排外意識を持っていた公羊学者王闓運などとも洋務を語ったりするなど、(27) 湖南の地に洋務への理解を広めようとした。光緒十六年（一八九〇）には湖広総督張之洞の洋務政策を批判している。郭嵩燾の洋務論の特色は、富民の力を用いて鉄道や電信といった事業を盛んに自営させるということにあり、この点から同時期の洋務政策の停滞を批判するのである(28)。

また郭嵩燾は、こうした富強を実現するために、社会の風俗の改良を主張し、風俗改良を目的とする思賢講舎や禁煙公社といった士大夫団体を湖南にて結成しており注目される。これらの団体には、地元湖南の名士数十名が参加している。

さらに、この時期に郭の経学著作が大量に刊行されたことも特筆すべきである。生涯の早期から構想が練られていたものや、すでに草稿が完成していたものが思賢講舎から刊行された。有名なものに『大学章句質疑』『中庸章句質疑』『礼記質疑』『校訂朱子家礼』などがある。また郭嵩燾は諸子学とりわけ『荘子』に深い関心を有し、彼の荘子学は甥・郭慶藩『荘子集釈』に収録されたことで後世に伝わっている。光緒十七年（一八九一）六月に病没。享年七十四歳。

本書は、郭嵩燾の士大夫像の模索を、彼の生涯における三つの重要な場面での思想と実践から明らかにする。本書を構成する三つの部は、各部が上述の三つの場面に対応するものとなっている。まず第Ⅰ部「士大夫の社会的地位の回復を目指して」では、郭嵩燾が当時あるべき士大夫の模索を開始したそのきっかけや、彼が士大夫の持つべき能力として何を想定していたかを、彼の幕友、地方官時代の思想と実践から明らかにする。

第一章では、郭嵩燾が生涯抱いていた士大夫の商賈化への危機意識が、いかなる実体験から生じてきたのかを考察する。郭嵩燾は当時の朝廷や士大夫のあり方を、「士大夫が商賈の情を抱く」という表現で批判していた。郭嵩燾の士大夫と商賈の関連づけ方やそれに基づく士大夫批判は、いかなる経験から生じたのか。そこには、咸豊期に郭が財務専門家として官界デビューし、釐金業務に携わったという事実が大きく関わっていた。当時の郭の任務は、太平天国鎮圧の目的で湖南省の郷紳が結成した湘軍のための軍費獲得であったが、未曾有の民衆反乱下での徴税という逼迫した状況において、的確な徴税と風俗の安定とを両立させせなければならなかった。郭は、当時創設された内国関税である釐金を推進するが、それは徴税効率が良いという理由にとどまらず、人心風俗の安定に資するという点が強調された。こうした政策においては、商賈から適切に徴税を行うため、士大夫と商賈の地位や役割りを明確に分離し、士大夫が商賈の監督に当たるべきであった。郭の士大夫の商賈化への批判はこのような経験から生じていたのである。また商賈のうえに立って適切な徴税を行う士大夫像を模索していた郭にとり、当時中国に駐在していた西洋の官（貿易監督官）は関心の的とならざるを得なかった。当時の士大夫が主体的に西洋に関心を抱いていく一つの事例がここに見出せるのである。

第二章では、郭嵩燾が地方官経験から得たもう一つの士大夫像の模索の論点を考察する。郭嵩燾が釐金政策や外交交渉に関わるなかで痛感したのは、当時の士大夫どうしの関係の悪さであった。士大夫たちは理想論を振り回し、国家としての政策一致をはばんだ。彼らは理想論を唱えること自体を美徳とさえ考えていたのである。注目すべきは、郭嵩燾が、こうした士大夫たちの関係性の悪さを、単に一時的な人的対立や政策の不一致と考えていたのではなく、こうした関係性の悪さが周囲の人々を巻き込んで習慣化し、国全体、そして時代を超えて人々に悪影響を与えるプロセスと見なしていたことである。このようなことから郭嵩燾の課題は、いかにして士大夫どうしが良好な関係を維持するかというものとなっていった。本書では郭嵩燾のこうした模索が、釐金制度や候補官を利用した地方大官の行財政、対外交渉といった清末特有の制度や社会のあり方と関わりつつ生じていったことを明らかにする。

第Ⅱ部「士大夫像の模索と西洋政治像」では、郭嵩燾の士大夫像の模索を、その思想的資源の一つとなった彼の西洋政治像との関連から明らかにする。また、士大夫像の模索という課題を共有し、しかも郭嵩燾とは全く異なる模索を行った劉錫鴻を比較対象として登場させる。

第三章では、釐金政策を通じて士大夫と商賈とを区別し、その発想のもとで西洋の官に着目していた郭嵩燾が、その思考を推し進めることによって、あらゆる社会階層のなかでの士大夫の重要性を説くとともに、西洋政治にも同じような階層の構図があると考えていたことを明らかにする。

一方で、こうした郭の見方に終始反対していた劉錫鴻の事例を取りあげる。劉錫鴻も中国において士大夫が重要な階層であるとする点では郭と同様であった。しかしながら西洋政治においては、士大夫以外の階層、特に商賈が圧倒的な力をもっており、中国と西洋の政治のあり方を混同してはならないと説く。

第四章では、以上のような西洋政治像を抱いて渡欧した郭と劉が、西洋の政治のあり方をいかに観察したかを論じる。郭嵩燾は西洋政治の観察を通じ、西洋でもやはり官が圧倒的な力を有すると考えた。彼にとって、議会制度やアソシエーションは、官や議員という為政者どうしが良好な関係をはぐくみ、さらには民衆に対して上からの教化を行うための道具として捉えられていたのである。

一方で劉錫鴻は、西洋における民の強さ、民と官との対等性に着目する。渡欧直前においては商賈による国家運営という否定的評価を下していた劉であったが、西洋での実地観察を通じ、民の政治参加を中国古来の地方自治制度との関連で高く評価するようになったことを指摘する。

第五章では、郭嵩燾と劉錫鴻が西洋体験を通して構築した士大夫批判を、彼らの鉄道論などを題材として考察する。郭嵩燾は西洋体験を通じ、士大夫が他の階層を導くという政治にいっそうの確信を得、当時の中国社会の問題は、士農工商の各階層がそれぞれの役割を認識していない点にあるとした。

一方で劉錫鴻は、中国で民が強くなることのできない原因は、まさに士農工商という観念、また郭が重視するような「士大夫が他の階層を導く」という発想自体にあるのではないかと考えていた点を指摘する。

第Ⅲ部「士大夫像の模索と経学・諸子学」では、郭嵩燾が生涯をかけて取り組んだ経学や諸子学において、士大夫像の模索がどのように行われていたのかを明らかにする。

第六章では、郭嵩燾が自著『大学章句質疑』『中庸章句質疑』において、南宋の朱熹の解釈を批判的に検証しながら、誠と礼という二つの概念を重視したことを明らかにする。郭嵩燾と朱熹の決定的な違いは、被治者である民が君子の教化を理解し自己発展する可能性を持つかという問題への見方にあった。そして郭嵩燾はそのような可能性を否定し、それぞれに自己主張する民を君子はいかに治めるのか、その方策として誠と礼という概念を主張したのである。

第七章では、郭嵩燾が君子の統治に重要な方法と考えた礼についてどのような思索、実践を行ったのかを、彼の宗法論を中心に明らかにする。郭嵩燾の礼学研究の重要な動機の一つは、彼自身の宗族をいかに運営していくかという点にあった。注目すべきは、郭嵩燾が、宗法を身分に関係なく人間に普遍の方法であるとし、さらにそのうえで宗法を率先して実施すべき存在として士大夫の役割を主張していることである。また本書は、規律ある宗族運営が他族の士大夫たちを感化し、社会全体に調和をもたらすという郭嵩燾の秩序構想を明らかにする。

第八章では、『荘子』郭象注に対する郭嵩燾の批判を題材に、郭嵩燾の秩序観を検討し、そこに士大夫像の模索が見られることを明らかにする。郭嵩燾は、『荘子』郭象注が是非の対立のない世界像を描き出そうとしたことを痛烈に批判した。郭嵩燾の見るところ、『荘子』が提示するのは、それぞれに是非の価値観を持ったさまざまな事物がひしめき合う世界であり、そこにおいて身を処すための方法だったのである。本書では郭嵩燾が『荘子』から抽出した世界像と聖人像から、彼の士大夫像の模索を跡づける。

最後に終章では、本書の総括とともに、主に清末思想史研究の新たな枠組み構築に対する本書の意義を提示したい。

（1）　小野川秀美『清末政治思想研究』（みすず書房、一九六九年）、四三—四四頁（増訂版、第一巻、平凡社東洋文庫、二〇〇九年では七八—八〇頁）。

（2）　このエピソードは、郭嵩燾の進歩性を示すものとしてよく語られるが、実際の史的経緯については不明な点が多い。この点については、岡本隆司・箱田恵子・青山治世『出使日記の時代——清末の中国と外交』（名古屋大学出版会、二〇一四年）を参照。

（3）李鴻章「合肥李鴻章臚陳事実疏」および王先謙「長沙王先謙兵部左侍郎郭公神道碑銘」。ともに『玉池老人自叙』（郭嵩燾撰、光緒一九年刊、近代中国史料叢刊第一一輯、台北、文海出版社、一九六七年）に所収。

（4）王栻・孫応祥「論郭嵩燾的洋務思想」（『南京大学学報（哲学社会科学）』一九八一年第三期）、熊月之「論郭嵩燾」（『近代史研究』一九八一年第四期）。

（5）彭沢益「郭嵩燾之出使欧西及其貢献」（包遵彭・李定一・呉相湘編『中国近代史論叢　維新与保守』第一輯第七冊、台北、正中書局、一九五六年）、王曾才「中国駐英使館的建立」（中華文化復興運動推行委員会主編『中国近代現代史論集　第七編　自強運動（二）外交』、台北、台湾商務印書館、一九八五年、所収）。

（6）J. D. Frodsham trans. and annot., *The First Chinese Embassy to the West: The Journals of Kuo Sung-T'ao, Liu Hsi-hung and Chang Te-yi*, Oxford: Clarendon Press, 1974.

（7）Tsui Man-shing, "A Advocate of Conciliation: Kuo Sung-tao's Attitude towards Sino-Western Relations," Ph. D. Dissertation, University of Toronto, 1974.

（8）黄康顕「郭嵩燾在英国的外交活動」（『大陸雑誌』第七二巻第四期、一九八六年）。Owen Hong-hin Wong, *A New Profile in Sino-Western Diplomacy: The First Chinese Minister to Great Britain*, Hongkong: Chung Hwa Book Co., 1987.

（9）郭廷以編定・尹仲容創稿・陸宝千補輯『郭嵩燾先生年譜』上下巻（台北、中央研究院近代史研究所、一九七一年）。近年、この年譜に、後述の『郭嵩燾日記』の記述により補った陸宝千『郭嵩燾先生年譜補正及補遺』（台北、中央研究院近代史研究所、二〇〇五年）が刊行された。

（10）『郭嵩燾日記』全四巻（郭嵩燾撰、長沙、湖南人民出版社、一九八一―一九八三年）、『倫敦与巴黎日記』（郭嵩燾撰、走向世界叢書、長沙、岳麓書社、一九八四年）。

（11）王暁天・胥亜主編『郭嵩燾与近代中国対外開放』（長沙、岳麓書社、二〇〇〇年）、王興国『郭嵩燾研究著作述要』（長沙、湖南大学出版社、二〇〇九年）。

（12）『郭嵩燾全集』全一五冊（郭嵩燾撰、梁小進主編、長沙、岳麓書社、二〇一二年）。本書では、なるべく郭嵩燾の時代に近い史料を参照し、適宜『郭嵩燾全集』所収の史料も参照した。その場合、筆者の判断で断句を改めた箇所がある。

（13）近年では、郭嵩燾をはじめとする駐外公使の思想研究の偏重に対し、外交史の立場から、彼らの所属した在外公館や彼らが著した出使日記の実態解明を優先すべきとの意見が出されており、本書ではこうした意見とも対話をはかりたいと考える。

在外公館に関しては、箱田恵子『外交官の誕生――近代中国の対外態勢の変容と在外公館』（名古屋大学出版会、二〇一二年）、出使日記については、岡本隆司編『中国近代外交史の基礎的研究――一九世紀後半期における出使日記の精査を中心として』平成一七年―一九年度科学研究費補助金（基盤研究（C））研究成果報告書、二〇〇八年、青山治世「清末の出使日記とその外交史研究における利用に関する一考察」（『現代中国研究』第二二号、二〇〇八年）、そしてこれらの成果をまとめた岡本隆司・箱田恵子・青山治世『出使日記の時代――清末の中国と外交』を参照。

(14) 鍾叔河「論郭嵩燾」（『歴史研究』一九八四年第一期）、同『走向世界――近代中国知識分子考察西方的歴史』（北京、中華書局、一九八五年）。

(15) 汪栄祖『走向世界的挫折――郭嵩燾与道咸同光時代』（北京、中華書局、二〇〇六年、初版は一九九三年）。

(16) 黎志剛「郭嵩燾的経世思想」（『近世中国経世思想研討会論文集』台北、中央研究院近代史研究所、一九八四年、所収）。

(17) 王興国『郭嵩燾評伝』（南京、南京大学出版社、一九九八年）。

(18) 曾永玲『郭嵩燾大伝――中国清代第一位駐外公使』（瀋陽、遼寧人民出版社、一九八九年）。またこうした郭嵩燾の洋務思想と士大夫としての思想の関連を扱った中国の近年の研究としては、張静『郭嵩燾思想文化研究』（天津、南開大学出版社、二〇〇一年）、孟沢『洋務先知――郭嵩燾』（南京、鳳凰出版社、二〇〇九年）、李新士『郭嵩燾洋務観研究』（鄭州、河南人民出版社、二〇一四年）などがある。

(19) 佐々木揚「郭嵩燾（一八一八―一八九一）における中国外交と中国史――アロー戦争期」（『佐賀大学教育学部研究論文集』第三七集第一号、一九八九年）、同「郭嵩燾（一八一八―一八九一）の西洋論――清国初代駐英公使が見た西洋と中国」（『佐賀大学教育学部研究論文集』第三八集第一号、一九九〇年）、同「清国初代駐英公使郭嵩燾の明治初期日本論」（『東方学』第八三輯、一九九二年）。これらの論文は後に、同『清末中国における日本観と西洋観』（東京大学出版会、二〇〇〇年）に収録された。

(20) 手代木有児「清末初代駐英使節（一八七七―七九）における西洋体験と世界像の変動（一）―（四）――文明観と国際秩序観」（『商学論集』〔福島大学経済学会〕第六七巻第一号、第六八巻第一号第二号、第七〇巻第三号、一九九八年―二〇〇二年）。これらの論文は後に、同『清末中国の西洋体験と文明観』（汲古書院、二〇一三年）に収録された。

(21) この点については、以下取りあげる第三の枠組みの研究である王賓「郭嵩燾の儒学思想――『大学』解釈と時局論」（『大阪大学日本学報』第一三号、一九九四年）、同『近代中日両国における対外認識の比較研究――郭嵩燾と横井小楠を中心として』（大阪大学博士論文、一九九四年）も参照。

(22) 王賓「郭嵩燾の儒学思想」、同『近代中日両国における対外認識の比較研究』。そのほか羅検秋「学術調融与思想改良――曾国藩、郭嵩燾的礼学思想述論」（『天津社会科学』二〇〇七年第三期）、范広欣「事功和礼――郭嵩燾『中庸章句質疑』初探」（『中国哲学与文化』第四輯、二〇〇八年）、同「従『大学章句質疑』看晩清義理、考拠和経世之学的整合」（『思想与文化』第一〇輯、二〇一〇年）陳冠偉・肖永明「郭嵩燾『礼記質疑』研究」（『湖南大学学報（社会科学版）』二〇一三年第二期）、肖永明・陳冠偉「郭嵩燾『校訂朱子家礼』的社会学考察」（『湖南社会科学』二〇一三年第三期）も参照。また近年では、大陸でも数本の学位論文が提出されるようになり、研究の新たな潮流となりつつあると言えるであろう。呉保森「郭嵩燾三『質疑』研究」（上海、華東師範大学碩士論文、二〇一〇年）、王子超「郭嵩燾経世致用思想研究――以『中庸章句質疑』和『大学章句質疑』為例証」（北京、中国政法大学碩士論文、二〇一一年）。

(23) こうした状況の概観として、李長莉「晩清士人趨利之風与観念的演変」（薛君度・劉志琴主編『近代中国社会生活与観念変遷』北京、中国社会科学出版社、二〇〇一年所収）を参照。

(24) 佐藤慎一「鄭観応について――「万国公法」と「商戦」(一)(二)(三)」（『法学』第四七巻第四号、一九八三年、第四八巻第四号、一九八四年、第四九巻第二号、一九八五年）を参照。

(25) 郭嵩燾の伝記的事実については、郭廷以編定『郭嵩燾先生年譜』、陸宝千『郭嵩燾先生年譜補正及補遺』等を参照した。

(26) 第二次アヘン戦争前後における郭の士大夫への批判、とりわけ西洋に対し主戦論を唱える士大夫への批判については、佐々木揚『清末中国における日本観と西洋観』、九三―一一二頁が取りあげている。

(27) 郭廷以編定『郭嵩燾先生年譜』下巻、八五七頁。王は、郭が西洋を賞賛することについては概して否定的であった。王と郭との交際は深く、例えば湘軍の沿革を記して湖南の地域意識向上に資そうとした『湘軍志』の執筆者は王であったが、その内容の一部に湘軍に否定的な箇所があったため、郭が批判するなどしている。また郭は湖南の先賢王夫之の称揚に関わっており、例えば彼が主講を務めた思賢講舎において王夫之をまつっているが、これに対し、郭の後任として思賢講舎の主講を務めた王闓運は、王夫之へ厳しい学問的批判を加えている。王夫之をめぐる郭と王闓運の交流は、高田淳「清末における王船山」（『学習院大学文学部研究年報』第三〇号、一九八三年）に詳しい。

(28) 郭嵩燾は、張之洞の鉄道政策が、中国の「富民」に鉄道の建設を禁止するなど、あまりに朝廷主導型であり、西洋のように「富民」の財力と経営力を鉄道事業に生かせていないことを痛烈に批判している。『養知書屋文集』巻十三（郭嵩燾撰、光緒十八年刊、近代中国史料叢刊第十六輯、文海出版社)、「与友人論仿行西法」、光緒十六年五月。この書簡が書かれた年月については、郭廷以定編『郭嵩燾先生年譜』下巻、九九一―九九七頁を参照。

第Ⅰ部　士大夫の社会的地位の回復を目指して

第一章　士大夫の商賈化への批判

第一節　士大夫の商賈化

咸豊八年（一八五八）より翰林院編修として北京にあった郭嵩燾は、当時の日記に次のような内容を書きつけている。例えば、彼がこの時期感じた北京の雰囲気として、北京が「金を消費する地」（銷金之地）であり、近年その傾向は強くなっている。宴会はしばしば往時よりも多く、門先に官員の轎が並ばない日はないのである。一方、目を北京の外へと転じれば、夷狄の船が天津にいたっており、さらには捻軍と太平天国とが何万も集結しているにもかかわらずである。(1)また郭は日記の咸豊八年八月六日の条で、当時の清朝の政治のあり方を批評して次のように言う。(2)郭の見るところ、国家が天下を操る二つの方法として、名誉を与えることと利益を与えることとがある。そして清朝は利益を与えることを主とする王朝である。利益を与えることが主とされた場合、利益に直接結びつかない名誉が顧みられることはなく、人々は自らの利益となるか否かによって物事を判断するようになるだろう。郭嵩燾はそのような状況を次のように表現する。

〔朝廷は〕大抵利によって人材を広く招き、自らの仕事に従事させるだけである。その評判が素晴らしい者を必ずしも礼をもって遇さず、評判が芳しくない者を必ずしも責めないのである。そうして人は利をなすことに努め、すべての百司執事は群れをなして商賈の情を懐くのである。……しだいに島夷が通商してその商賈の勢をほしいままにし、中国に憂いを残したのは、どうして何の原因もないと言えようか。

（大抵以利羅致之、使従吾役而已。其名之善、不必加礼、其名之不善、不必加責。於是人務為利、百司執事、群懐商賈之情。……馴至島夷通市、逞其商賈之勢、以貽中国之憂、夫豈無因而至哉。）[3]

ここで重要なのは、朝廷の人事が「利」を優先させるために、あらゆる士大夫たち（〔百司執事〕）が、「商賈の情」を懐くようになっていると認識されている点である。あらゆる士大夫の「商賈の情」は、「島夷」の勢力を伸張させた要因であったとさえ認識されている。士大夫の「商賈の情」が蔓延しているからこそ、私利を貪る夷狄が次々と中国にやってきては害を残していくというのである。郭嵩燾は、日記の別の箇所で、「今日の江淮の賊、夷人はともに助け合っているが、これは要するに利のためにするのみである。……〔西洋は〕中国と交易するのも、賊と交易するのも同じである。どうして彼らが順逆を知ろうか。ただ利にほかならないのである（今江淮之賊、夷人与為接済、要之為利而已。……与中国交易、与賊交易、一也。彼烏知順逆哉、利而已矣）」[4]という発言をしており、夷狄が利の追求を主たる目的として行動する存在だという当時の士大夫の一般的な西洋人観を有していたことが知られるが[5]、彼が問題視していたのは、夷狄自体ではなく、夷狄の害までをも導いてしまうような朝廷の人事のあり方と士大夫たちの私利追求であった[6]。

この「士大夫の商賈化」とでも呼べる状況をいかに打開し、どのようにして士大夫本来のあり方を回復すべきなのか。これこそが郭嵩燾の問題意識の出発点であった。

さて、以上の郭嵩燾の士大夫批判は、当時における一種の士大夫論と見なすことができよう。実は、郭嵩燾の生きた時代は、さまざまな士大夫論が噴出した時代の一つでもあった。それは、当時編纂された『皇朝経世文編』などに

「士論」や「論士」といった文章が見られることからも察することができよう。

もっとも、士大夫論が盛んに行われたのはこの時期だけではない。例えば士大夫が政治舞台に登りはじめた宋代もその一つである。宋代の士大夫論の盛行は、科挙の発達や任子の制の併存で官員が増大したことによるポスト不足を契機とし、朝廷の人事批判という形で噴出するようになり、諫官の台頭と朋党論の影響で、公論を代弁する士大夫像が現れた。これらの士大夫像においては「慶暦の党議」において活躍した范仲淹や欧陽脩などが念頭に置かれていた。一方でそうした士大夫を批判し、実務に堪能な士を求める声もあがっていた。そうした士大夫像を提示したのは王安石であった⑺。

また明代には、下野した中下層の士たちが、中央の政治を厳しく糾弾し、中央の党に対抗するために結社を行った。彼らの自己認識は、君子の党というものであった。また明末清初期に行われたのは、宋代の党争のあり方を一種の基準として同時代の政治闘争を見るという発想であり、宋代仁宗朝の范仲淹や欧陽脩ら正義派官僚に共感を示し、そうした観点から明末の結社運動を評価していった黄宗羲や顧炎武の例は有名であるし⑻、一方で、宋代の正義派官僚の言論や明末の結社がかえって政治闘争を激化させたことを批判的に捉える王夫之の場合などもあった⑼。

このように、士大夫論というのは、士大夫や官僚制のあり方をめぐって常に提出され続けてきたものと言えよう。それでは、郭嵩燾と同時代の士大夫論はいかなるものだったのだろうか。

第一に、当時の士大夫が「廉恥心」を失っていることを問題視している点である。こうした批判は、『論語』子路の「子曰く、己を行うに恥あり、四方に使いして君命を辱めざる、士と謂うべし」が理想の士大夫として念頭に置かれていた⑽。第二に、士大夫の資質の養成や保護が不十分であると指摘する点である。この場合は、『中庸』の「忠信もて禄を重くするは、士を勧むる所以なり」が引き合いに出され、俸銀や養廉銀、そして生員に支給される廩米等の少なさが指摘される⑾。第三に、以上二点の共通の要因として、士大夫の数が増えすぎているという現状認識を有している点もあげられる。

以上のような特色を最もよく表す当時の記録の一つとして、ここでは、管同（一七八〇―一八三一）の「説士」という文章をあげてみたい[12]。管同によれば、「士習の衰え」の根本原因は、士大夫（生員）の数の多さである。一県で毎年十数人から二、三十数人の範囲であり、十年もしないうちに数百十人であるという。こうした増大に対し、国家からの学費の支給はもとのままであるので、あふれた士大夫たちは「商を兼ね」「吏を兼ね」ることにより生計を立てざるを得ないことになる。このような士大夫の増加の要因は、明代以降、生員の資格を購入するということが行われはじめたからだと言う。

こうした任官資格の売買である捐納が[13]、清末に一つの大きなピークを迎えたことはよく知られている。嘉慶期の白蓮教徒の乱、続く道光年間の赤字財政、そして咸豊年間の太平天国による軍費の欠乏は、清朝になし崩し的に捐納の実施へと踏み切らせることになり、同治年間には知州・知県における雑途出身者が四〇％を占める事態となっている[14]。

このような士大夫論を見てくると、郭嵩燾の主張も同時代の士大夫論の性格を一部帯びていると言えよう。郭嵩燾が描き出した「利」による朝廷の人事とは、このような状況を指していたのである。そして郭嵩燾にとっての最大の課題の一つは、士の増加、士大夫の私利追求、士大夫の商賈化とでも呼べる状況に対してどのような対策をとっていくか、ということであった。

第二節　士―商関係の正常化――郭嵩燾の釐金政策

前述のとおり、捐納などによる士大夫の商賈化という状況への懸念は、郭嵩燾のみならず同時代の人々にも抱かれていたものであった。だが筆者の見るところ、郭にとってその懸念はいっそう痛感されたもので、士大夫が「商賈の情を抱く」という描写も単なる比喩ではなかったと思われる。というのも、郭嵩燾の場合、士大夫の商賈化への批判は自らの実体験に裏づけられたものだったからである。その実体験とは、郭が内乱や対外戦争の軍費調達官として咸豊期に官界デビューし、日常的に商賈と関わらなければならなくなったということであった。

太平天国や二度のアヘン戦争は、清朝に膨大な軍費の捻出を強いることとなり、地方官は朝廷の命で捐輸（寄付金の名目でなかば強制的に割り当てられる付加税。提供者には官職や栄典が与えられた）や釐金により調達を行った。郭嵩燾がその政治人生において最初に担ったのもこれらの事業だったのである。とりわけ、この時期に制度化された釐金は画期的なもので、郭はその熱烈な推進者の一人だった。郭の軍費対策については従来も言及されてきたが、事績中の一コマとして、あるいは財政史上の一事例として論じられるのが常であった[15]。一方、筆者は以下の経緯に関心がある。郭は軍費調達に関わるなかで、軍費の確保と社会秩序の安定の両立という問題意識を持ち、その両立を可能にする方法として、商賈から徴収する釐金を重視するようになったということである。

本節では、郭の「士大夫の商賈化」という考え方が、徴税官としてのいかなる経験から生まれてきたのか、また彼が釐金という軍費調達法になぜこだわったのかを明らかにしたい。

ではまず、考察の前提として、彼の軍費対策の概略を述べておこう[16]。道光二十七年（一八四七）進士となり翰林院庶吉士に任じられた郭は、いったん故郷の湖南省湘陰県に戻り、その後本来は上京すべきであるところ、地元が水害に見舞われたり、父母が死去したりしたため、数年間故郷にとどまっていた。その間、折悪しく太平天国軍の北上に遭遇する。郭は、咸豊二年（一八五二）十二月二十一日、曾国藩に団練の結成を説いた。ここに湘軍の結成が始まる。郭の主要な活動は、湘軍における軍費対策であった。

郭は、咸豊三年（一八五三）六月、湘勇を率い、長沙から南昌を援護しに行く。この間、湖北按察使江忠源に軍艦建造を進言し、自ら水軍建設に携わっている。また湖南巡撫駱秉章に粤淮塩釐開設の許可を求めている。こうした活動での貢献が認められ、同年十月二十二日、翰林院編修に任じられた。

咸豊四年（一八五四）二月十五日、曾国藩に推挙され、勧捐担当の大員に任じられる。同年七月下旬以降、再び湖南で、兵糧・軍費を集めることとなる。この年には、勧捐のため益陽・寧郷に赴き、十余万両を獲得、また駱秉章に湖南の釐金採用を建議している。(17)

咸豊五年（一八五五）四月一日、曾国藩が浙江の塩務に関する上奏を行うと、郭はこの塩務の資本十余万両を集めるため浙江に派遣されることとなる。郭は咸豊六年（一八五六）一月十二日に杭州に到着、そこで塩務担当者と会談したが、浙江の塩務のかわりに、上海の釐金を湘軍の軍費にあてる案が浮上、急遽上海行きが決まる。郭はこの間、以後彼の思想に影響を与える道員金安清と出会っている。郭は、同年二月五日に上海に到着し、前述の金安清と連絡をとりつつ上海当局の釐金の状況を視察した。同時に、この上海行きは、郭に生涯最初期の西洋観察の機会を与えた。彼は、外国領事館を訪れて領事に面会したり、西洋の汽船や墨海書館を見学したりしている。

以後数か月にわたり、江蘇で軍費獲得を目指すも、現地当局が消極的姿勢をとったために、結局塩務や釐金の運営に影響を与えることはできなかった。以上の任務を終えた郭は、咸豊六年（一八五六）五月一日、南昌に陣を構える曾国藩のもとに帰還し、軍費対策の結果報告を行った。その後同年八月二十三日に故郷の湘陰に帰省、しばらくして上京し、咸豊八年（一八五八）より正式に翰林院編修の職に就く。

さて、前述のように咸豊期湘軍における郭の主要な任務は、捐輸と釐金であった。まずは、捐輸について見ていこう。郭の家は代々、官をも含むさまざまな社会階層の人々に資金提供をしたことがあり、世間でもそのような評価が確立していた。(18) 郭自身も道光二十七年（一八四九）五月、故郷の湘陰が大水に見舞われた際、救済活動を展開している。(19)

郭は、咸豊四年（一八五四）二月十五日の曾国藩の上奏「請派大員辦捐済餉摺」により、捐輸を行う大員に推挙された。

わが団練の人数は大変多く、毎月八万両近くの軍費が必要で、本省ではすべてを支出することが難しく、隣省政府もまた用立てることが困難で、もっぱら勧捐に依存して食糧の需要をまかなっております。しかし、勧捐は大員が専心するのでなければ、困難を恐れ恨まれることを避けようとして、その責任を自らとろうとする者はいないでしょう。現在、湖南、江西、四川は比較的治まっていて、私はこの三省のなかから、それぞれ官紳数人を選びました。湖南では、署塩道新授四川塩茶道夏廷樾、翰林院編修郭嵩燾……これら数人は、官にあっては普段から民心をなごませ、故郷にあっては普段から地元の人望があつい者たちです。ここに各該員たちを捐輸に従事させ、わが軍の支出をまかなわせていただけますようお願い申し上げます。

（惟人数衆多、毎月需餉銀近八万両、本省難尽供支、隣省亦難協済、専恃勧捐一途、以済口食之需。但勧捐非有大員専辦、則畏難避怨、無人肯独任其責者。現在湖南、江西、四川較為完善之区、臣於此三省中、各択官紳数人。湖南則択署塩道新授四川塩茶道夏廷樾、翰林院編修郭嵩燾……此数人者在官則素洽民心、居家則素孚郷望、相応請旨飭諭各該員辦理捐輸、専済臣軍之用[20]。）

この上奏文では、郭とともに夏廷樾が推挙されているが、夏は、前述の湘陰の水害の際、郭とともに救済事業に従事した人物で、やはりこうした功績が曾国藩による推挙につながったことをうかがわせる。

官職や栄典が与えられるとはいえ、紳士や商賈に唐突で高額な負担を強いる捐輸は、彼らから大きな反発を受けることが多かった。そこで勧捐の担当者には「官にあっては普段から民心をなごませ、故郷にあっては普段から地元の人望があつい」という徳性が肝要であった。以上の点から見ると、曾による推挙は、郭にとって次の二つのことを意味した。

第一に、郭はまさにそうした徳性を有する人物だと公的に認められたということである。しかもこの徳性は、捐輸の成功によってさらに証明されるはずである。郭の晩年の自伝に、この時期の勧捐の成功が誇らしげに書かれているのもそのためであろう[21]。このことは以後の郭の軍費調達に対する並々ならぬ積極性へとつながっていった。

第二に、軍費の獲得を目指すと同時に、常に「民心」や「郷望」に配慮しなければならないということである。この点で郭は、民から暴力的に軍費を収奪することも、民に配慮して軍費調達を批判することもできなかった。軍費の獲得と「民心」「郷望」への配慮との両立を可能にする論理を提示し、自他ともに納得させる必要があった。筆者にとって興味深く思われるのは、郷紳や商賈を説得して資金を提供させ得ることが、人を和ませ民心にかなっていることの証拠の一つとされているという当時の現実である。

以上のような経緯から、極めて熱心にかつ緊張感を持って軍費対策を進めていた郭が、軍費対策のなかでも重要視するようになったのは、当時制度化が進んでいた内地通行税の一種である釐金だった[22]。郭は咸豊四年（一八五四）、候選同知直隷州黄冕の常州における私抽を参考に、湖南巡撫駱秉章に釐金採用を説いた。そして咸豊五年（一八五五）の湖南釐局の開設には郭が関わっている。郭の友人であった王闓運は、当時の郭の様子を次のように伝えている。湖南に釐局が開設された際、「郭嵩燾が誰よりも積極的に釐金を主張していた（郭嵩燾尤喜言釐金[23]）」。後世商品流通を阻害したと悪名高い釐金であるが、郭はそのどこに惹かれたのであろうか。以下は、郭と同年の進士で勧捐に従事していた帥遠爗との対話である。

帥抑斎〔帥遠爗〕が、釐金の有害さを大いに非難した。私は彼にさとして次のように述べた。「……〔軍事活動が始まると行われる〕酒榷や茶榷というのは、その種類が煩瑣で、あるものには関税がかかり、あるものには関税がかからず、あるものは重く、あるものは軽いといった具合で、弊害がはなはだしい。だから釐金にはおよばないのです。釐金は、百貨がひしめく場所を見、まとめて徴収するのですから、公でありかつ実であります。現在天下の利はみな商賈から生まれており、彼らから一パーセント単位で徴収することは、とても簡便です。商賈から徴収するのが二、三パーセントだとすると、商賈が民から上乗せして徴収するのは、だいたい四、五パーセントでしょう。依然民から徴収しているわけで、商賈にとって何の害があるというのでしょう。ですが、もし民から直接徴収すれば、それは混乱を招くに十分なことなのです。商人から徴収することで民は落ち着くのであって、これは「〔民〕はしたがわせることはできても、わけを知らせることはできない」〔『論語』泰伯〕の義でもあります。浙江の大紳戴醇士や周雨亭といった諸君はみなあなたはなぜそのようなこと〔釐金への批判〕を言うのでしょう。浙江の大紳戴醇士や周雨亭といった諸君はみなその言葉に惑わされ、釐金事務にあたる者は義によって彼らをさとすことができません。

（帥抑齋力詆釐金之為害。予暁之曰：……夫酒榷茶榷、其類繁、或有税或無税、或重或軽、其弊為甚、故不如釐金、視百貨屯聚之処、籠而取之、為公而実。今天下之利一出於商賈、取之以釐計、至約也。所取於商賈者、為釐以二、三計、商賈所加取於民、率四、五計。是仍取之民也、於商賈何害。然使竟取之民、則足以致乱、取之商賈、而民安焉。是又可使由之、不可使知之義也。君奈何而言若是哉。浙江大紳戴醇士、周雨亭諸君頗惑其言、当事者無能以義暁譬之[24]……。）

ここで重要なのは、釐金がさまざまな点において公平性を有する制度だと評価されていることである。郭の見るところ、現在天下の利は商賈の手に一極集中している。釐金は、その過度の集中を是正し、天下全体の秩序の実現に役立てることができる。しかも、商賈を痛めつけるというわけではない。なぜなら、すべての商賈の商品から低く設定された税率で一律に徴税を行うからである。これも郭の見るところ公平であった。また商賈による価格のつり上げは否定できないが、民（農民）から直接徴税しないという点は重要であった。

ここに表れているのは、商賈が利を独占しているというイメージであり、彼らからの適切な徴税が天下の秩序につながると認識されていることである。この商賈イメージは郭の釐金論を支えている主観的根拠であり、彼が生涯抱き続けたもので、また後述のように、後の西洋認識にも影響する観点であった。そして、郭は商賈から適切な徴税を行う者という自らの正当な位置づけを得ることができた。時期は若干下るが、彼は咸豊十一年（一八六一）七月二十三日の日記で釐金を「衰世の仁政（衰世之仁政）」[25]と見なしている。

このような形で釐金の価値を見出した郭にとって、過去に関わった捐輸は見劣りするものとなった。なぜなら、捐輸は結局のところ強制的な収奪のために民から恨みをかうとともに、官のむやみな増加を招くからである。[26]

以上のように郭の主観においては、釐金はほとんど破綻のない理想の制度であり、それを担うことで、天下に公を実現し仁政を布く主体という自己認識を得ることができた。そしてそう認識した以上、郭は釐金を中心とする軍費対策に異様な積極性をもって取り組むようになっていったのである。

郭嵩燾の釐金活動は同治年間の署広東巡撫時期にも継続された。[27]当時、釐金廃止論が盛んに唱えられていたが、郭はそうした廃止論に断固反対し、釐金の重要性を上奏している。

その上奏によれば、当時釐金廃止論者は、「釐金が商を苦しめ」「釐金が民を混乱させ」「中飽の弊害がはなはだ深く」、また「釐金を止めて休養の政を講じるべきだ」という主張をしていた。これに対し、郭嵩燾は次のように反論する。周代から清代まで、一貫して最も利を得ているのは商賈である。商賈を忌み嫌い、彼らに重税を課していた漢代から明代に比べ、清朝は商賈に対し寛大であるから、なおさら彼らは豊かで余りある。したがって太平天国など非常時には、商賈の利の余りを彼らの経営規模に応じて徴収することは極めて容易であろうし、彼らを痛めつけることにはならない。[28]

そして以上のように釐金廃止論への批判を展開したうえで、郭嵩燾が最も問題としているのは、廃止論者の主要な構成要員が、「商や民をいたわるべし」という善意ある発言をしながら、実際は商賈と結託して私利を貪ろうとする「言事者」（諫官）つまり士大夫たちであるということだった。このような士大夫たちは、自らは商賈と結託して私利を貪りながら、徴税を主張する郭に対して「商人を痛めつけ利を貪る者」という批判をするのであった[29]。

このような士大夫と商賈とのなれ合いの関係は、士大夫の商賈化を問題視していた郭嵩燾にとってゆゆしき事態であると捉えられていた。そのようななれ合いを断ち切り、士大夫の存在意義を確保するためにも、釐金政策は断固実施されるべきであった。

このように、郭嵩燾にとって釐金政策とは、単なる財政論の領域を超え、彼の士大夫像の模索と密接に関わるものだったのである。

第三節　西洋の「官」との遭遇——夷税と西洋領事

前節で述べてきたことに加え、郭の徴税官としての経験が興味深いのは、その経験が偶然にも彼に西洋との接点を作ることとなり、さらにその接点は、その後の彼の西洋認識をかなりの程度規定するものとなったからである。

郭は、咸豊五年（一八五五）四月一日、曾国藩の命により、塩務の資本十余万両を集めるため、浙江に派遣されることとなる。郭はこの任務の途中、上海で生涯最初期の西洋観察をすることになる。彼の日記に見られる西洋観察には、蒸気船をイギリス領事とともに見学したこと、墨海書館を見学したこと、租界を観察したことなどがある[30]。従来の研究は、こうした観察が西洋の「船堅砲利」に対する郭の理解を深めたとして注目する[31]。一方で、この観察の背後にある経緯や郭の目的については十分検討してこなかった。

まず、郭嵩燾が浙江に塩務に出かけたにもかかわらず、上海にいたった経緯である。咸豊六年（一八五六）一月十七日の日記には、郭の浙江巡撫何桂清宛書簡が収録されている。それによれば、浙江当局からの軍費提供は難しく、知府王有齢から上海の釐金の一部を軍費にあててはどうかという提案を受ける。そこで郭は、曾国藩と何桂清が上海の釐金を江西の曾らの軍費にあてるよう共同で上奏することを希望し、実務担当として道員の金安清を推薦した[32]。これにあわせて、郭も上海に向かい、同月二十三日に曾の上奏がなされた[33]。

以上が上海行きの経緯である[34]。だが、これに加え筆者が指摘したいのは、郭に上海行きを決めさせたもう一つの要因として、前述の書簡にも出てきた金安清の次の提案が存在したことである。郭は咸豊六年（一八五六）一月二十日、日記に次のように記している。

　眉生〔金安清〕がやってきて話をし、籌餉三則のことに及んだ。……一、咸豊三年に上海が陥落した後、夷人が商課一六〇余万を代理徴収した。昨年〔正しくは咸豊四年〕夷狄の船が天津にいたり、十六条を差し出した。その商課に関する一節は両広総督に渡して酌量し処理させた[35]。三年来、夷人と議論する者はいない。だが官員を夷館に派遣して計算し納入を催促すれば、いくらかは必ず得るものがあろう。

（眉生来談、因及籌餉三則。……一、咸豊三年上海失陥後、夷人代徴商課一百六十餘万。去歳夷船至天津、呈遞十六条。其商課一節、交両広督臣酌辦。三年以来、亦無有与夷人議及者、可委員向夷館核算催繳、多少必有所獲[36]。）

ここで注目すべきは、西洋人が徴税の文脈で認識されていることである。咸豊三年（一八五三）小刀会の乱に伴い西洋側が代理徴収していた夷税が残されていたことは[37]、郭にとって絶好の財源と映った。しかも夷税を返還させるためには、中国の官側から強く西洋領事に働きかけねばならなかった。

以上のような助言をした金安清とは次のような人物であった。字は眉生、号は儻齋、国子生、湖北督糧道などを務める。アヘン戦争時期には林則徐、許乃普、季芝昌ら有名な官僚に認められていた。塩務、漕務、河務、洋務で才能を発揮したという[38]。金安清の見解を知るうえで重要な史料に、咸豊八年（一八五八）四月十八日の戸部右侍郎杜翻の上奏に同封された意見書がある。(39) 上海に洋務の専門機関を設置すべきという意見や、西洋との交渉の心構えなどを多く説いている。「凡そ夷人と事を論じる際、誠意を持って彼らを助け、事実を伝え、利害によって諭せば、彼らは、性は犬羊に近いけれども、われわれ告げる側が誠意を尽くしているか否かによって順逆を決める（凡与夷人論事、将之以誠、告之以実、曉之以利害、雖性近犬羊、亦以告者之誠偽為順逆）」といった金の西洋に対する姿勢は、(40) 当時の郭に大変影響を与えたものと思われ、その後の郭の文章には、金の西洋交渉論に類似した内容が多々見受けられる。(41) 郭がこうした江浙官僚の見解をこの時期多分に摂取していたことは注目すべきであろう。このように金の導きもあって、郭は、夷税徴収という文脈から、西洋人との積極的交渉への強い関心を抱いていったのである。以上が、先行研究に加えて、筆者があえて指摘したい事実である。

咸豊六年（一八五六）二月五日、郭は、上海到着後まもなく金安清へ書簡を送っている。

上海は大変栄えており、これに匹敵するものは少ないであろう。ここで大いに〔軍費の調達を〕計画すべきだが、見ているだけですべがない。夷税について鶴翁〔黄芳〕に問い合わせたが、アメリカは徴収したうちの十余万両〔当初は三五万四一四九両八銭三分であったが、アメリカの請願によりその三分の一の還付で可とされた〕につき、〔納税したが証明書の発給されていない額を除いた〕八万両だけを自ら返還させてもらうよう求め、三六万両の返還は決まらなかったとのこと。彼は以前道員とともにアメリカ領事館に赴いて議論をしたことがあり、私はただ、彼に軽々しく〔アメリカ側の提案を〕承諾せず、反応を見るよう依頼した。有司は民を治めいたわることを主要な任務とするから、さまざまな財源獲得の計画については、別に専任者がいるべきである。現在の督撫は、すべてにおいて先延ばしすることを承知せず、ただ有司の行いをとがめるばかりである。私はそのすべのないことがまことに心配だ。

（滬城繁盛、殆罕倫比。是中大可籌画、而坐視無術。夷税詢之鶴翁、惟花旗国所収之十餘万、自請繳還八万、並無議定卅六之説。渠与観察公曾赴該領事処会議、弟惟嘱其弗軽允、以観後説而已。有司以民牧拊循為主、至於種種籌利、皆当別有専主。今之大府、凡事不肯耽過、而惟責有司之裁処、蒙憂其無術矣。)[42]

西洋が代理徴収していた夷税の返還の遅延は、当時の通商上の大きな問題となっており、その返還の滞りから、上海当局が外国人税務司制度を重視していく転換点となったものである。この時の上海当局の姿勢としては、可能性の低い夷税返還に期待するよりも、外国勢力を一定程度優遇しつつ、外国人税務司制度によって確実に得られるようになった夷税を獲得する方が賢明だとするもので、多分に地域的な利害を求めていた[43]。郭が前述の書簡で述べているアメリカとの交渉も、後に、八万数千両の返還のみで朝廷に許可されることになる[44]。郭は地域的利害にあずからなかったからか、以上を督撫の行政能力のなさとして批判している点が興味深い。こうした中国官員の態度を見るにつけ、郭は、ますます夷税を返還させねばならないことを実感し、西洋領事と積極的に対話を交わすことを主張していくのである。彼が西洋に関心を持ちはじめる契機は、実はこのような税務上の交渉という文脈だったのである。

郭嵩燾の上海滞在中の西洋観察記録には、次のように、西洋領事の様子に関するものが多く見られる。

尹蓮渓観察（雲南の人）、黄松舲と、蒸気船を見に出かけた。まずポルトガル領事のところへ行った（その名は必理〔T. C. Beale〕である）。陳という姓の者が随行した。ある船に案内された。イギリスの富領事〔D. B. Robertson〕の船である。……富領事は脱帽して向かい合い、握手して挨拶した。……船のなかには金ぶちのかぶり物をしている者が数人いた。みな職分を有する者たちである。富と名乗る者は金モールのかぶり物に金モールの袖で、船員はみな彼に敬意をはらって仕えていた。

（偕尹蓮渓観察雲南人、黄松舲、往看火輪船。先至大西洋国領事処名必理、有陳姓者随往。導至一船、則英吉利富領事船也。……富領事者、免冠相見、携手一叙。……船中金辺冠者数人、皆有職分者。富姓金辺冠、金辺袖、船人皆尊事之。)[45]

鶴汀〔黄芳〕は次のように述べた。各国領事のなかで、フランスの伊担〔B. Edan〕という者が最も賢く礼儀正しい。彼とは往来することがしばしばである。居室が最も豪華なのは、ポルトガル領事必理である。[46]（鶴汀云、各国領事、惟仏郎機名伊担者最賢淑、与伊往返甚勤。其居室最華靡者、必理也。）

単にこの箇所のみを見れば、郭の初歩的西洋観察といった従来の評価も出てこよう。だが、本書で述べてきた郭の夷税への関心がその背後にあったことを考えるなら、その交渉相手たる西洋領事の観察といういっそう重い意味を持っていたとの解釈が可能だと言える。また興味深いのは、郭が、服装や人柄などの観察を通じて、領事の官としての位置づけを感じとっていることである。商人を統括する有能な官という領事イメージは、その後の郭のなかで膨らんでいき、彼に西洋における「朝廷政教」の存在を予感させる役割を果たした。[47]以上のように、この時期、夷税問題との関連で西洋領事に接したことは、彼の生涯において大変重要な体験であったと言えるのである。

本章では、郭が、商人から適度な徴税を行って仁政を布くべしとの意識に基づき、積極的に軍費対策を推し進めていたところ、偶然にも夷税徴収問題に接し、徴税の文脈から西洋、特に西洋領事のあり方に強い関心を抱くようになったことを明らかにした。[48]郭嵩燾の領事への関心は、同治年間の署広東巡撫時期にも貫かれる。当時彼は、イギリス領事ロバートソン（D. B. Robertson）と意気投合し、沿海の商人に自ら汽船を造らせて出海貿易させ、こうした商人たちの活動を沿海の紳士を代表とする市舶司により管轄すべきという計画を練っていたという。[49]そしてこの主張は、第三章で述べる郭嵩燾の上奏文「条議海防事宜」に取り入れられていくのである。なお、このロバートソンとは、渡英時期にイギリスにおいても再会しており、賢人としての誉れ高き人物と評している。[50]

第四節　小　結

本章では郭嵩燾の初期の問題意識である士大夫の商賈化の内実を明らかにしてきた。「士大夫の商賈化」という士大夫批判には、郭嵩燾の徴税官としての経験が深く関わっていた。というのも郭は、内乱や対外戦争の軍費調達官として官界デビューを果たしており、日常的に士大夫と商賈との関係に注意を払わなければならなかったからである。このようなタイプの徴税官が活躍すること自体が、清末に特有のものであった。

郭嵩燾は徴税事業を行っていくなかで、士大夫と商賈とを厳格に区別し、商賈のうえに立って社会秩序の安定に寄与する士大夫という観念を形成していった。士大夫は自らの徳性によって郷紳や商賈の信頼を勝ち取ることで軍費を捻出させなければならない。そのような徳性の追求がなされたのである。

また、郭嵩燾の徴税官としての経験に関連して注目すべきは、郭嵩燾の西洋認識についても、実はその端緒がこの徴税官時期に見られるということであり、西洋の「官」に着目するきっかけを作ったということである。この西洋の「官」への着目は、後に他の士大夫との重大な思想的差異を形作ることとなるであろう。

以上、本章では、郭嵩燾の徴税官としての経験が、士大夫と商賈との峻別という、彼の士大夫像の模索と密接に関わっていることを明らかにした。さて、郭嵩燾の地方官時代においては、もう一つの重要な士大夫像の模索を見出すことができる。それはいかなるものであっただろうか。次章ではこの点を論じていきたい。

（1）　郭廷以編定『郭嵩燾先生年譜』上巻、一二四頁。
（2）『郭嵩燾日記』第一巻、咸豊八年八月六日、一五〇―一五一頁。

（3）同右。
（4）同右、咸豊十一年七月二十日、四六九頁。
（5）佐藤慎一「模倣と反発――近代中国思想史における「西洋モデル」について」（『法学』第五一巻六号、一九八八年）、二六六頁。
（6）王賓も、郭嵩燾が北京で目にした人事のあり方が彼の危機意識の根幹にあったことを的確に指摘している。しかしながら筆者は、郭嵩燾がそれを契機に士大夫階層の変革の可能性をあきらめ、皇帝へ自己変革を強く要求していったという王賓の指摘には同意できない。郭嵩燾はあくまで士大夫の私利追求という現実を、士大夫自身の問題と捉え、士大夫の本来あるべき姿を模索するという方向へ思考を展開させていくのである。王賓『近代中日両国における対外認識の比較研究』、四〇―四三頁。
（7）以上、宋代の状況については、竺沙雅章「宋代の士風と党争」（木村尚三郎ほか編『中世史講座第六巻　中世の政治と戦争』学生社、一九九二年、所収）を参照。
（8）小野和子「明代の党争」（木村尚三郎ほか編『中世史講座第六巻　中世の政治と戦争』、所収）を参照。
（9）岸本美緒「明清時代における「風俗」の観念」（小島毅編『東洋的人文学を架橋する』、東京大学大学院人文社会系研究科多分野交流演習論文集、二〇〇一年、所収）を参照。
（10）例えば、『皇朝経世文続編』巻三（盛康輯、光緒二十三年刊、近代中国史料叢刊第八四輯、台北、文海出版社、一九七二年）、湯成烈「名節篇」、巻四、陳寿祺「知恥説」など。
（11）例えば、『皇朝経世文編』巻五十七（賀長齢輯、同治十二年鉛印本、近代中国史料叢刊第七十四輯、台北、文海出版社、一九六六年）、袁枚「書院議」、『皇朝経世文続編』巻二十（盛康輯）、景其濬「請重廉俸疏」など。
（12）『因寄軒文二集』巻一（管同撰、道光十三年刊、続修四庫全書、第一五〇四冊、所収）、「説士上」「説士下」。
（13）中国史上における捐納の意義については、伍躍『中国の捐納制度と社会』（京都大学学術出版会、二〇一一年）を参照。
（14）近藤秀樹「清代の捐納と官僚社会の終末（上）」（『東洋史研究』第四六巻第二号、一九六三年）を参照。
（15）汪栄祖『走向世界的挫折』、曾永玲『郭嵩燾大伝』、王興国『郭嵩燾評伝』、同『郭嵩燾研究著作述要』は、郭の軍費対策にも言及しているものの、汪はあくまで彼の事績の一部として取りあげるのみで、また曾や王は郭の財政政策の進歩性を列挙するのみであり、郭の全生涯における彼の軍費対策の位置づけはなされていない。そのほか郭の釐金政策につき、范継忠

「郭嵩燾与釐金制略議」(『清史研究』二〇〇〇年第二期)や李永春「郭嵩燾与晩清釐金」(『史学月刊』二〇〇一年第三期)、同「郭嵩燾与湖南釐金総局」(『株洲工学院学報』二〇〇三年第一期)などがあるが、前述の研究と同様、あくまで個別研究にとどまっている。

(16) 以下の概略の作成には、郭廷以編定『郭嵩燾先生年譜』上巻、陸宝千『郭嵩燾先生年譜補正及補遺』、『郭嵩燾日記』第一巻、林正子「黄冕——もう一人の釐金創始者」(『史苑』第三六巻第一号、一九七五年)、佐々木正哉「湖南の排外守旧派と開明派の系譜(二)」(『近代中国』二一、一九九〇年)を参照。

(17) 郭廷以編定『郭嵩燾先生年譜』上巻、八六—八七頁では、勧捐の成功を咸豊三年三月とし、一〇三—一〇四頁では、湖南釐局の開設を咸豊四年四月とするが、ここでは林正子の考証にしたがい、前者を咸豊四年、後者を咸豊五年とした。林正子「黄冕——もう一人の釐金創始者」、四—五頁。

(18) 例えば、郭嵩燾の祖父、括矩は、大金を貸していた知県が死亡した際、その遺族が二人の婢をもって償おうとした際、断って借用文書を燃やしてしまったといった故事が残っている。郭廷以編定『郭嵩燾先生年譜』上巻、二頁。

(19) 同右、七六—七七頁。

(20) 『曾文正公(国藩)全集』(曾国藩撰、光緒二年刊、近代中国史料叢刊続集第一輯、台北、文海出版社、一九七四年)、奏稿巻二、「請派大員辦捐済餉摺」、咸豊四年二月十五日、三十五葉。

(21) 『玉池老人自叙』、四葉。

(22) 釐金については、羅玉東『中国釐金史』上下冊(上海、商務印書館、一九三六年)、高橋孝助「中国の常関・釐金・海関——商人・商品流通と専制国家」(濱下武志ほか『シリーズ世界史への問い三　移動と交流』岩波書店、一九九〇年、所収)、岩井茂樹『中国近世財政史の研究』(京都大学学術出版会、二〇〇四年)、岡本隆司「一九世紀中国における自由貿易と保護関税——「裁釐加税」の形成過程」(左近幸村編『近代東北アジアの誕生——跨境史への試み』北海道大学出版会、二〇〇八年、所収)などを参照。

(23) 『湘軍志』(王闓運撰、宣統元年重刊本)、籌餉篇第十六、二葉。

(24) 『郭嵩燾日記』第一巻、咸豊六年四月二十九日、八三頁。

(25) 同右、四七六頁。

(26) 『郭侍郎奏疏』(光緒十八年刊、近代中国史料叢刊第一六輯、台北、文海出版社、一九六八年)、巻五、「各省抽釐済餉歴著成効謹就管見所及備溯源流熟籌利弊疏」、二十葉。
(27) 郭嵩燾の署広東巡撫就任は、広東省の釐金を江蘇、浙江、安徽三省の軍費にあてようとした曾国藩と朝廷の政策によるものであった。岩井茂樹『中国近世財政史の研究』、一四〇頁を参照。
(28) 『郭侍郎奏疏』巻五、「各省抽釐済餉歴著成効謹就管見所及備溯源流熟籌利弊疏」。
(29) 同右、二十五—二十七葉。
(30) 『郭嵩燾日記』第一巻、咸豊六年二月七日—十日、三一—三四頁。
(31) 汪栄祖『走向世界的挫折』、二九—三〇頁、および曾永玲『郭嵩燾大伝』、六三—六八頁、陸宝千『郭嵩燾先生年譜補正及補遺』、三九頁を参照。
(32) 『郭嵩燾日記』第一巻、二二一—二二三頁。
(33) 『曾文正公（国藩）全集』奏稿巻七、「請抽上海釐金片」、十一—十二葉。
(34) 汪栄祖『走向世界的挫折』、二八—二九頁、王興国『郭嵩燾評伝』、七五—七七頁、同『郭嵩燾研究著作述要』、一九—二〇頁。
(35) これは咸豊四年（一八五四）九月の白河口における英米仏による条約改正交渉を指す。その経緯については、坂野正高『近代中国外交史研究』（岩波書店、一九七〇年）、七〇—七三頁を参照。
(36) 『郭嵩燾日記』第一巻、二二三—二二四頁。范継忠『孤独前駆——郭嵩燾別伝』（北京、人民文学出版社、二〇〇二年）、五七頁は、この条文につき簡単な紹介を行っている。また汪栄祖『走向世界的挫折』、三二頁には金安清について、郭を熱心に助けたという若干の言及があるのみで、この引用箇所および金の事績については何も述べていない。
(37) 岡本隆司『近代中国と海関』（名古屋大学出版会、一九九九年）の「第四章　江海関と外国人税務司制度の創設」を参照。
(38) 金の事績は、『浙江省嘉善県志』（江峰青修、顧福仁纂、光緒十八年刊、中国方志叢書（華中地方、第五九号）、台北、成文出版社、一九七〇年）、巻十九、宦業、七十四葉にある。
(39) 金安清およびこの意見書については、坂野正高「天津条約（一八五八年）調印後における清国外政機構の動揺（一）——欽差大臣の上海移駐から米国公使ウォードの入京まで」（『国際法外交雑誌』第五五巻第六号、一九五七年）、四—五、一七頁に言及がある。
(40) 『籌辦夷務始末』咸豊朝（近代中国史料叢刊第五九輯、台北、文海出版社、一九七〇年）、巻二十三、二十一葉。また金の

筆記として『水窓春囈』（欧陽兆熊・金安清撰、謝興尭点校、北京、中華書局、一九八四年）がある。

(41) 例えば『郭嵩燾日記』第一巻、咸豊十一年七月二十日、四六九頁。また近年、郭嵩燾が金安清に宛てた書簡が、続々と公開されている。『湖南図書館蔵近現代名人手札』（湖南図書館編、岳麓書社、二〇一〇年）、「郭嵩燾遺札」（任光亮整理、『歴史文献』第一五輯、二〇一一年）を参照。

(42) 『郭嵩燾日記』第一巻、三〇頁。

(43) 岡本隆司『近代中国と海関』、二二二―二二三、二六〇―二六二頁。

(44) 『籌辨夷務始末』咸豊朝、巻十三、二十六―二十七葉。

(45) 『郭嵩燾日記』第一巻、咸豊六年二月九日、三二―三三頁。なお、このイギリス領事との会話は、「密姓」の通訳を通して行われた。

(46) 同右、三四頁。

(47) 本書第Ⅱ部第三章を参照。

(48) 当時の中国人は、西洋の「領事」を「貿易監督官」と見なし、西洋商人の取り締まりが主な任務と考えていた。箱田恵子「清末領事派遣論――一八六〇年、一八七〇年代を中心に」（『東洋史研究』第六〇巻第四号、二〇〇二年、後に同『外交官の誕生――近代中国の対外態勢の変容と在外公館』に収録）を参照。これと前述の郭の経歴を合わせてみれば、郷紳や商人を教導して適切に徴税を行うことを目指していた郭にとって、商人の管理者たる西洋領事は、注目すべき西洋の官として認識されたであろう。

(49) 『郭嵩燾日記』第二巻、同治九年七月二日、六〇八―六〇九頁。

(50) 同右、第三巻、光緒四年四月十五日、五〇五頁。ここではロバートソンと新任の香港総督ヘネシー（John Pope Hennessy）の対華人政策について話しており、郭は、ヘネシーの政策が漢人にも分け隔てをせず、徳によって民を化すものだとして高く評価し、賢人だと評している。

第二章　士大夫どうしの関係悪化への危機感

第一節　士大夫による議論への嫌悪

郭嵩燾は生涯さまざまな文章を書き残しているが、そうした文章には、次のような見方が頻繁に見られる。すなわち、当時の士大夫たちが相互に意見を掲げて無謀な議論を行い、士大夫たちのそうしたあり方が、国家全体に悪影響を与えるという見方である。

その見方をよく示す記述として、例えば次のような日記の記述があげられる。この記述は、咸豊十年（一八六〇）、湖南に帰郷していた郭嵩燾が英仏連合軍北京入城（第二次アヘン戦争）の報を受けて述べたものである。

夷人は通商して利を収めようとしているのであり、隣国との交際の誼など言うに足りないものである。地方大官は適切な慰撫ができず、うそをついては無礼な態度をとったため、脅迫されてしまったのである。二十年（道光二十年のアヘン戦争）と全く同じなのである。皇上は一人このことを憂え、その紛争を止める方法を探求しようとされたが、朝廷の士大夫は口を開けば戦争を主張し、多くの者が群れを成している。その主張は主に朝廷を尊び、夷狄を追い払うということにすぎないが、議論によってうやまいあっているのである。本来は恥ではないのに、耐え難い大恥であると考えているのである。朝廷は議論によって掌握され、迷ってしまい、誰も対処法がわからない。そこで僧邸〔僧格林沁〕は無道によってそれを行い、その禍をすみやかに招いてしまったのである。士大夫の無知は禍を天下に残してまことに余りあるのだ。……南宋の諸君子の議論が後世に禍を残したのではない。禍を明から現在にまで残したのは、士大夫の無知がそうさせたのである。

（夷人通商網利、並隣国交際之誼亦無可言者。疆吏失撫綏之宜、誆詐無礼、以為所劫持、二十年如出一轍。聖人独心憂之、求所以消弭其患、而在廷士大夫哆口言戦、千百為群。其立言不過主尊朝廷、攘夷狄、以議論相高。本非辱也、而視以為大辱若不可忍者。朝廷為議論所持、旁皇迷乱、莫知所措。僧邸乃遂以無道行之、以速成其禍。士大夫之無識、貽禍天下固有餘哉。……南宋諸君子之議論、非以遺毒後世、而遺毒有明以至今者、士大夫之無識為之也。）(1)

こうした記述からは郭嵩燾の士大夫像に関わる二つの重要な論点を読み取ることができる。第一の論点は、士大夫どうしの関係が問題視されていることである。前章で見たように、郭嵩燾はまず士大夫自体の社会的意義の回復を目指していたが、さらに士大夫どうしがいかなる関係を持つべきかという点にも注意が払われているのである。本書を通して明らかにされるように、こうした論点は郭嵩燾独自の士大夫像の模索として注目すべきものである。

第二の論点は、そうした士大夫どうしの無謀な議論が、国家全体に影響を与えるという見方である。これはただ単に、無謀な議論によって誤った政策が行われるという意味以上のものを含んでいる。すなわち、こうした士大夫どうしの議論が、士大夫たちの習慣となり、それが国家全体の人々に影響を与えるというのである。

こうした習慣の影響は次の点で極めて強力なものである。まずそれが人々をして気づかないうちにそのような行動に走らせるものだからである。またそれは長期的に人々に影響を与えるものであった。

漢唐以来、夷狄を制御する方法についてはみなその要点をよく理解できていました。南宋以後、時局を議論するようになり、古から一変したのとは異なっています。学士大夫はうぬぼれの論を述べることに慣れきって、本当の状況を探求せず、現在にいたるまで六、七百年、悟ることができる者がいないのです。

（自漢唐以来、所以控馭夷狄者、皆頗能知其節要。而覚南宋以後、議論事局、与古一変。学士大夫習為虚驕之論、不務考求実際、訖今六七百年、無能省悟者。）[2]

宋代の士大夫たちの議論が、その後の士大夫にうぬぼれの議論をすることに慣れさせてしまい、当時の士大夫たちの関係の悪さにまで影響を与えるということである。

以上のような第二次アヘン戦争期の郭嵩燾の士大夫批判については、すでに佐々木揚が郭嵩燾の中央の外交政策への批判として取りあげている[3]。だが筆者の見るところ、郭嵩燾の以上のような見方は、単に外交政策の批判というにとどまらず、郭嵩燾の士大夫像の模索の一つと位置づけるべきであると考えられる。郭嵩燾は外交の面にかぎらず、生涯のあらゆる面で、士大夫どうしの関係性という問題を模索していたのである。

また郭嵩燾の士大夫批判については、すでに多くの研究者が指摘するように、郭嵩燾が私淑した明末清初の思想家である王夫之の影響が見られる。郭嵩燾の士大夫どうしの議論への批判や、風俗観については、ほぼ王夫之の見解をそのまま継承するものである。そのことを認めたうえで、筆者が注目したいのは、郭嵩燾が具体的にどのような現実に直面することで王夫之の説の妥当性を確信したのかということである。本書では郭嵩燾にこのような確信を持たせることになった現実世界のあり方を詳細に描き出したい。

以上のような見通しのもと、本章では、郭嵩燾が士大夫どうしの関係性という観点を持つようになったそのきっかけを、咸豊、同治年間の彼の地方官時代の経験から明らかにしてみたい。

第二節　真の士を抜擢しともに任務にあたること――郷評をめぐって

郭嵩燾がどのような地方官経験から士大夫どうしの関係性という論点に注目するようになったか、また郭嵩燾自身はどのような関係を築こうとしたのか、という問題を考察してみたい。まず、郭嵩燾が咸豊九年（一八五九）に天津で軍費獲得のために釐局を開設した際の経験を取りあげてみよう。

郭嵩燾は、前章で分析した湘軍における軍費獲得事業に奔走したのち、咸豊八年（一八五八）に翰林院編修として北京に復帰し、翰林院で読書に励んだり、学友と学問を議論したりする日々を送っていた。だが一方で前年には第二次アヘン戦争が勃発し、郭が在京している間に、清朝は英仏米露と天津条約を締結した。清朝の外国への警戒は強まり、天津の防備が強化された。

郭は、咸豊九年（一八五九）僧格林沁の秘書として天津の海防に携わり、またその財政面での才能が評価され、天津海防にあてるための山東の税釐の徴収調査を命じられる。この時期郭は、実地調査を通し、適切に徴税を行えば膨大な利益が上がると考え、並々ならぬ熱意で業務にとりくんでいる。すでに散逸しているが、関係書類や章程が七冊もまとめられるほどであったという(4)。郭は煙台において、地元の紳士らと協力しながら釐局を開設した。ところが、咸豊九年（一八五九）十一月、この釐局が地元民により破壊され、局紳が殴打されるという事件が発生した。郭はその責任を問われ、僧格林沁に弾劾を受けてしまう。

以上が郭嵩燾の天津での税釐徴収事業の経験であった。ここで注目したいのは、咸豊九年（一八五九）十一月の地元民による釐局破壊事件をめぐる郭嵩燾の主張である。

郭はこの事件が起こった原因を、僧格林沁の部下で税釐調査の同僚であった李湘棻による地元民の扇動と見た(5)。従来の研究は、郭の見解に基づきつつ、この事件を守旧派僧格林沁と進歩派郭嵩燾との確執の表れと捉えてきた。だが、この顚末にさらにこだわってみると、異なった解釈ができ、筆者の見るところ、ここにも郭嵩燾の士大夫像の模索が関係していたと言えるのである。

郭嵩燾がこの事件を僧格林沁の郭嵩燾攻撃の一環として位置づけたのに対し、僧格林沁や上諭の郭への対応は次のとおりである。郭は、委員の李湘棻、山東巡撫文煜に十分な相談をせず釐局を開設してしまった。そこで郭の処分を吏部に渡して議せしむことにする。ただそれまでは釐務章程作業を続けること(6)。そしてその後、次の上諭が下された。

そこで煙台に局を設けて釐を抽することについて考えてみると、当初郭嵩燾が該撫へ商民に異議はないと通知していることからして、どうして商民らが人を集めて局を破壊し、紳董を殴打するといった事態が突発するだろうか。もとより奸徒が間に入ってそそのかし争いを起こしたという理由が全くなかったとは言えない。だが結局は運営がよくなかったのである。在籍主事蕭銘卣は、朕が聞くところによると、日ごろから郷里の輿論に調和せず、その他の紳士もまた日ごろから人望のある者ではないとのこと。郭嵩燾が出ていった後、これらの紳士たちは額外の増徴を行った。それにより恨みの声が巷にあふれ、激して事件を起こしたのである。

(因思煙台設局抽釐、先拠郭嵩燾、函致該撫商民並無異言、何以忽有聚衆毀局、殴傷紳董之事。固難保無奸徒従中唆撥而起衅之由、総因辦理不善。在籍主事蕭銘卣、朕聞其平日不協郷評、其餘紳士、亦並非素孚人望、郭嵩燾起身以後、該紳等額外加税以致怨声載道、激而生変(7)。)

つまり事件が起こった根本の原因は、釐局のリーダーであった紳士の蕭銘卣らが、実は地元の人望のない人物で、郭嵩燾が釐局を離れた直後に不当な課税を行ったことが原因であるとした。そして最終的に煙台釐局には以後紳董を置かないことを決め、地方官と委員により運営を行うこととした(8)。

この処分に対し、郭は以下のように反論している。まず、郭が一人で事を進めようとしているかのように虚偽の報告をしたのは李湘棻であり、また彼を陰で操っていた僧格林沁である。[9] さらに委紳蕭銘卣らは無罪である。このことについて郭は以下のように述べる。

軍機処に着くと〔釐局の詳細についての〕各書類を提出し、そこで煙台の事務につき痛切に述べたが、杜吉元、匡鶴泉との言い争いには特に力が入った。思うに、この二君は山東の人であり、各紳〔蕭ら〕の災難はいずれもこの二人から起こっているのである。以上の議論を終え、子鶴尚書〔陳孚恩〕のもとを訪問し、上記のいきさつを話した。尚書は「あなたは何がしたいのか」とたずねられた。私は次のように述べた。「諸紳の無罪をはっきりさせたいだけです。私の間違った点については、すでに皇上からお許しをいただいており、これ以上弁解する必要などございません」と述べた。

（至軍機処呈繳各件、因痛切言及煙台事務、与杜吉元、匡鶴泉辯之尤力、以二君皆山東人、且各紳之難、皆発自二君故也。已而詣子鶴尚書言之。尚書問曰、若意欲何為。曰欲表暴諸紳之無罪耳、至於小臣乖舛之処、已蒙聖恩寛宥、更不待申辯矣。[10]）

蕭らが批判される原因は、朝廷の山東出身の高官が蕭らを批難したこと、すなわち山東人どうしの権力争いがあるというわけである。

以上の郭の反論は、自己の業務を批判されたことに対する一般的自己弁護と見なせないこともない。ただ、この自己主張はかなり主観的なもので、根拠薄弱であることも特徴的である。朝廷・僧格林沁が比較的冷静に原因究明に努め、局の紳士の不正を指摘しているのに対し、郭は、事件が発生してしまったことにはほとんど関心を示さず、殴打された紳士を不自然なほどにかばおうとしているからである。局の紳士の経営の実態を直接目にしていない郭が彼らの身の潔白を主張することは、当然ながら説得力がないばかりか、郭と紳士たちとの癒着を疑われる危険性すらあったことであろう。当時朝廷は地元の紳士たちが釐金に関わることについてかなりの不信感を抱いていたから、[11] 下手に紳士をかばい立てすることは、釐金事業自体の廃止にさえつながりかねなかったはずである。したがって、この郭の紳士に対する態度は、本書のこれまでの分析に基づきつつ、立ち入って考察するに値する問題だと思われる。

郭の推進した釐金の方法が、実施地の候補官（その多くが捐納出身者）や郷紳に業務を担当させるという特色を持っていたことは周知のとおりである。[12] これは湖南釐局の開設時より郭が主張していたことであった。

〔郭嵩燾が〕はじめて士人を用いることを提議した。その弟に総局を補佐させ、府県の釐局はみな挙人、貢生、生員、童生であり、商民はこれを便とした。

（始倡用士人。使其弟佐総局、而府県釐局皆挙貢生童、商民便之。[13]）

郭のこうした措置は、行財政史研究の観点から見れば、地元の事情に通じた候補官・紳士に業務を任せた方が効率が上がると考えた督撫と、これに迎合し各種特権を得ることを期待した候補官・紳士の利害の一致とされる。[14] ただこれに加え筆者は、郭の士大夫像の模索という問題意識から、この候補官・紳士重視を考えてみたい。郭はこの時期、士習の崩壊に頭を悩ませていた。前章で明らかにしたとおり、彼の日記には「士が商賈の情を抱く」といった表現が頻出していた。こうした状況には、捐納による候補官の増加が大きく関わっており、実際に士大夫と商賈の境界があいまいになっていたのである。

こうした状況下で積極的に候補官・郷紳を行財政に活用しようとする郭の意図は何だったのであろうか。郭が釐局に当てる人員を選抜する際、「質朴馴謹」な地方官に「賢」者を具申させるなど徳性を重んじていることからもわかるように、[15] 増えすぎた士大夫のなかから真の士大夫を選ぶということを意味していたのである。このように真の士大夫を選び出し、協力して任務にあたること、これこそが郭にとって理想とされた士大夫どうしの関係であり、こうした関係を構築しうることこそ、士大夫の持つべき資質だったのである。

このような郭にとって、自らが選んだ士大夫が私利を働いたということになれば、以上のような資質を否定されたことになるであろう。ここでは前引の上諭の「在籍主事蕭銘卣は、朕が聞くところによると、日ごろから郷里の輿論に調和せず、その他の紳士もまた日ごろから人望のある者ではない」という言葉に注意しておきたい。もしこの上諭の言うとおりであれば、郭嵩燾は「郷里の輿論に調和せず」「人望のある者ではない」士大夫を選んでしまったことになり、それは自らの徳性の否定につながってくるからである。この上諭の言葉は郭にとって相当な重みを持っていたのではないだろうか。

以上のように、釐金を一種の仁政と捉え、その実現者をもって自任する郭にとって、釐局開設は、当時の社会の士習の改善や士大夫どうしの良好な関係構築という課題とも密接に結びついていたのである。

第三節　士大夫の合意形成能力の欠如

本節では、郭嵩燾が署広東巡撫時期に携わった釐金業務および西洋との外交交渉という二つの業務の経験から、彼の士大夫像の模索を考察したい。

前述のとおり、同治二年（一八六三）に両広総督毛鴻賓の推挙で署広東巡撫となった郭嵩燾は、主に広東の釐金政策に力を入れ、そうした経験から釐金政策のあり方に関する長大な上奏文を起草している。その上奏には、前節で分析したように、郭嵩燾の士大夫の商賈化という危機意識を読み取ることができるわけだが、それに加えもう一点重要な危機意識を読み取ることができる。それこそが、士大夫どうしの関係性の悪さ、とりわけ、彼らの合意形成能力の欠如というものである。

郭嵩燾の見るところ、釐金廃止論者である士大夫たちは、軍費の欠如が明白な事実であるにもかかわらず、軍費徴収を「商賈を痛めつける行為だ」としてでたらめに批判し、共同して難局を乗り切ろうとする意志や能力を欠いていたのである。士大夫が合意を形成できない事態が社会全体に大きな影響を与えるという認識は、郭嵩燾の生涯を貫く重要な観点であると言えるのである。

このような危機意識は、郭嵩燾に次のような士大夫像の模索を促した。すなわち、士大夫は相互に良好な関係を保ちつつ、一つにまとまるべきであるというものである。こうした士大夫のあり方の実践の例として、郭嵩燾の外交交渉における言動に注目してみよう。

郭嵩燾は署広東巡撫時期に、オランダとの条約批准書交換やイギリス領事の潮州入城問題をはじめとする外交案件に関わった。この時期の郭の思想や行動に一種独特な形で登場するのが、「条約」である。郭嵩燾の条約観をめぐる二つのエピソードを、当時の郭嵩燾の士大夫像の模索との関連から考察してみたい。

郭嵩燾の条約観をめぐる一つ目のエピソードとしては、第二次アヘン戦争後に締結された中英天津条約を基礎とするオランダとの条約にまつわるものをあげてみたい。この条約批准書交換において、ある事件が起こっており、郭嵩燾にとってそれは非常に深い印象を与えるものであった。

郭嵩燾は、同治三年（一八六四）九月二十日に華林寺公所でオランダとの条約の批准交換に携わった。相手側の担当者はオランダ公使ファン・デル・フーフェン（J. des Amorie van der Hoeven）である。その際、オランダ側が批准書の原本を中国に提示せず、かわりに鈔本のみを提示したので、郭嵩燾は不審に思い、前年の上海での崇厚によるデンマークとの批准書交換の際、各自が原本を持っていたことを根拠に、原本を二冊ともオランダが持つことに再三抗議し、判断を崇厚にあおいだ。そして従来の条約締結の仕方からして郭の方に正当性があるという返信を得た(16)。そして最終的に原本副本ともども中国側に渡され、中国側も自らの原本をオランダ側に渡したのであった(17)。

後年、郭嵩燾はこの一件についての自記に次のようなオランダ公使の発言を記録している。

本来の方法はこのようにあるべきで、西洋諸国が条約を互換する際はまたやはりみなこのようにいたします。しかし中国では十数回の批准書互換において、原本を取り返したことはございませんでした。そこで私もまたそのように処理したのです。あしからずお許し願いたい。

（本来辦法応如此、西洋諸国互換条約亦皆如此、而中国換約十餘起、従未取回原約、是以我亦照辦。幸勿見罪。[18]）

郭嵩燾はこの一件にて、過去の中国の条約締結への対応の誤りを悟ったという。[19]

郭嵩燾のこの時期の西洋人との接触は、前述の条約批准書交換および前述のロバートソンをはじめとする英国領事たちとの交流であった。後年、郭嵩燾はこうした西洋人との交流につき、次のような評価を下している。

癸亥〔一八六三〕の秋、広東巡撫を兼任し、理解していることに基づいてともに事理の当否を処断したが、西洋人の要求することはすべて理によって正すことができ、彼らがさからい阻止することも、いずれも礼によって通じることができた。そうして少し自分の能力を信じるようになった。職を離れてからこのことを人々に話したが、みな互いに相いれず、空威張りしておごり高ぶり、ともに深く探求することができなかった。

（癸亥秋、権撫粤東、就所知与処断事理之当否、則凡洋人所要求、皆可以理格之、其所抗阻、又皆可以礼通之。乃稍以自信。退而語諸人、一皆扞格而不能入、矜張傲睨而不能与深求。[20]）

西洋人に対しては理や礼に基づくことで十分対処できるというのは、まさに前述の外交交渉やロバートソンをはじめとする領事との交流などを指しているのであろう。郭嵩燾は署広東巡撫時期の活動を通して、西洋人との対話の可能性に自信をつけていったのである。

のみならず、ここでさらに注目したいのは、郭嵩燾が西洋人の交渉と中国人どうしの交渉とを対比的に捉えていることである。つまり、西洋人とは理や礼を用いた交渉が可能であるにもかかわらず、肝心の中国人が郭のそうした見方を信じてくれないというのである。ここで批判されているのは、中国人の排外性のみでなく、そもそも中国人どうしが意思を疎通できていないという深刻な状況である。西洋側との円滑な交渉は、郭嵩燾にとってかえって、中国人、とりわけ士大夫どうしの協調性のなさをいっそう痛感させるものだったのである。

では、郭嵩燾の条約観にまつわるこの時期のもう一つのエピソードを考察していこう。それはイギリス領事の潮州入城事件をめぐる郭嵩燾の対応である。

汕頭は、第二次アヘン戦争後の中英間の天津条約により咸豊十年（一八六〇）に開港しており、以来汕頭英国領事が恵潮嘉道に面会を求めていたが、士民に抵抗され、英国公使がたびたび総理衙門に抗議していた。㉑同治三年（一八六四）十二月一日には、シンガポールの華商曾文才らがイギリス商人から一万四千両あまりの負債を抱えたまま潮州に逃亡するという事件が起こり、汕頭領事が恵潮嘉道に面会を求めるも果たせなかったため、英国公使ウェードはさらに強く抗議した。㉒郭嵩燾もこのような事態に対し、恵潮嘉道に海陽県の調査を命じている。㉓同治四年（一八六五年）九月十三日、領事側はついに入城に踏み切り、この間、郭嵩燾は恵潮嘉道に命じて万全の態勢で臨んだが、イギリスを中傷するビラが街中にあふれ、官衙や商店は営業を停止し、領事は三日にして街を退去しなければならなかった。㉔これに対したびたび詔が下り、両広総督瑞麟、両淮塩運使丁日昌、前任広東布政使李泰福らが地元紳士との交渉を命じられている。㉕同治五年（一八六六）四月十三日、李泰福らが潮州に赴き地元有力郷紳に説得を試み、㉖ついに同治五年（一八六六）五月二十六日汕頭英国領事は再び潮州へ入城、恵潮嘉道との面会を果たしたのである。㉗後述の郭嵩燾の回想によれば、この間、郭自身も潮州の郷紳を一度広州に集めて説得工作を行っており、それにより李泰福の成功を導いたとする。㉘

この事件が起こった理由について、領事と郭嵩燾の見解には差異が見られる。領事によれば、根本原因は、民衆を排外運動へとかりたてた局紳であった。㉙一方、郭嵩燾によれば、局紳たちは以前から捐輸等の事業に非常に熱心で、今次の排外運動の鎮静化にも協力的であったという。[30]むしろ郭によれば、もともと騒ぎを起こしやすい愚民に対し、領事の通訳が洋館を建設したい旨を切り出したことから騒ぎが大きくなってしまったというのである。[31]また後年の自記では、そもそも通訳にそのような要求を出させる発端になった地方官の不備が指摘されている。[32]

ここでの郭嵩燾の主張の特徴は、第一に、郷紳に対する「開導」が進んでいることを強調していることである。第二に、内地に西洋人の進出を認めるという中国側に不利な条約であるにもかかわらず、それを皇帝が認めたことだとして積極的に肯定し、中国の地方官、郷紳、民衆に遵守させようとしていることである。

郭嵩燾にとって条約とは、皇帝が認可した神聖なものであり、それを国内の秩序を保つために用いることができると考えていたのである。[33]むろん、中国と西欧諸国との衝突の現場で実務を担う地方官であれば、不平等条約を遵守するという妥協によって西洋側の出方を抑えようとするのは当然かもしれない。

しかし、郭にとって条約の遵守とは、そのような消極的なものではなかった。以上の特徴を踏まえたうえで興味深いのは、郭嵩燾が後年の自伝でこの事件を取りあげ、以下のように自己の功績を描写していることである。

私はまず布政使に通商条約十数帙を印刷させ、〔潮州紳士〕一人一人に一冊ずつ提供した。そして彼らに次のように告げた。「通商条約に記載されていることは、みな諭旨をうけたまわって許可されている。もし逆らうことがあれば、それは諭旨に背くことである。諸君、詳しく閲読し、条約に記載されていないことは、理によって抵抗すること。条約に記載されていることは、聞き入れなければならない。往時、葉相〔葉名琛（一八〇七―一八五九）〕が広東巡撫に任じ、外国人の入城を拒絶して、とうとう省城は陥落し当人は外国人に捕虜にされるという結果になったのは、実に丁巳の年であった。現在乙丑を去ることようやく九年になるが、潮州の民はどうしてそのまねをしようとするのか。外国人たちは省城を攻めることができたのである。どうして潮州一城を攻めきれないことがあろうか」と。潮州の紳士たちは、言うことを聞いて帰っていき、その後異議を唱える者はいなかった。

(鄙人先令藩司印刷通商条約十餘帙、人給一帙。諭之曰、通商条約所載、皆奉諭旨允行、如有抗違、即是違旨。君等詳加披閲、条約所不載、以理拒之、条約所載、不得不俯従。往歳葉相任粤督、拒洋人入城、遂至省城失陥、身為夷虜、実為丁巳之年、距今乙丑、纔及九年、潮民奈何効之。彼能攻省城、豈不能攻潮州一城乎。潮紳唯唯而退、嗣是無異議者。[34])

条約は皇帝に認められた神聖性を帯びているのであって、その遵守を国内に求めることは、極めて正当な行為とされている。

郭が自らを高く評価しているのは、そうした聖なる皇帝の意向を明確に地元の郷紳たちに伝え、最終的に全員が異議のない状態へと導くことができたということなのである。ここで重要なのは、条約を遵守することで中国側が被る影響が全くこの文面に表れていないことである。郭嵩燾にとってそれ以上に重要だったのは、皇帝の意思のもとに、士大夫たちが一つにまとまることによって生み出される秩序だったのである。ここにも前述したような士大夫どうしの良好な関係構築という郭の問題意識が表れていると言えよう。

郭嵩燾のこのような条約観と関連するものとして取りあげておくべきは、郭嵩燾が咸豊年間に宣講事業に携わっていたことである。宣講とは、明代の郷約における聖諭講読の延長に位置づけられる教化儀礼であり、清代には地方官主導で行われた[35]。こうした宣講事業において、よく利用されたテキストが『宣講集要』である[36]。この書においては、「聖諭十六条」に口語体の解説文が書かれ、また「案証」(聖諭を実行した人にまつわる故事)が付されている。興味深いことに、郭嵩燾は、咸豊年間の翰林院編修時期、この書に序文を寄せているのである。

その序文において郭嵩燾は、『宣講集要』が歌曲などを用い、雅と俗とをおりまぜながら宣講を推進しようとしている点を高く評価したうえで、次のように述べている。

願わくは各処の儒士紳耆たちが、深く列聖の民衆教化のご厚意を解し、真剣に力行し、本書を珍宝としていただければ幸いである。

（願各處儒士紳耆、深體列聖教民厚意、實心力行、以此書為珍寶、則幸甚。）[37]

郭の言うとおり、該書は礼部の書吏や紳士を対象とした宣講のテキストであり、彼らが聖諭の真意を民間に伝えることのできるよう指導するものであった。ここで注目すべきは次の点である。それはすなわち、「儒士紳耆」という階層に皇帝の教化の意図を理解させることが先決だとしていることである。

郭嵩燾にとってこうした宣講事業は、「儒士紳耆」という士大夫層にまず理解されなければならなかった。宣講は無論、士より下の民衆の教化を目的としたものであったが、郭にとってそれ以上に、士大夫層がこの事業の意を解し、ともに民衆教化に励むことが重要であった。本章で考察してきたように、郭嵩燾が当時問題視していたのは、士大夫どうしの関係の悪化であった。このような郭にとって、士大夫どうしが皇帝の意を体現してともに民衆教化にあたることは最も理想的な士大夫どうしの関係のあり方であり、郭が宣講事業に関わった目的の一つはここにあったと思われるのである。

以上のような郭嵩燾の宣講事業の経験を考えてみると、そこで目指されている士大夫のあり方という点で、彼の条約観と酷似していることがわかる。このことからも当時郭嵩燾が目指していたものが、士大夫たちが皇帝の意のもとに一つに団結していくというあり方であったことがうかがわれるのである。

第四節　小　結

本章で見てきたように、郭の釐金事業や外交交渉を考察していくと、彼が必ずしも徴税や外交の効率性のみを追いかけていたのではないことが見て取れる。では何を追求していたかというと、真の士大夫を選び出し、彼らと良好な関係を築きながら、ともに皇帝の意向を体現することであった。こうした発想は、郭嵩燾が士大夫どうしの関係こそが秩序に影響を与えるものだと考えたことに起因していた。以後本書で詳述されるのは、郭が生涯、この士大夫どうしの良好な関係をいかに構築するかという方向から士大夫像を模索していく過程である。

以上、本書第Ⅰ部で見てきたとおり、郭嵩燾は、幕友や地方官経験を通じて、士大夫と商賈のあるべき関係と、士大夫どうしのあるべき関係という二つの士大夫像の模索を行っていたと言える。

このように、郭嵩燾は地方官の経験をしながら士大夫像の模索を行っていたわけであるが、時代が進むにつれ、その模索に新たな要素が加わってくる。すなわち、洋務の事業が盛んになるにつれ、その業務に携わる人材の必要性が叫ばれるようになるが、こうした人材と士大夫とはいかなる関係にあるべきかという問題である。郭嵩燾はそこでも旧来型の士大夫の存在意義を断固主張することであろう。

さらに、前章で明らかにしたように、士大夫像の模索の過程で、西洋の官のあり方が郭嵩燾の視野に入りはじめていたが、その後、西洋に関する情報が増加し、駐英公使として実際に西洋を見聞することによって、郭嵩燾はいっそう自身の西洋政治像から士大夫像の模索の思想的資源を得ようとしていった。

次の第Ⅱ部では、このような郭嵩燾の西洋体験と士大夫像の模索との関係を明らかにしていきたい。

（1）『郭嵩燾日記』第一巻、咸豊十年九月二十九日、四〇二頁。
（2）同右、咸豊十年九月二十四日、四〇〇頁。
（3）佐々木揚『清末中国における日本観と西洋観』、八三―八九頁。
（4）『玉池老人自叙』、九―十葉。

(5) 郭廷以編定『郭嵩燾先生年譜』上巻、一五〇—一五一頁。
(6) 『咸豊同治両朝上諭檔』第九冊（趙雄主編、桂林、広西師範大学出版社、一九九八年）、咸豊九年十二月七日、六七六—六七七頁。
(7) 同右、咸豊九年十二月九日、六八三頁。
(8) 同右、咸豊九年十二月十五日、六九四頁。
(9) 『郭嵩燾日記』第一巻、咸豊九年十二月六、七日、二八七—二八八頁。
(10) 同右、咸豊九年十二月二十七日、二九三頁。
(11) 岩井茂樹『中国近世財政史の研究』、一三三—一三四頁。
(12) 湖南で採用されていた釐金の方式については、范継忠「郭嵩燾与釐金制略議」、李永春「郭嵩燾与晩清釐金」、同「郭嵩燾与湖南釐金総局」、羅玉東『中国釐金史』、林正子「黄冕——もう一人の釐金創始者」、岩井茂樹『中国近世財政史の研究』、土居智典「清末湖南省の省財政形成と紳士層」（『史学研究』第二二七号、二〇〇〇年）、宮沢礼克「太平天国期の湖南財政について——咸豊五年（一八五五）における釐金導入と湘潭章程制定を中心に」（『史流』第四三号、二〇一〇年）などを参照。
(13) 『湘軍志』、籌餉篇第十六、二—三葉。
(14) こうした局の政治経済史的研究として、新村容子「清末四川省における局士の歴史的性格」（『東洋学報』第六四巻第三・四号、一九八三年）、山田賢『移住民の秩序——清代四川地域社会史研究』（名古屋大学出版会、一九九五年）、原朝子「清末四川の経徴局について」（『近代中国研究彙報』第二一号、一九九九年）、山本進『清代財政史研究』（汲古書院、二〇〇二年）、岩井茂樹『中国近世財政史の研究』などを参照。
(15) 『郭嵩燾日記』第一巻、咸豊九年十月五、六日、二五一—二五三頁など。
(16) 『郭侍郎奏疏』巻五、「商議荷蘭換約情形片」、三十九—四十葉。
(17) 同右、巻八、「互換荷蘭条約日期片」、十八—十九葉。
(18) 同右、十九葉。
(19) 同右。
(20) 『養知書屋文集』巻三、「罪言存略小引」、十九葉。

(21)『籌辦夷務始末』同治朝（近代中国史料叢刊第六二輯、台北、文海出版社、一九七一年）、巻三十五、三十五葉。
(22)郭廷以編定『郭嵩燾先生年譜』上巻、三〇九頁。
(23)『籌辦夷務始末』同治朝、巻三十五、三十五葉。
(24)『郭侍郎奏疏』巻九、「英国領事進入潮州府城旋即回汕疏」。
(25)『籌辦夷務始末』同治朝、巻三十七、四十一葉、巻三十八、二十四―二十六葉、郭廷以編廷『郭嵩燾先生年譜』上巻、四〇二―四〇三頁。
(26)『郭嵩燾先生年譜』上巻、四〇二―四〇四頁。
(27)『籌辦夷務始末』同治朝、巻四十三、二十葉。
(28)『玉池老人自叙』、十九葉。
(29)『郭侍郎奏疏』巻九、「接拠英領事申陳縁由片」、二十二―二十三葉。
(30)同右、二十三葉。
(31)同右、「査明英領事前次進出潮州府情形現籌妥辦縁由疏」、二十六葉。
(32)同右、「自記」、二十四葉。
(33)このような地元郷紳の説得の仕方は、後に激烈な仇教運動を展開した陝西候補道周漢に対する湖南巡撫陳宝箴の上奏のなかにも見られる。陳宝箴は当時、ドイツによる膠州湾占領以後しばしば発生した排外運動に苦しめられていた。『陳宝箴集』下（汪叔子・張求会編、北京、中華書局、二〇〇五年）、「南学会開講第七期講義」、光緒二十四年三月二十一日、一九三八頁。
(34)『玉池老人自叙』、十八―十九葉。
(35)宣講については、Victor H. Mair, "Language and Ideology in the Written Popularizations of the Sacred Edict," in D. Johnson, A. J. Nathan and E. S. Rawski, eds., *Popular culture in late Imperial China*, Berkeley, Calif.: University of California Press, 1985や、井上徹『中国の宗族と国家の礼制――宗法主義の視点からの分析』（研文出版、二〇〇〇年）、阿部泰記「宣講の伝統とその変容」（『アジアの歴史と文化』第七輯、二〇〇三年）、同「四川に起源する宣講集の編纂――方言語彙から見た宣講集の編纂地」（『アジアの歴史と文化』第九輯、二〇〇五年）、同『宣講による民衆教化に関する研究』（汲古書院、二〇一六年）などを参照。

(36)『宣講集要』（光緒三十二年刊、宝慶呉氏経元堂刊本）。この書の編者を郭嵩燾と見る見解に異議を呈したものとして、阿部泰記「四川に起源する宣講集の編纂」、二二―二三頁を参照。郭嵩燾の序は、「翰林院編修郭嵩燾」の署名があり、書中に「咸豊五年八月」の記事があることなどから、翰林院編修在職時の咸豊年間後半に書かれたものと推測される。

(37)『宣講集要』序、二葉。

第Ⅱ部　士大夫像の模索と西洋政治像

第三章　渡英直前の郭嵩燾と劉錫鴻の士大夫像

第一節　同治末から光緒初期にいたる洋務人材についての議論

中国では同治年間において、相対的に安定した国内・国際状況のもと、軍需産業を中心に工業化が進展する。いわゆる洋務が重要視されてくる時期である。そして洋務を担う実務家の人材が求められるようになるが、その専門知識は、士大夫が身につけている科挙受験のための詩文や経学の能力とは全く異なるものであった。そのため、この時期においては、旧来型の士大夫とそれ以外の洋務の人材とをいかに関係づけるかということが、士大夫の間で課題となってくる。そしてこの問題について多くの発言をしているのが郭嵩燾であった。本章では、洋務人材についての議論における郭嵩燾の言動を追うことで、郭嵩燾が士大夫とそれ以外の階層をいかに結びつけようとしたのか、そこであるべき士大夫像とはいかなるものだと考えていたのかを考察したい。さらには郭と全く異なる見解を有していた劉錫鴻を比較対象として取りあげたい。

さて、士大夫とその他の階層の関係について、当時の中国における議論状況をよく表しているものに、同文館論争があげられる(1)。

周知のとおり、同文館論争とは次のようなものであった。同治六年（一八六七）、総理衙門が同文館の改革の一環として、自然科学を学ぶための天文算学館を開設し正途出身者を学生として採用しようとしたことに対し、内閣大学士の倭仁らがこの総理衙門の案に轟々たる非難を浴びせたのである。(2) 一般にこの論争は、正途出身者という社会秩序の担い手が西洋人を師として科学や軍事技術を学ぶことなど容認できないとする保守派の運動であったと言われる。この論争は、結果的には総理衙門の構想が貫徹される形となったが、倭仁の影響力はその後も長く官界に残ったのであった。

では、この事件に対して郭嵩燾はいかなる態度をとったのであろうか。郭嵩燾はなによりもまず総理衙門に批判を加えたのである。郭嵩燾が総理衙門の案のなかで最も強く批判したのは、その教育制度とりわけ同文館の試験や学生身分に関する章程の内容であった。総理衙門の提案の一つは、同文館で学ぶ正途出身者を優先的に官に補充任命したり昇進させたりするというものであったが、(3) これに対し郭は、「洋人が授けた学業を用いて昇進させ士大夫をからうのは、俗人がわれ先に向かうこと、君子が深く恥じることである（用洋人所授之業為升階以狎侮士大夫、流俗之所争趨、君子之所深恥）(4)」という評価を下した。西洋人の学をあたかも昇進のための方法のように扱えば、君子を傷つけ、流俗なものをはびこらせるというのである。郭嵩燾は、総理衙門の改革案に、士大夫の私利追求を助長する要因を読み取ったのであった。

今、洋人について学業を受けさせれば、受けるものは学業であるから心に咎はない。しかしそのことに対して「あなたが洋人にしたがえば、高い官位と充分な俸禄がつきしたがうのだ」と言えば、これはまず士大夫の廉恥心を損ない、何の恥もなくそれを行うようにさせてしまうのである。

（今使就洋人受業、所受者業也、於心無咎。而為之名曰、汝往従洋人、即高官厚禄随之。是先毀棄士大夫之廉恥、以使靦顔而為此。(5)）

郭嵩燾は、総理衙門があたかも利によって士大夫を釣ろうとしたことにより、士大夫の内面を踏みにじり、その悪影響が士大夫にとどまらず、広く人心までおよぶことを懸念しているのであった。

では、こうした郭の総理衙門批判と、倭仁の総理衙門批判とはいかなる関係にあるのだろうか。倭仁の総理衙門批判の核心は次の点にあろう。

今、総理衙門が上奏したことを閲しますと、だいたいのところ、忠信礼義といった空言は、戦に勝ち自強するための実政に適さないと述べております。愚見ではそうではないと考えます。勝利を求めるのであれば必ずそれを忠信の人に求め、自強するつもりであれば必ずそれを礼義の士とともにはかるということは、もとよりわかりきったことです。

（今閲総理衙門所奏、大率謂忠信礼義之空言、無當於制勝自強之実政。奴才愚見、窃謂不然。夫欲求制勝、必求之忠信之人、欲謀自強、必謀之礼義之士、固不待智者而後知矣。[6]）

倭仁はさらに次のような発言をしている。

利のあるところとは、大勢の者が必ず向かうところであります。俸給があるうえ、優先的に推挙されるとすれば、人は喜んでそれにしたがうでしょう。

（夫利之所在、衆所必趨、既有薪水、又得優保、人亦何楽而不従。[7]）

従来同文館論争は中国と西洋の文化的衝突とされることが多かったが、彼ら自身の目には、総理衙門の方針、とりわけ同文館で学ぶ者の進路に対する方針が、忠信礼義を空言とし士大夫を利によって釣ろうとするものに映ったのであった。郭嵩燾も倭仁もともに士大夫の私利追求を嘆き、倭仁は士大夫の「忠信礼義」の養成を強調することでその問題を解決しようとした。では郭嵩燾は、同文館論争に対しいかなる方針を提示したのか。彼は、同文館において天文学、算学の教育が行われること自体には賛成であった。教育を施すべき対象を正途出身者に限定するのではなく、広く官人の子弟や地域の俊才を入学させ、優秀者には官位を与えるが同文館にも勤めさせ、総理衙門がそれを管轄すべきであると彼は考えた[8]。つまり、天文学、算学を学ぶものは、専門的にそれを学び、専門的な職場で働くべきであるということである。この主張の意味は、士大夫とその他の階層をはっきりと区分したうえで、それぞれが分業を行うということにほかならない。この点については、次節で、同治十三年（一八七四）から光緒元年（一八七五）にかけての海防籌議における彼のまとまった発言を見ながら明らかにしていきたい。

郭嵩燾は同治五年（一八六六）から八年間を郷紳として湖南で過ごした後、同治十三年（一八七四）恭親王の呼びかけで、台湾出兵後の国防を講じるため北京へと向かった。この有名な海防籌議においては、郭を含めた有力官僚たちが、総理衙門作成の海防充実案「練兵」「簡器」「造船」「籌餉」「用人」「持久」について議論を展開している。この議論において郭が上奏したのが、有名な「条議海防事宜」である。本章では、主にこの「条議海防事宜」を中心とする数篇の上奏により郭の士大夫像を跡づけるが、本節では、その分析に入る前に、この海防籌議における論点のなかでも、注目すべきであると思われる洋務の人材登用に関する議論を取りあげ、郭が参加した籌議全体の基調を捉えておきたいと考える。

この海防籌議において、多くの人士は前述の「練兵」「簡器」「造船」「籌餉」「用人」「持久」という六か条にしたがって、主に、陸戦・海戦のどちらを強化すべきか、また、用いるべき兵器はいかなるものか、そして軍費をいかに効率よく調達すべきか、といった軍事戦略上の提案を行っている。ただこうした技術的な問題とあわせて、洋務の人材をいかに確保するかという議論も盛んに行われていた[9]。

洋務に限らず、当時政治のあらゆる方面で人材が必要だということは、路線を異にする士大夫たちの間でも共有された課題であったと言えよう。興味深いのは、前述の同文館論争における論点が、この海防籌議上でも確認できるということである。ここでの問題も、洋務の根幹をなす「洋学」と士大夫の「礼義」とをいかに関係づけるかにあった。

議論の一つの極としては、李鴻章の議論があげられる。すなわち洋学を修めたものに官位を与えられるように、科挙制度のあり方自体を修正するというものである。洋務の知識は直接政治に生かされなければならず、そのためには洋務の知識習得がそのまま政治参加に結びつかないと意味がないのである(10)。

この意見の対極にあるのは、通政使于淩辰や大理寺少卿王家璧の見解である。彼らは、「洋学」と「礼義」とは相容れないものと考える。洋学を学ぶことはすなわち西洋人を師とすることであり、つまり恥である。恥はいつしか人心を滅ぼすことになる。洋学を人材登用の基準にすれば、人民は朝廷が礼義廉恥を捨てたと考えるであろう(11)。また、李鴻章自身が、洋学を専門としない正途出身者であり、それでも現在の国政を担えているのである。洋学は、「船主」や「通事」が学べばよい(12)。以上が于と王の見解であった。

筆者の見るところ、両陣営は、それぞれの弱点を突きあっている。李鴻章からすれば、現実問題として洋学を重視せざるをえない状況にあるにもかかわらず、于や王は、どのようにして洋学の人材を政治に生かすことができるのかを説明していない。一方、于や王からすれば、李鴻章の意見は、李自身旧来型の正途出身者でありながら正途出身者の存在意義を否定するという矛盾したものにほかならないからである。

郭嵩燾が議論した場では、軍事戦略のみならず、こうした議論が展開されていたのである。郭はこの海防籌議に参加するため北京に赴いた後、翌年の光緒元年（一八七五）二月に福建按察使に任命され福州に赴任しているが、前述の上奏文「条議海防事宜」は、この時期に書かれたとされる(13)。この上奏文は、本書の序章にあげた従来の代表的研究によってすでに注目されてきた(14)。その注目は主に、次の二つの点に集まっている。第一に、郭嵩燾が、西洋の富強の主要因を商賈の商業活動に見出し、中国も商賈を積極的に利用して富強をはかるべきだとした点であり、第二に、彼が、西洋に本＝朝廷政教を見出している点である。この二点は、旧来の儒家的抑商思想を脱し富強を目指す郭嵩燾像、あるいは西洋にも政教を見出すという先見の持ち主としての郭嵩燾像を補強することとなった。

しかし、郭嵩燾の士大夫像の模索を重点的に論じてきた本書からすれば、また前述のような洋学と礼義の関係というこの海防籌議の重要な論点を考慮すれば、「条議海防事宜」全体や従来の研究が注目してきた前述の二点について、異なった解釈をする余地が残されていると思われるのである。そもそも本書が明らかにしてきたように、郭の主要な問題意識は抑商思想の否定にではなく、士大夫の商賈化の解決にあった。彼の問題意識とこの上奏文の主張とはいかなる関係にあるのだろうか。またこの上奏文は、李鴻章らが議論していた洋学と礼義の関係という問題にいかなる提案をなしたものだったのであろうか。以上のことを念頭に置きながら、次節において「条議海防事宜」の内容を分析していこう。

第二節　郭嵩燾「条議海防事宜」における士大夫像と西洋政治像——朝廷と商賈の理想的分業

「条議海防事宜」の内容は、次のようなものである。内容は二つに分かれており、前半では、防衛のための方法として、土地によること、時宜によること、人によることの三つをあげ、状況に応じた判断をすべきことを説いている。興味深いのは後半である。そこで郭嵩燾は次の四点を提案する。すなわち「官・商の情を急いで通じさせること」「公私の利を通籌させること」「水陸の防を兼顧すること」「本末の序を明らかにすること」である。総理衙門の海防充実案についての他の有力督撫の回答は、その多くが軍備拡張に関する意見を述べたものであったが、それに対し郭の回答は、求めるべき利とはいかなるもので、それを求めるために官と商とがいかなる関係を持つべきかといった問題をあげている点で特徴的である。

まず郭は、西洋における官と商の関係を次のように表現する。

西洋は国を建てる際、広く港を開いて商賈の運送を助けます。その税を集めて国家の歳出に役立てるので、国家の政務には商賈が参与しないことがありません。

（西洋立国、在広開口岸、資商賈転運、因収其税以済国用、是以国家大政、商賈無不与聞者。[15]）

これに対して、中国における官と商の関係はどのように捉えられているか。

〔天津招商局の〕方法は商人を招き寄せるというもので、商人と官とは長らく互いを信用せず、その多くが懐疑して応じようとはしません。これはもとより商人が自分で製造することが情や理にかなっているのにはおよびません。もし官がその仕事をつかさどって浪費が日々ひどくなれば、国庫は日々支出に窮します。もし商人にその利を公にさせ造船が日々盛んになれば、各海岸の気勢は自ずと強いものとなります。

（然其法在招致商人、而商人与官積不相信、多懐疑不敢応、固不如使商人自製之情得而理順也。使官専其事而煩費日甚、庫款之支発日窮、使商人公其利而造船日多、各海岸之声勢自壮。[16]）

郭の認識に基づけば、西洋では官が適切な徴税を行い商賈が積極的に活動するという形で両者の結束が強いのに対し、中国の問題点は、商が行うべき仕事自体を官が経営しているということであった。中国も西洋のように、官は、自由に貿易を行う商人から適切な徴税を行って国家の歳出に役立てることが必要なのである。本書第Ⅰ部第一章で明らかにしたように、西洋における領事官（貿易監督官）こそ、郭嵩燾が生涯の早い時期に接した西洋人であったが、郭の「条議海防事宜」上の意見は、このような経験が影響しているのである。今まで述べてきた士大夫の商賈化という問題意識からみれば、郭のこの主張は、従来の研究が指摘してきたような商業の肯定というよりも、むしろ官と商賈との分業を強調して両者の区別を明確にしていると読むことができるであろう。[17]

だがここで問題になるのは、郭の言うように商賈に商賈自身の仕事を任せたとしても、果たして商賈自体は進んで国家のために尽力するか、という点である。そこで郭嵩燾は、「公私の利を通籌させること」を説く。郭が提案したのは、両者の境界をはっきり区別したうえで、分業を成り立たせる方法であった。

近年各港の汽船は合計すると二十隻余で、すべては官が経営しているので、なりゆきとして商人と利を争うことができません。そのため汽船の経費の出費はわずらわしいにもかかわらず、いまだその利を得ておりません。私の提案では、各港の官商が汽船を製造し、宋元の遺制におおむね倣って市舶司を設置し、汽船を統率します。ただやり方をやや現状にあわせて変化させ、官商の各船は一様に貨物を運搬し、貨船司によってその船籍を管理します。そして毎年官船の収入を調査して給料を支出し、あまった分を修理や油洗の費用にあてれば、一船増やすごとに一船の利が得られます。そうすることで以後長い間支えあい、衰えることはないでしょう。その市船司は商人より公挙し、総督巡撫がその名声や才能を調べ、文書を出して任命し、その名を総理各国事務衙門に知らせます。三年に一回変更し、能力を見て官にします。

（近年各海口輪船合計亦二十餘号、而一切由官経理、其勢不能与商賈争利、故有輪船支銷経費之煩、而尚未得輪船之利。窃謂各海口官商製造輪船、宜略倣宋元遺制、設市舶司領之、而稍変通其法、官商各船、一体運載貨物、由貨船司掌其籍、歳稽官船所入支銷工食、而以其贏餘為修理油洗之費、庶添一船有一船之利、而後可以経歴久遠、相持於不敝。其市舶司由商人公挙、督撫考其声名、察其才能檄委之、咨其名於総理各国事務衙門、三年一更易、而量授以官。[18]）

郭の言う「公私の利の通籌」とは、官所有の船と商賈所有の船とを市舶司のもとに統括し、同時に運営させることである。そしてその市舶司は、その選出から担当までほぼ商賈に任せ、官が授けられるということである。こうして旧来洋人側についていた中国の商賈は中国に帰順するであろう、と郭は言う。

郭は商賈の代表を市舶司という官職につけるべきだとしているが、おそらくこれは彼が西洋に見た「国家の政務には商賈が参与しないものがない」という状況を、中国に応用しようということであろう。ここでの郭の主張は、商人の意見を直接政治全体に反映させるというよりも、もっぱら商業知識の点で長けた商人を「市舶司」という官側の商業専門部局に取り込み、徴税を円滑にするという意図が見える。[19] つまりここでも士大夫と商人とを区別したうえでの分業が主張されているのである。

以上のことからも見て取れるように、郭は西洋を、士大夫と商賈との理想的な分業関係という観点から評価しているのである。この点に関して特徴的なのは、郭が商賈を末とし、朝廷政教を本として、西洋ではそれらの本末関係が成り立っていると評価している点である。

嵩燾が思うには、西洋は国を建てるに本末があり、その本は朝廷の政教にあり、その末は商賈にあります。造船、兵器製造は補い合って国の強さを高めますが、それらは末のなかの一節であります。

（嵩燾窃謂西洋立国有本有末、其本在朝廷政教、其末在商賈、造船、製器、相輔以益其強、又末中之一節也。[20]）

この発言こそ、従来の研究で郭嵩燾が「商業立国」論者とされてきた所以であるが、[21] 筆者の観点からすれば、より重要な点は、西洋国家の成り立ちにおける商賈の役割を「末」として捉えていることであろう。それまで商賈の国と考えられていた西洋各国において、商賈は末の位置にあるにすぎなかったのである。では、西洋はどのようにして商賈を末にできているのか。言い換えれば西洋の「本」とは何か。同上奏文中に示されている西洋の本末をあげてみよう。

西洋の法では、全国の士民はすべてを学問によっており、法律、軍政、船政から手工業におよぶまで、みな学問によって昇進しこれを専門に学びます。しかし将軍を担当したり各国に出使したりすることについてのみ、必ず国人が公的に推薦し、選ばれた者を重視します。

（西洋之法、通国士民一出於学、律法、軍政、船政下及工藝、皆由学升進而専習之、而惟任将及出使各国、必国人公推以重其選。[22]）

ここで興味深いのは、第一に、洋学をもっぱら軍事に関わる技術と見なしてきた従来の論調に対して、郭が、洋学を広く民生に関わる学問であると見なしている点である。民生の改善に役立てることができるのであれば、洋学は結果的に人心の安定にもつなげることができるであろう。この点は、前述の于淩辰や王家璧らの洋学＝単なる「船主」や「通事」の仕事という認識に対して、有効な批判となっている。では逆に、人民それぞれが洋学を学び民生に資するとすれば、礼義を担う正途出身者たる士大夫の存在意義はどこにあるのか、つまり于や王の李鴻章に対する批判に郭嵩燾であればどう応えたであろうか。

そこで、第二点としてより重要に思われるのは、郭が、国人から選ばれた宰相や各国への使節と、「法律」以下の専門知識を習得した実務家とを対比させているということである。これは彼の本末論に対応していると思われる。宰相や使節は、西洋においては国人に公挙される特別な存在なのである。またこれとあわせて、郭嵩燾が念頭に置く西洋の朝廷像として、「条議海防事宜」と同年に書かれた別の上奏文中に、次のような記述がある。

私の見るところ、西洋の行政は、内政と外政の二つに分かれ、その構造はともに丞相を推挙し、唐の両省、宋の両府のように、だいたいは職務を分けますが、協議施行は、みな全体で計画し共同で行います。いわゆる外政府とは、現在の総理衙門のことです。

（臣査西洋行政、分内政外政二者、其体制皆称丞相、若唐之両省、宋之両府、略分事任、而計議施行、一皆通籌合辦。所謂外政府、即今総理衙門是也。[23]）

佐々木揚がすでに指摘しているように、郭嵩燾のこの時点での西洋知識は、『瀛寰志略』（一八四八年刊）に基づいているものが多く、この記述も、『瀛寰志略』中の西洋社会共通の特色たる官僚制と議会制度に関する部分を踏まえているようである。[24] ただ郭嵩燾は、その議会制度の記述には一言も触れずに、このような記述をしているのである。郭が強調したかったことは、議会制度ではなく、西洋に朝廷が存在し、その朝廷の有力な人物が中国との交渉を担当していることだったのではないだろうか。郭嵩燾の理想とする中国と西洋との付き合い方は、おおむね次のように描写される。

思いますに、洋務の実行とは、一言で概括すれば、対処する方法を求めることに尽きます。対処する方法は、理と勢を越えるものではございません。勢とは、人が我とともにするものであります。彼がどうしても争う勢があれば、我がどうしても争う勢があり、その軽重を判断し、その緩急をうかがい、まず心に事理をはっきりとさせるのです。彼がどうしても争うことには、応じざるをえません。彼がどうしても争うことで、また我がどうしても争うことでもあるものは、断じて応じられません。応じた方がよいことは聞き入れてためらわず、応じない方がよいことは拒んで全くひるまない、これを勢と言うのです。また理とは、自らを処する所以であります。古来、中国と外国が戦争する際、まず曲直をはっきりとさせたものです。勢が足りていても理は当然背くことはあってはなりませんし、勢が足りずほかに何も頼みとすることができない時は、なによりも理に頼って反論いたしました。……古今の得失の理由を深く追究し、彼此が順応したあり方を詳察する、これを理というのです。

（窃謂辦理洋務、一言以蔽之曰、講求応付之方而已矣。応付之方、不越理、勢二者。勢者、人与我共之者也。有彼所必争之勢、有我所必争之勢、権其軽重、時其緩急、先使事理了然於心。彼之所必争、不能不応者也。彼所必争、而亦我之所必争、又所万不能応者也。宜応者許之更無遅疑、不宜応者拒之亦更無屈撓、斯之謂勢。理者、所以自処者也。自古中外交兵、先審曲直。勢足而理固不能違、勢不足而別無可恃、尤恃理以折之。……深求古今得失之故、熟察彼此因応之宜、斯之謂理。[25]）

西洋との付き合いは、「理」や「勢」を認識できる者が行うべきことなのである。ここでは、先に郭が宰相と使節の重要性を述べた部分に続けて、「この二者〔宰相と使節〕は理勢のかなめに基づいて」活動するものと述べていたことに注目しておきたい[26]。すなわち前述のような洋学による民生の改善も、第一に宰相や使節が「理」や「勢」を把握し国運を担うことが前提となっているのである。中国でこのような「理」や「勢」を把握することのできる存在は、まさに士大夫しかいない。郭は士大夫の存在意義をここに見出したのであった。

以上の郭嵩燾の西洋政治像は、次のような特徴を持っている。郭は自らの西洋政治像を、「夷狄は利のみ」という従来のものから、朝廷政教を本とし商賈を末とする構造を持つものという方向へと変化させた。この主張の画期性は、西洋における朝廷（官）の政教と商人の経済活動を、「本」と「末」という二つのものに切り分け、官側の優位を前提とした両者の密接な分業関係として捉えたことにあると筆者は考える。とりわけ郭が以前から適切な徴税を行えるか否かに士大夫と商賈との関係を見ていたこともあり、彼にとって西洋の精緻な徴税活動は、「本＝朝廷政教」の存在を予感させ、また士大夫の商賈化の問題の解決の一つのモデルとなりえたのである。そして郭のこの本末論からは、民生の学としての洋学を最大限に評価しつつも、そうした専門の学を超えた政教というものを担うべき士大夫の存在意義までをも導き出すことができたのである。ここにおいて郭は、自身の西洋政治像によりつつ、李鴻章や于凌辰らが議論していた洋学と礼義を結びつけることに一応成功していると言える。

だが、このような郭の一連の見解に対し、極めて批判的な人物がいた。それは劉錫鴻である。筆者の見るところ、劉錫鴻も郭と同様士大夫の存在意義、とりわけ士大夫と商賈との関係に強い関心を持ち、また自らの西洋政治像も提示している。そのような立場から、郭嵩燾への批判が生み出されたことは極めて興味深い。次節ではまず、劉錫鴻の士大夫像の模索のきっかけを取りあげたい。

第三節　劉錫鴻による士大夫像の模索

劉錫鴻は生年未詳であるが、道光二年（一八二二）あるいは道光三年（一八二三）生まれとの説もある。(27)原名は錫仁、字は雲生、広東省番禺県の人である。劉の主張をじかに見ることができるのは、光緒元年（一八七五）からで、それ以前に関しては経歴のみをたどることができる。道光二十八年（一八四八）に挙人となり、その後咸豊二年（一八五二）から咸豊四年（一八五四）にかけては広西右江道張敬修の幕下に入り、農民反乱の鎮圧に従事する。咸豊七年（一八五七）には張のもと広州においてイギリス軍と交戦し、その戦功により刑部員外郎を授けられた。同治二年（一八六三）には母の喪に服すため帰郷したが、この時期署広東巡撫であった郭嵩燾の幕下に入っている。郭と劉の初対面は同治二年（一八六三）十月二十六日（一二月六日）であったと言われ、その後両者の交流は深まっていった。同治三年（一八六四）劉は郭嵩燾の委託を受け、広東で相次いだ自然災害の対応に取り組んだ。また同治四年（一八六五）には広東各地の匪賊の討伐でも功をあげ、郭嵩燾の高い評価を得ている。同治五年（一八六六）劉は再び上京して刑部員外郎の職に復し、同治九年（一八七〇）の天津教案の実地調査にも関わった。以上のように劉も咸豊年間から同治年間にかけて有能な幕友、官僚として活躍していたのである。

同治十三年（一八七四）には、前述の海防籌議にて郭と久々の再会を果たし、翌年劉もいわゆる海防籌議の議論に参加する。郭嵩燾の「条議海防事宜」に対するコメントとして「読郭廉使論時事書偶筆」を書き、また「復李伯相」「乙亥九月二十四日復丁雨生中丞書」「録辛未雑著二十二条則寄答丁雨生中丞見詢」などの意見書簡を書いている。

光緒二年（一八七六）十月十七日（一二月二日）には郭嵩燾とともにイギリスへ出航し、同年（西暦では翌年）十二月八日（一月二一日）ロンドンに到着、その後も多くの時間を郭とともにした。

光緒三年（一八七七）には駐独公使に任命され同年十月（一一月）ベルリンにいたる。その間、劉も独自の視点から西洋観察日記をつけていた。ただこの時期郭と関係を悪化させ、それが原因で朝廷より帰国を命じられた。

劉錫鴻は光緒七年（一八八一）、鉄路開発の利点を上奏した李鴻章を批判するため「仿造西洋火車無利多害摺」を書き、同年二月再び上奏して李を弾劾した。この李鴻章との対立で劉は逆に革職され、その後は北京にとどまって余生を過ごした。没年も未詳である。

劉錫鴻は従来、その思想の保守頑迷性や、駐英副使・駐独公使時期の言動により郭嵩燾と対立した側面が強調されがちであった(28)。だが近年の研究により、彼の思想の内在的な分析が行われるようになり(29)、また劉の渡英以前の事績や思想をも含めた包括的な分析がなされるようになってきた(30)。劉錫鴻は挙人の肩書きを持ち、渡英以前には有名官人の幕友として、民衆反乱の鎮圧、災害対策、教案処理を行うなど才能を発揮し、郭嵩燾にも高く評価されていたのである。以上を踏まえ現在では、郭と劉との関係づけや比較について新たな観点が模索されている段階と言えよう(31)。

では本書が劉錫鴻を取りあげる理由とは何か。それはなによりもまず、彼の問題意識にも士大夫像の模索が見出されることである。われわれは劉錫鴻の思想を考察することで、士大夫像の模索という営為が、郭嵩燾の個人的な問題関心にとどまるものではなく、当時の士大夫に共有された同時代的関心であったことを理解できるであろう。

本節では、劉錫鴻の士大夫像に関わる発言を抽出し、主に郭嵩燾とも共有されている要素を明らかにしていきたい(32)。

劉錫鴻の士大夫像に関する発言のうち、まず郭嵩燾と共通するものとして重要なのは、士習の崩壊への危機感である。彼の当時の発言を貫く根本的な価値観を表す史料として次のようなものがある。彼は、中国の急務を軍備拡張にあるとする一派に対し、批判を加えていく。

中国が空っぽなのは、船や大砲がないということではなく、人がなく財がないということなのである。これはすべて政教が失われているからである。政教が失われているのに、どうして外洋のことだけを心配しておられようか。士習の崩壊とは、昔はただこっそりと義に背いて利を求めていただけのことであったが、現在ではあからさまに商売を行い、義という名があるのを全く知らない。

（中国空虚不在無船無砲、而在無人無財、此皆政教之過也、政教既失、豈惟外洋之足患哉。夫士習之壊、向第陰背夫義以従利耳、今則顕然逐利、幷不知有義之名(33)。）

劉は、軍備拡張も政教の完備なしにはなしとげられないと主張する。そこで、失われた政教を回復することが重要となるが、そのためにはまず士習を正さなければならない。しかし、劉の見るところ、現在の士大夫は私利を求めるばかりで、士習は崩壊していたのである。さらにここでは郭嵩燾と同様、士習の崩壊が、士大夫の商賈化というイメージで捉えられていることも共通しているのである。

ではなぜ士習の崩壊が起こるのであろうか。ここで郭嵩燾と共通する第二の観点として、その要因を捐納に求めていることである。劉錫鴻も郭嵩燾と同様、朝廷が捐納によって士大夫の価値をあまりに低いものとして扱っていることを問題視している。

朝廷が天下を統御する方法は、名器〔爵位〕にほかならない。今、名器ははなはだ安いものであるため、君子は褒美を受けることを光栄だとは思わず、一般人はみな不当に俸給と官位を得ようとしていっそうその志や行いを損なうのである。これでは名器の与奪によって勧善懲悪するのではなく、逆に悪を勧め善を阻止するものである。

（朝廷所以駕馭天下者、名器耳。今名器濫賤太甚、使君子不以受賞為栄。中人則皆図窃禄位以益壊其志行。是不以名器之予奪勧善懲悪、而反以勧悪沮善矣。[34]）

劉錫鴻が指摘する捐納の問題点は多岐にわたるが、筆者の見るところ、士大夫像の模索に関わる論点として次の三点をあげたい。

一つ目は、捐納により任官有資格者が増えても存在するポストの数は変わらないために、熾烈なポスト争いが起こることになる。こうしたポスト争いは士大夫を卑しい行動に走らせるというのである。

名器が安くなれば、官途はふさがれ、われ先に動き回らなければ身分を高くすることはできない。中等以下の人材がぞろぞろと下劣極まりない行いをすれば、士習はいっそう卑しいものとなる。

（名器濫賤則仕途壅塞、非奔競不能自顕、中材以下相率而為蠅営狗苟之行、則士習益卑矣。[35]）

二つ目は、本来士大夫ではない社会階層が士大夫になろうとする場合に、種々の弊害が生じてしまうということである。

農・商・工・賈の人々が突然役人となって仕えるようになると、召使、交際、飲食、衣服や車馬にかかる費用は必ずや増加し、受ける者が多く、生むものが少ないとなれば、民の財物は日増しに困窮するであろう。

（農商工賈忽居仕宦之列、僕従交游飲食服御費必増多、食之者衆、生之者寡、則民財日匱矣。）(36)

三つ目は、士大夫であることの価値が下がり、士大夫が民から軽んじられるということである。

名器が分を超えると愚かな官吏が絶え間なく官途につき、害が民におよべば、民は必ず朝廷に不満を抱くであろう。害が民におよばなくても、民はまた官員を軽視するであろう。

（名器濫則不肖官吏踵接於仕途、害及民、民固帰怨朝廷、害即未及民、民亦軽視官長。）(37)

以上のような弊害を持つ捐納は士習を損なうばかりか、そもそも財政的観点から見ても必要性に乏しいものであった。劉錫鴻のそのような認識を支えていたのは、郭嵩燾と同じく釐金制度への信用であった(38)。このように劉錫鴻は郭嵩燾と同様、当時の士大夫のあり方やそうした士大夫を生み出す朝廷を批判し、あるべき士大夫像を模索していたのである。

ところが興味深いことに、士大夫の存在意義にも関わる前述の海防籌議上の議論において、劉錫鴻は郭嵩燾を痛烈に批判するにいたっているのである。言い換えれば、劉錫鴻は郭嵩燾と同じ問題意識から出発しながら、郭嵩燾と全く異なった士大夫像を打ち出すこととなった。前述のように、従来の研究も、郭嵩燾と劉錫鴻とをさまざまな対立軸により比較してきたが、筆者の見るところ両者の最大の違いは、士大夫像の模索の仕方とその結果として導き出した士大夫像にあると思われるのである。

そこで以下、劉錫鴻の郭嵩燾に対する批判を考察していこう。

第四節　劉錫鴻の士大夫像と西洋政治像——商賈による商賈のための政治

前節で明らかにしたとおり、劉錫鴻が問題にしていたのも、まさに士大夫の私利追求であり、それは士大夫の商賈化と表現されるものにほかならなかった。中国の課題は政教を完備させることにあり、そのために士大夫は自覚的に行動すべきであるという主張は、「本＝朝廷政教」を重視し、あくまで士大夫の存在意義を認めようとした郭嵩燾に極めて親和性を持つものであったと言える。

もっとも、劉錫鴻の発言のなかには、郭嵩燾の意見と異なる部分も存在する。例えば、次のような発言がある。時期はやや下るが、劉が英国への航海途中、上海の格致書院に立ち寄った際の発言である。

今の役人は、荒稼ぎしようとする商賈である。職人や商賈の行いによって民を治め世を治める仕事をしても、何の役に立つと言うのだろう。ゆえに今日の国の貧しさや軍隊の弱さを救うには、吏治を整えることからはじめるべきである。吏治を整えるためには、士習をただしくすることからはじめるべきである。士習をただしくするには、義を審らかにし道を明らかにすることからはじめるべきである。

（今之仕宦、操奇計贏之商賈也。以百工商賈之行、而為臨民治世之事、安望有裨哉。故欲拯今日之貧弱、当由飭吏治始。飭吏治、当由端士習始。端士習、当由審義明道始。[39]）

郭嵩燾と同じく吏治の重要性を説いているが、職人や商賈の行い自体を軽蔑的に述べる点は郭嵩燾とニュアンスを異にしている。郭嵩燾は洋学の効用を率直に認め、適材がそれを修めるべきということを強調していた。これに対し劉の主張は、洋学の効用はどのようなものかという点には触れておらず、それだけを見れば、むしろ劉の主張は、前述の通政使于淩辰や大理寺少卿王家璧の主張に親和性があると言えよう。

しかしながら、筆者にとって最も興味深く思われる点は、以下に示していくように、劉の態度が、郭嵩燾とも于淩辰らともニュアンスを異にしている点にある。そのようなニュアンスの相違は、劉の西洋政治像に起因していると思われる。その点を念頭に置きつつ、劉の所論を見ていこう。

まず劉錫鴻は、中国や西洋を含むあらゆる国家が第一に目指さなければならないのは「民を養うこと」であるとする。その「養民」についての記述で、劉は次のように述べている。

ポルトガルやイギリスが強いのは、民を養うことを第一の務めとし、全力をそのことに注いでいるからである。ただそれらの国は僻地にあって国土も狭く肥沃ではないので、民を養うために土地を開拓し通商しているだけである。中国の利は農業を奨励することにあり、かの国の利は通商にあり、形勢は異なるが理は同じなのである。なぜ西洋の方法を模倣することについてのみ困難を恐れ、最も務めるべきことを放っておくのか。

（然西洋与英国之強、即是以養民為先務、萃力畢注於此。第其国僻処、地狭而不腴、故謀養民在拓地通商耳。中国之利在勧農、与彼国之利在通商、形勢殊而理則一。奈何倣用西法独畏難而捨其所専務也。）(40)

劉によれば、中国と西洋の違いは、「養民」の方法の違いにある、すなわちそれが農業か商業かにあるというのである。このような見方は、「夷狄は利のみを求めるものだ」とする旧来の見方と大きく異なっている。なぜなら、旧来の見方が西洋の商業活動を私利追求と見なすもので、もっぱら西洋人への軽蔑を含意していたのに対し、劉の見方では、中国と西洋とは「養民」を行うという点では共通しており、彼らが商業を選択したことも、すぐさま軽蔑の対象にされるわけではなく、あくまで状況に適した対応であったとされているからである。

では、なぜ中国は農業を主としているのか。前の引用からの対比で、中国は「面積も広く肥沃である」と考えられていたものであると思われる。いわゆる「地大物博」の観念である。そのような状況下での最も理想的な民のあり方とは、豊富な資源を利用して物を多く生み出すことである。

政教がたいへん立派な時代には、人々はみな農耕に力を尽くし、耕すこと深く草をすくこと早く、収穫はますます豊かになる。耕せる田畑を持たない者は、手足を懸命に働かせることでありとあらゆる物を生産し、人々の需要に給して自らを養うのに役立てる。

（蓋政教昌明之世、人皆尽力農圃、故耕深耨易而所穫倍豊。其無田地可耕者、又以手足之勤繁生庶物、供人所必需、而即資以自養(41)。）

劉の考えでは、人間の生活に必要な食糧やさまざまなことを行うための原料生産が最も重要であり、したがって農業が重視されるのである。

逆に、このような中国にあっては、物の生産にではなく運搬販売に従事するだけの商賈は、ほとんど存在意義がないと言えよう。これに対し、西洋は通商をもって「養民」の方法とするしかない状況にあるため、西洋商賈の商業技術は極めて強固なものである。劉は、西洋の商賈と中国の商賈とを峻別する。

現在の商人が自ら汽船を製造するという説について、私錫鴻は全く正しいとは思わない。汽船一隻を洋人がこしらえるのに少なくとも三〇万金必要とし（註、洋人は整った材木を用い、工程もしっかりしている）、中国がこしらえれば七、八万金だけである（註、中国が製造すると、木材はよせあつめで工程も粗雑である）。洋人が巨額の資金をかけて船を製造するのは、その国の物産が少ないので、ただ船を製造して遠くに出かけて商うことがもうけやすいだけである。中国であれば、怡和行伍氏などのように巨富余力ともにこれにおよぶことのできるような者は、ほとんど見かけない。

（今商人自製輪船之説、鴻意頗不謂然。輪船一具洋人製之少者須三十万金、註、洋製用整木堅工、中国製之亦須七八万金、註、中国所製木皆拚湊、工亦粗率。夫洋人之以鉅貲製船者、縁其国物殖無多、惟製船遠販易図利耳、若中国如伍怡和等巨富餘力可兼及此者良不多覯[42]。)

西洋の商賈は巨額の費用をかけて船を造り遠方まで行商しているが、中国ではそのような費用や余力を持っている者は少ない。また劉錫鴻は、中国の商賈が西洋の商賈と比べて信用をおくことができないとも述べる[43]。

以上のように、中国は「養民」の方法として農業を採用しているので、中国の商賈は、商業を本業とする西洋と比べた場合には極めて弱体なのである。このような中国の商賈を使って中国と西洋を結びつけることはできない。

しかも劉に言わせれば、郭嵩燾は西洋における商賈の位置を完全に見誤っていた。劉は、郭嵩燾が西洋の国家の成り立ちを政教と商賈との本末関係で捉え、その関係を中国にも適用しようとした点を、最も強く批判していたのである。

洋人のいわゆる国主とは、郷里の首事にほかならず（註、上下等威の区別はない）、いわゆる官とは、郷里の富室大家にほかならない（註、中国に来て商売しているのは多くがこれらの人々である）。国主は公衆より推挙し、……一国のことを請け負うがそれを勝手に決断することはできない。問題があれば、富家や国中の人々を集めてそれを公議する。……議が定まったら貧富に基づいてそれぞれが財力を出し合いともに処理する。……中国は天下を一家としてから数千年になるが、政令は一尊〔皇帝〕に統べられ、財賦は一君に帰し、尊卑貴賤の礼制は大変厳格で、士農工商の品流はそれぞれに別があり、詔勅が発せられればしたがわない者はいない。ましてや商人がみだりに国の方針に関わることなどありえない。

(洋人所謂国主、無異郷里中之首事、註、無上下等威之辨、所謂官、無異郷里中之富室大家、註、来中国商販多是此等人、国主由公衆挙、……承辦一国之事、而不能専断其事、遇事則集富室大家、及一国之衆而公議之。……議既成、按貧富各出財力同為辦理、……中国天下為家已更数千載、政令統於一尊、財賦帰諸一人、尊卑貴賤礼制殊厳、士農工商品流各別、渙汗頒而八方罔不承聴、矧其在逐末之人何得妄参国是[44]。)

劉錫鴻の見るところ、西洋における商賈のあり方は、郭嵩燾の言うような本末論で捉えられるものではないのである。なぜなら、西洋において国主や官とは、富豪たる商賈にほかならないからである。そしてそうした商賈間の公議によって一国の政治が動くのである。ここで最も注目すべきは、劉が、商賈が政治に関わるということを、西洋と中国の政治主体の違いという文脈で捉えていることである。つまり政治とは誰の意思が反映されたものかという点で、中国と西洋とは異なると述べるのである。これに対し前述の郭嵩燾の場合、政治とは君主やそれを補佐する宰相や使節といった本を担う者の意思が反映されるものとされていたと言えよう。また郭があくまで官側の商業専門部局に商人を登用することで官商の分業をはかろうとしたのに対し、劉の見解では、西洋では政治自体が商業的な利益によって動くので、郭の言うように分業がなされているわけではないのである。

さらに劉によれば、中国の商賈は、西洋の商賈にはかなわないにもかかわらず、中国内においては最も楽をして大きな儲けを得ることのできる社会層であった。劉にとって中国の商賈は、他人が生産したものをかりてもてあそび、他人の財をおびきよせるもので、「その害の最もはなはだしきもの」とされる㊺。そして中国の商賈は、財力をつけると、その財力により官位を買おうとする傾向が顕著であるというのである。彼らが官に成り上がってしまえば、中国の中国たる所以である「尊卑貴賤の礼制」や「士農工商の品流」が崩壊してしまうであろう㊻。こうした点でも、中国では郭の言う官と商賈との理想的な分業など成立し得ないと言えよう。以上のように郭嵩燾があくまで士大夫と商賈との理想的分業関係として提案した本末論は、劉の見るところ、第一に西洋政治像として不適切であり、第二にたとえ本末論を仮定しても、それを中国で行うことは不可能であった。

では中国はどのような方法を採るべきか。劉によれば、できるだけ商賈の勢力を政治から遠ざけるとともに、物を多く生産できる農業を活性化させねばならない。それとともに士大夫は、生産した物を皆に安価に享受させるために重要となる質素倹約の習慣を、率先して民に植えつけるべきである㊼。そこに士大夫の存在意義があったのである。以上のように、劉の認識は、結論だけ見れば、于淩辰や王家璧ら、そして本章第一節で取りあげた倭仁に近いものであった。しかし、そこに劉なりの西洋政治像が確固として存在していたことが彼らと見解の質の違いを生み出しているとともに、なにより同じく自らの西洋政治像を有していた郭嵩燾と意見が衝突することとなったのである。

第五節　小　結

本章では、郭嵩燾が士大夫と他の階層、特に洋務人材とをどのように関係づけていたか、またその関係において目指されていた士大夫の役割について考察を行った。

同治年間における洋務人材をめぐる論争は、換言すれば旧来型の士大夫と専門知識や技能をいかに関係づけるかという論争でもあったが、郭嵩燾は終始洋務人材を的確に管理活用できる士大夫を理想とした。これは前述してきた郭嵩燾の士大夫と商賈との関係から展開された見方でもあった。

そのような郭は、士大夫とその他の階層という構図を西洋社会にも見出している。このような認識が可能になったのは、郭が西洋社会を官と商との関係で捉えているように、郭嵩燾自身が徴税官の経験を有し、早い段階から西洋領事の存在を認知していたからであった。そして郭はそのような類推にて、西洋社会における宰相・使節とその他の階層とが本末関係にあるという構図で西洋社会を捉えたのであった。

一方、この見方に大いに反対したのが劉錫鴻であった。劉錫鴻は商賈への反感、そして西洋は商賈の国という認識を極度に推し進めることによって、西洋と中国との政治主体の相違を認識するにいたった。これまでの研究では、郭嵩燾と劉錫鴻とは、進歩派対保守派という枠組みで比較されることが多かった。しかし筆者の考えでは、両者の根本的な相違は、士大夫像の模索における根拠、すなわちそれぞれが有する西洋政治像の相違にあると言えるであろう。つまり、郭の「商人をうまく扱う朝廷の存在する国家」と劉の「商人が全員で商業的利益をはかる国家」という二つの西洋政治像の衝突である。

こうした西洋政治像は、以後の両者の西洋実地観察に大きな影響を与えることになる。郭嵩燾は、自身の西洋政治像から、特にイギリスの政治状況に着目し、そこで士大夫の役割を果たしているのは誰か、彼らはどのようにして自らの徳性を他の階層に示しているのか、そして彼らどうしの関係はいかなるものかという問いを追究しようとする。郭のこうした意見の特徴は、それとは全く異なる劉錫鴻の見解を常に比較対象とすることでより浮き彫りにすることができるであろう。

(1) 同文館論争から光緒初年海防籌議における洋務人材論につき制度史的検討を加えたものに、箱田恵子「清朝在外公館の設立について——常駐使節派遣の決定とその意味を中心に」(『史林』第八六巻第二号、二〇〇三年)、同「科挙社会における外交人材の育成——在外公館の設立から日清戦争まで」(京都大学大学院文学研究科二一世紀COEプログラム「グローバル化時代の多元的人文学の拠点形成」編『人文知の新たな総合に向けて——二一世紀COEプログラム「グローバル化時代の多元的人文学の拠点形成」第四回報告書』下巻、二〇〇六年、所収)、同「在外公館の伝統と近代——洋務時期の在外公館とその人材」(岡本隆司・川島真編『中国近代外交の胎動』東京大学出版会、二〇〇九年、所収)などがある。いずれも後に同『外交官の誕生』に収録。

(2) 倭仁に関する専著としては、李細珠『晩清保守思想的原型——倭仁研究』(北京、社会科学文献出版社、二〇〇〇年)がある。この同文館論争については、同書、一六五—一八六頁に考察がある。

(3) 『郭嵩燾日記』第二巻、同治六年四月三日、四三〇—四三一頁。

(4) 同右、四三一頁。

(5) 同右、同治六年七月二日、四四五頁。なお李細珠『晩清保守思想的原型』、一八五頁は、郭嵩燾の同文館論争への発言を取りあげ、郭のような進歩的人物でさえこうした倭仁と通じる見解をもっていたのだから、他の一般士大夫がより保守的であったことが想像できると述べている。

(6)『籌辦夷務始末』同治朝、巻四十八、十一葉。

(7)同右。

(8)『郭嵩燾日記』第二巻、同治六年七月二日、四四五頁。

(9)この海防籌議での各人士の一連の上奏文は、『洋務運動』第一冊（中国史学会主編、上海、上海人民出版社、一九六一年）、「一　論摺」を参照。また以下李鴻章らの意見の応酬については、箱田恵子「清朝在外公館の設立について」、岡本隆司「「洋務」・外交・李鴻章」（『現代中国研究』第二〇号、二〇〇七年）などを参照。

(10)『洋務運動』、李鴻章「籌議海防摺」、同治十三年十一月二日、五三頁。

(11)同右、「光緒元年二月二十七日通政使于淩辰奏摺」、一二一頁。

(12)同右、「光緒元年二月二十七日大理寺少卿王家璧奏摺附片」、一二九頁。

(13)『郭嵩燾奏稿』（楊堅校補、長沙、岳麓書社、一九八三年）、「条議海防事宜」。

(14)また「条議海防事宜」の専論として、張良俊「論郭嵩燾「条議海防事宜」的思想価値」（『江西社会科学』一九九四年第四期）も参照。

(15)同右、三四一頁。

(16)同右、三四二頁。

(17)洋務運動期李鴻章のブレーンとして企業経営や対外交渉に従事していた馬建忠も、官と民の分業を主張していたことを、茂木敏夫が明らかにしている。茂木敏夫「馬建忠の世界像——世界市場・「地大物博」・中国—朝鮮宗属関係」（『中国哲学研究』第七号、一九九三年）、八—九頁を参照。ただし、筆者の見るところ、郭と馬の主張は、表面上類似しているものの、その強調点が大きく異なる。馬の主張は、富強を実現するためには、民が自主的な経済活動を行うことが重要で、民の経済活動を円滑にするために官が条件整備を担うべきであるとするものである。その強調点は、あくまで民の自主的な経済活動の重要性にある。これに対し郭の主張の力点は、以下本書全体を通して明らかにされるように、民と区別された官あるいは士大夫の存在意義を明確にするための分業にあり、また民が民の生業にのみ従事すべきということ、言い換えれば、民は政治に参加するものではないということにある。

(18)『郭嵩燾奏稿』、「条議海防事宜」、三四二―三四三頁。

(19)王賓は、郭嵩燾が積極的に商業を奨励したのは、あくまで商業の発達が国家の富強に役立つものと認めたからであって、決して商人の利益を主張しているわけではないこと、またこうした発想が郭の釐金事業の経験の延長の性格を持つことを指摘している。王賓『近代中日両国における対外認識の比較研究』、九八―一〇五頁。しかし、郭嵩燾のこうした主張が、理想的な士―商関係の模索という彼のこれまでの思想的営為と密接に関連していることには言及していない。また王は、咸豊同治期の釐金政策と「条議海防事宜」との間に、商人の自主性を許容するか否かで変化が見られることを強調するが、筆者の見るところ、商人は放任しておいても勝手に富を得るという発想は、釐金政策時代から少しも変化していないと思われる。むしろ重要なのは、この商賈観の変化のなさであり、その変化のなさと彼の士―商関係の模索との関連なのである。

(20)『郭嵩燾奏稿』、「条議海防事宜」、三四五頁。

(21)川尻文彦「清末の「富強」をめぐって」（『中国哲学研究』第一四号、二〇〇〇年）、一三一―一三三頁を参照。

(22)『郭嵩燾奏稿』、「条議海防事宜」、三四四頁。

(23)同上、「辦理洋務宜以理勢情三者持平処理摺」、三五三頁。

(24)佐々木揚『清末中国における日本観と西洋観』、一一七頁。

(25)『郭侍郎奏疏』巻十二、「擬銷仮論洋務疏」、五―六葉。

(26)『郭嵩燾奏稿』、「条議海防事宜」、三四四頁。

(27)張宇権『思想与時代的落差――晩清外交官劉錫鴻研究』（天津、天津古籍出版社、二〇〇四年）、一頁。以下、劉錫鴻の伝記的事実については、同書のほかに、『碑伝集三編』（汪兆鏞編、近代中国史料叢刊続編第七三輯、台北、文海出版社、一九八〇年）、巻十七、「劉錫鴻伝」を参照。

(28)宮明「劉錫鴻的反洋務思想及其演変」（『中国人民大学学報』一九八七年第五期）、熊月之「論郭嵩燾与劉錫鴻的紛争」（『華東師範大学学報（哲社版）』一九八三年第六期）、王維江「郭嵩燾与劉錫鴻」（『学術月刊』一九九五年四期）などを参照。

(29)劉錫鴻思想に関する先駆的な研究として、溝口雄三「ある反「洋務」――劉錫鴻の場合」（『伊藤漱平退官記念論集』汲古書院、一九八六年、所収、のちに同『方法としての中国』東京大学出版会、一九八九年に収録）、茂木敏夫「劉錫鴻『英軺私記』的世界観」（『南京大学学報』社会史専輯、一九八九年）がある。また近年の手代木有児「清末初代駐英使節（一八七七―七九）における西洋体験と世界像の変動（二）」、伊藤桃子「首任駐英副公使劉錫鴻的思想与西洋観感――以華夏観為中

心」（『大仁学報』第三二期、二〇〇八年）も参照。

(30) 張宇権『思想与時代的落差』、「第二章　出国前的生活与思想」を参照。同「論晩清伝統士大夫対西方的認識及其外交主張——以劉錫鴻為例」（『広東社会科学』二〇一〇年五期）。同「論晩清伝統士大夫劉錫鴻反対西方侵略的軍事主張」（『歴史檔案』二〇一一年四期）を参照。

(31) 岡本隆司・箱田恵子・青山治世『出使日記の時代』を参照。

(32) 以下引用する史料は、張宇権『思想与時代的落差』も紹介するが、いずれも伝統的な儒家思想として概括しており、これらの史料の内容が当時の士大夫の同時代的課題であったことには言及がない。

(33) 『劉光禄（錫鴻）遺稿』巻二（劉錫鴻撰、近代中国史料叢刊三編第四五輯、台北、文海出版社、一九八八年）、「読郭廉使論時事書偶筆」、光緒元年、十三—十四葉。

(34) 同右、三葉。

(35) 同右。

(36) 同右、四葉。

(37) 同右、三葉。

(38) 同右、十五葉。

(39) 『英軺私記』（劉錫鴻撰、走向世界叢書、長沙、岳麓書社、一九八六年）、五一頁。

(40) 『劉光禄（錫鴻）遺稿』巻二、「録辛未雑著二十二則寄答丁雨生中丞見詢」、二十六葉。

(41) 同右、九葉。

(42) 同右、「読郭廉使論時事書偶筆」、十六葉。

(43) 同右、十七葉。

(44) 同右、二十三—二十四葉。

(45) 同右、「乙亥九月二十四日復丁雨生中丞書」、十—十一葉。

(46) 同右、「読郭廉使論時事書偶筆」、二十五葉。

(47) 同右、「乙亥九月二十四日復丁雨生中丞書」、十葉。

第四章　郭嵩燾・劉錫鴻の士大夫像とイギリス政治像

第一節　郭嵩燾と劉錫鴻のイギリス観察の核

郭嵩燾と劉錫鴻は、マーガリー事件が芝罘条約調印により一応の解決をみた後、光緒二年（一八七六）十月十七日（十二月二日）に通訳張徳彝を含む随員を率いて上海を出航し、香港、シンガポール、コロンボ、スエズ、マルタ、ジブラルタル等を経由して、同年（西暦では翌年）十二月八日（一月二十一日）ロンドンに到着した。そして光緒五年（一八七九）まで任地に駐在することとなる。

郭と劉が駐在した一八七七年から一八七九年までのイギリス国内外の政治状況は、それ自体激動の時期にあった。そこでは、すでに議会制度が確立し、第二次選挙法改正後、選挙権は新興の中産、労働者階層にまで拡大しつつあり、一方で旧来の上流地主貴族層や国教会の勢力も根強い力を維持していた。経済的には、従来の自由主義貿易による経済発展とその後の大恐慌とが安定を欠く状況を作り出していた。そして郭の帰国後数年の内に、こうした構図は、選挙権のさらなる拡大と帝国主義時代への突入という方向へ急速に展開していった。当時イギリスの命運を担っていたのはディズレーリ（Benjamin Disraeli）やグラッドストン（W. E. Gladstone）であったが、彼らの議論は主に政治における土地貴族・聖職者・産業資本家・産業労働者・農業労働者といった諸階層の利害主張をイギリス帝国の存続といかにバランスよく結びつけるかという点において展開されていたと言えよう。

このような時期にイギリスに滞在した郭嵩燾と劉錫鴻は、イギリスを主とする西洋の富強の様子を日記に記録していたが、同時に両者は、自らの西洋体験を踏まえて中国の士大夫を批判していた。渡英以前、社会における士大夫の存在意義を問題にしていた郭と劉であったが、西洋体験を経た後の彼らの士大夫批判は、いかなる論理や価値観に基づいていたのであろうか。そこには、前述のイギリスにおける諸階層の利害主張のあり方が関わってくるのではないだろうか。以上のことを念頭に置きながら、本節ではまず、航海途中から到着間もないころまでの日記の記述から(1)、郭と劉のイギリス観察の核となるものを抽出したい。

郭嵩燾らはイギリス到着までの間、南洋の海洋都市に寄港し、現地の総督や華人らとの面会、そして学校、博物館、砲台、刑務所等の視察を行った(2)。郭嵩燾と劉錫鴻とがこの南洋航行期間中最も注目したのは、西洋各国の南洋統治、われわれの言葉で言う植民地統治であった。ここで問題になるのは、郭と劉が西洋の植民地統治の正当性をいかなるものとして認識していたかということである。また両者の南洋統治認識は、前章まで明らかにした両者の問題意識とどのように関わるのであろうか。

まず郭嵩燾の植民地統治の描写を見てみよう。

郭の言葉に基づけば、西洋各国はアジアに「藩部」を開設していた。すでに茂木敏夫が指摘しているように、郭嵩燾は「西洋―植民地」の関係を「中華―属部（藩部）」の関係として、つまり「中国の伝統的な周辺少数民族統治策たる土司制（土官制）」になぞらえて理解」しているのである(3)。

筆者がこの茂木の見解を踏まえつつより強調したいのは、郭が西洋の「藩部」について、どのような点を評価していたかである。

郭は、イギリスの南洋統治実現が、現地に整然とした官僚制が行われていることに起因すると考えたようである。(4)彼は、行く土地ごとに「総督」や「按察司」「戸部司」等多くの文武官と面会し、官舎の様子などを日記に記している。また南洋の経営には、現地の官のみならず「商部」などイギリス本国の官も携わっていた。マカートニー〔Samuel Halliday Macartney〕と、船主の測量技術が非常に精密であることを論じた。それで言うには、西洋各国には商部大臣がおり、船政学館があるということだ。……西洋は行商をもって立国の本と見なしており、その商政の経理は、整然とし厳粛で、筋道が秩然としている。中国にいる場合でも、内江を往来する船主はみなたいへんまじめに仕事につくすことができ、職権も重く、内地の官人より遠く勝るのだ。その富強が最も盛大なのは当然である。

（与馬格里論船主測量之精、因言西洋各国有商部大臣、有船政学館。……西洋以行商為制国之本、其経理商政、整斉厳密、条理秩然。即在中国、往来内江船主皆能挙其職、而権亦重、優於内地官人遠矣、宜其富強莫与京也。(5)）

「商部」は、商人を使ってイギリス本国と南洋とを緊密に結びつけている。本国と南洋とを往復する商船の船主も、私利を貪る商人といったイメージとは程遠い、規律ある専門家として描かれている。後述するように、郭によれば、イギリスの官僚制は清朝の六部や理藩院の機能を備えていたが、中国に見られない機関も存在し、その重要なものは通商を専門的に管轄する商部であった。

そしてこれらの官が優れている点は、第一に、軍事力を極力用いない統治を行うということ、第二に、徴税を適切に行うということであった。

西洋による藩部の開設は、労力をかけずに利を得るという目的のものである。すべて智力を用いて経営しその地を独占するのだが、人の宗主を滅ぼして国を滅亡させる必要はない。だから軍事力そのものよって攻め取ることはないのである。これは実にいまだかつてなかった形勢である。

（西洋之開闢藩部、意在坐収其利、一切以智力経営、囊括席巻、而不必覆人之宗以滅其国、故無専以兵力取者、此実前古未有之局也。[6]）

ここで言われている「労力をかけず」「智力を用いて」「利を得る」という行為の内容は、別の箇所で次のようにも述べられている。オランダとイギリスはそれぞれ南洋に藩部を持っているが、オランダが藩部の民から恨みをもたれているのに対し、イギリスは藩部の民から慕われているという。というのも、オランダが藩部から得た税収を本国の歳出に用いるばかりであるのに対し、イギリスは藩部で得た税収をそのまま藩部の経営費にあて、運河や道路そして学校の建設に用いるからである。こうしたことを知った郭は次のように述べている。

西洋では課税が煩瑣で重く中国の一〇倍であるが、商賈の利を通じることに力を尽くし、商業都市を建て、その人民に蓄えを持たせ、交易すること数万里、損益盈虚はみな国家と利害を同じくするので、その気が常に強固なのである。

（吾謂西洋賦斂繁重、十倍中国、惟務通商賈之利、営立埔頭、使其人民有居積之資、交易数万里、損益盈虚、皆与国家同其利病、是以其気常固。[7]）

すなわちイギリスなど強国の「藩部」は、本国と切り離され一方的に搾取されるような従属的地域ではなく、それ自体が発展することによって本国の発展に資されるといったものであった。

以上の点から見て、郭嵩燾はイギリスの植民地統治に好意的な見解を示している。彼の考える植民地統治の正当性とは、整然とした統治を行う官が存在しているという事実であった。そしてその統治のなかで最も評価されているのは、イギリスの南洋統治が、軍事力で国を滅ぼしたり民に一方的に税を課したりするものではないということであり、現に民が民生の面で恩恵を受けていることであった。

では次に、劉錫鴻の植民地統治の描写はいかなるものであったか。

劉も、郭嵩燾のように西洋の植民地支配を土司制の用語で捉えている。[8] しかしながら、劉の植民地描写は、郭のような民が安楽に暮らす場という描写とはニュアンスを異にしているように思われる。

イギリス人はこの地域を西南洋の要衝としている。ひとまず税金を軽くして商人を招き寄せ、商業都市を建設し、商人が往来する際に不足した必需品を提供しようとしているのだ。……イギリスがその地に国を建てた意図は、商業都市全体を占拠し富を得ようとすることにあるが、多くの軍隊をとどめて糧食を浪費することは望まなかった。そこで、苦心して汽船や電報を開発し、その行き来を迅速にさせることで軍事力を節約しているのである。目標達成への取り組みも完璧である。

（英人以此地為西南洋衝要、姑薄其税、招徠商賈、冀成大埠、以供其往来困乏之需。……蓋其立国意在四出占踞埠頭以図富、而又不願分駐多兵、耗費餉糈。故苦心孤詣、創為輪船、電報……俾其往返迅速、以省兵力、営謀亦尽善矣。[9]）

劉の見るところ、南洋は、西洋にとっての最も重要な資源産出地域であり、[10] 西洋の植民地統治はあくまで彼らの僻地の開拓であり商業活動の一環であった。西洋が軍事力を極力用いないようにするのもコストの削減のためなのである。このことは裏を返せば、南洋は西洋の商業的利益のために軍事的に占領されているということになる。郭嵩燾は「兵力」に対置された「智」による統治をイギリスの植民地支配の画期性と考えたが、劉錫鴻はこれに対し、イギリスが「兵力」を用いないのは、あくまで商業的利益を優先させるという精緻な計画のためだと考えたのであった。

ここで、郭嵩燾と劉錫鴻の植民地統治観と、前章までで明らかにした彼らの問題意識との関連を考えてみよう。郭の見るところ、イギリスの南洋統治の最大の特色は、軍事力により完全に国を滅ぼしたり重税を課したりするのではなく、官を置いて商人を行き来させ、南洋の民生を安定させることで、本国にも資そうとする点にあった。郭は、この植民地観察を経ていっそう、イギリスに優れた官僚制が存在することを予感するにいたっている。

一方、劉錫鴻の見るところ、西洋の南洋統治は、あくまで商業活動の一環であった。しかも、その商業的利益のためには、軍事行動をも辞さない占領であった。軍事力の発動は、商業的利益に基づき精緻にコントロールされている。劉は、すべてが商業的利益に基づいて決定されるイギリスの政治のあり方を、そこに見ていたのである。郭嵩燾も劉錫鴻も、この時点で、渡英以前の自身の西洋政治像の確かさを実感していくこととなった。

郭嵩燾と劉錫鴻は、前述のような航路をたどってロンドンに到着し、光緒五年（一八七九）の帰国まで、主に西太后から依頼された西洋政治の観察を自らの任務とした。彼らのイギリス観察は、本書がこれまで明らかにしてきた両者の西洋政治像を基礎として進められていく。

ここでまず、郭嵩燾のイギリス観察の核となる部分をあげてみよう。郭嵩燾はイギリスの富強の根源について次のような感想を記している(11)。

その立国の本末の起源をたどると、国が長いこと保たれその勢がいっそう伸びるわけは、パーラメント議政院に国是を維持するという義があり、市長を置いて民を治め、民の願いにしたがうという情があるからである。二者が互いに助けあったため、君と民とは互いに関係を維持しあい、盛衰を繰り返したものの立国後千年たってもついに疲弊することはなく、人才学問は継承されて発達し、みな自らの力を尽くしているのだ。これがその立国の本である。ただ、議会で君民は政治を争い、殺し合いは数百年かかってようやく治まった。市長だけが互いのいざこざがなく過ごしたのであった。

（推原其立国本末、所以持久而国勢益張者、則在巴力門議政院有維持国是之義、設買阿爾治民、有順従民願之情。二者相持、是以君与民交相維繫、迭盛迭衰、而立国千餘年終以不敝、人才学問相承以起、而皆有以自効、此其立国之本也。而巴力門君民争政、互相残殺、数百年久而後定、買阿爾独相安無事(12)。）

郭のこの見方によれば、議会は、国家の方針を定めるものであると同時に君民の闘争の場でもあった。そのため国家を治めるのには、市長の存在が欠かせなかったということである。市長は君と民の中間に位置する調停者とされている。そしてこのような政治のもとで人材学問が起こったことが、富強の実現にとって最も重要であったとされる。

ここで筆者が重要だと思うのは、第一に、郭にとっての議会と市長に関する認識である。まず議会についていえば、国是を定める重要な制度であるという認識と、一方で過去君民の争いの場であったとの認識が同時に示されているということである。ここには、議会を一種の闘争の場と見なす郭独自の視点が表れており、このことは次節にて詳述する。

一方、市長について興味深いのは、先の引用からは、民と一応区別された市長が、民に善政を行うイメージが導き出せるということである。郭嵩燾はもちろん市長が民選であることを知っていたが[13]、後述するように郭はそのことよりも、市長がいかに優れた官であるかに注目しているように思われるのである。

第二に、人材学問の興起についてであるが、郭嵩燾はそうした人材学問自体とともに、それらの興起の仕方にも関心を有していた。郭は日記においてイギリスの「実学」の起源をベーコン（Francis Bacon）に見出し、ベーコンが「実用」を重んじ「格物致知」を唱え、「新学」を確立したとする。そしてこうした「新学」は次第に人々の賛同を獲得していったという。興味深いのは、その賛同を得る過程として次のような描写が見られることである。

一六四五年にようやくともにベーコンの学を求め、会を創設し、新学会と名づけた。一六六二年にはチャールズ二世がその学を崇め、詔を出してその会を羅亜爾蘇賽也徳〔ロイヤルソサエティ〕と名づけた。羅亜爾は訳すと「御」、「蘇賽也徳」は「会」である。

（至一千六百四十五年、始相与追求比耕之学、創設一会、名曰新学会。一千六百六十二年、査爾斯第二崇信其学、特加勅名其会曰羅亜爾蘇賽也得。羅亜爾、訳言御也。蘇賽也得、会也。[14]）

人材学問を、このような「会」の観点から重視するのは、後述のように郭嵩燾特有の観点であると言える。

では、次に劉錫鴻のイギリス観察の核となるものはいかなるものであったか。それは彼のイギリスの「政俗」に関する総論に示されている。[15] 劉がイギリスの「政俗」について最も注目したのが、「閑官がいないこと」「遊民がいないこと」「上下が隔絶していないこと」「残虐で不仁なる政治がないこと」「虚偽をなさないこと」という諸点であった。そして劉によれば、イギリスは、物事を研究するためにあまりにも経費をかけすぎるという問題もあったが、それを除けば極めて優れた政治を行っているとされる。これら劉があげたイギリスの特徴のなかで、次の二つの視点は注目すべきである。なぜなら、その二点は、郭の視点と根本的に異なっているからである。

第一に、「上下が隔絶していないこと」における議員の記述である。

都市、農村、町、そして港では、それぞれ議院紳を一、二人選挙し、随時民情を諸官に伝える。外国で商売する者は、ロンドンに総商会を設立し、やはり議院紳をリーダーとして運営させ、上下のかなめとする。民の希望は、官がもしそれを不都合だとした場合、〔民と官が〕事理に基づいて詰問しあい、衆情がぴったりと合って後、実施されるのである。

（城郷鎮埠、各挙議院紳一、二人、随時以民情達諸官。遠商於外者、於倫敦立総商会、亦以議院紳主之、為上下枢紐。民之所欲、官或不以為便、則拠事理相詰駁、必至衆情胥洽、然後見諸施行。[16]）

劉は、政策決定において最も重要なものは、「民の希望」であると考える。そして議員はもっぱらそれを上へ伝える役割を負う。劉が最も注目したのは、官と区別されたこの議員という存在であった。これは、郭嵩燾がイギリスの官に最も注目したのと著しく異なる。議員は、民に推挙された数人の特別な人間ではあるが、あくまで「民の希望」を代表する者なのである。

第二に、劉錫鴻は、イギリスの学問の発達についてはむしろ厳しい評価を下しているということである。劉はイギリスの善政のなかにも、「用いる必要がないのに用い、用いるべきでないのに用いる」という浪費傾向があると考える。そしてその具体例として、ヴィクトリア女王がインド女帝の座に就いた際（一八七七）に国民の借金や懲役を解消したこととともに、「一木一石の違いのため、数万里をはるばる船によってとりよせる」という博物精神をあげているのである。そしてその浪費の影響で、隆盛をほこるかに見えるヴィクトリア朝の歳入は支出に追いつかず、国債は「八万万金銭」にのぼるという。(17) イギリス人の学問は時として浪費となるのであった。この見方は明らかに郭のものと異なっている。

以上、本節では郭嵩燾と劉錫鴻のイギリス観察の核となる部分を抽出し考察してきた。その結果、まず、両者が渡英直前の西洋政治像を基礎に観察を行おうとしていたことが判明した。次に、両者のイギリス観察は、次の点において全く異なっていた。すなわちイギリスにおける官と民の関係という点、そして西洋における学問のあり方という点である。次節以下では、この問題を考察するのに最も適した題材であると思われる彼らの議会観やアソシエーション観を考察していこう。

第二節　郭嵩燾と劉錫鴻の官民関係に対するまなざし――議会観を中心に

郭嵩燾と劉錫鴻の見方は、イギリスにおける官民関係像という点において最も異なっていた。

郭嵩燾のイギリスの官の重視は、駐英公使時期の日記を貫く重要な視点である。そもそも、郭にとってイギリスの朝廷の構造は、中国の官僚制を念頭に理解できるものであり、(18) そのうえイギリスのそれは、彼の見るところ円滑に機能していたのである。また前述のとおり、郭嵩燾が民選の市長に対し、民選という点ではなく、有能な官という視点から着目していたのはその一例である。以下、郭嵩燾の官重視の事例をイギリス史研究の成果も踏まえながら見ていきたい。

郭嵩燾も注目すべき官としてあげていた市長であるが、郭らがイギリスに到着する前後、イギリスでは選挙権を得はじめた産業労働者や農業労働者を政治に組み込むための施策が講じられていた。その代表的なものはチェンバレン(Joseph Chamberlain)の一連の政策であった。一八七三年チェンバレンはバーミンガム市長に就任するが、それを期に大衆受益者化政策を実施した。彼の市政改革の内容は主に、バーミンガム市のガス・水道の市営化などのインフラの整備であったが、それらはバーミンガム市を一躍近代都市に変貌させることになった[19]。これに類する当時の「大衆受益者化政策」は、郭嵩燾の官と民の描写にも描かれている。

イギリスの行政は、民に便利なことを追求し、民の余った分を取って国の歳出に役立てる。そのためイギリスが設ける各官は、みな民のために仕事をし、極めて行き届いている。国を利することは民を便利にすることのなかにたくされているのだ。例えば切手といったものは、遠くは数万里から、近くは自分の住む町のなかまで、切手を貼りさえすれば、郵便局が即配達をする。毎年の収入は数千百万ポンドであり、国を利すると言える。しかし民はまことにこれを便利だと思っているのである。

(英国行政務求便民、而因取民之有餘以済国用、故其所設各官、皆以為民治事也、而委曲繁密、所以利国者、即寓於便民之中。如信票、遠至数万里、近至同居一城、但粘信票其上、信局即為递送。毎歳所入千数百万磅、可云利国矣、而民実便之[20]。)

当時のイギリスの官のあり方は、大衆を念頭に置いた政策を採らざるを得ない状況にあり、それが郭によって「民を治め民の願いにしたがう」という優れた行政として捉えられたのである。

さらに重要なのは郭嵩燾の次のような見解である。イギリスの官は第一に行政の技術に長けた存在であるだけでなく、学問的素養を持っている存在であった[21]。その学問的素養とは、自らの行政技術を支える理論から自らの行政には直接関わらない科学知識にいたるまでさまざまであった[22]。郭嵩燾の日記には、当時イギリスで「税司」（中国で税関業務に携わる高級官吏）に採用されようとすれば、業務に必要な計算の専門的技能のみならず、出身大学で受けた教育を細かく明示させるとともに、文章作成能力、ラテン語、フランス語、ドイツ語、科学知識などが問われていたことが記されており、彼はその要求の広範さに驚嘆している[23]。

こうした日記の記述はある程度正確に当時のイギリスの状況を捉えていたと言える。当時のイギリスおよび植民地インドの官吏登用制度には、一八五〇年前半から試験による採用制度が部分的に導入されはじめ、一八七〇年第一次グラッドストン内閣にいたって上級職下級職すべてに公開採用試験が課されるようになった。その試験においては、実務能力に加え、ラテン語や数学といった古典人文学の教養が重視されていたという。これは専門職の重要性が説かれる時勢にありながら、なお「ジェントルマン」の価値観が根強く存在していたことを物語ると言われている[24]。

中国では当時、科挙およびそれによって生み出される官僚の資質の低さが問題視されていたわけであるが、その中国から来た郭嵩燾が、創設されてまもないイギリスの官吏登用制度を高く評価するという興味深い現象がここでは生じているわけである。以上、郭が一貫して官という存在に関心を抱いていたことが明らかになった。

一方、劉錫鴻は、前述のとおり、官とは区別された民の存在に注目していた。劉は市長に関して次のように記述する。

看司勒〔councilor〕は中国のいわゆる里長のようなものであり、奥徳門〔alderman〕はいわゆる党正のようなものであり、美亜〔mayor〕とはいわゆる郷大夫のようなものである。……紳商士民でその地方に多く財産を有するものから公議して選任する。富民でなければ選挙されることはないので、みな俸給を食むことはない。……こうした制度は漢代の三老、明代の里老とおおむね同じである。しかしそこで推挙される者は皆富民であり、推挙する者もまたやはり富民であり、官は決してそれに関わることがない。推挙される者は富んでいるので横領の心配ない。

はなく、推挙する者も富んでいるので賄賂を行う心配はない。官がそれに関与しないので、官に取り入る心配もない。

（看司勒猶中国所謂里長也、奥徳門猶所謂党正也。美亜猶所謂郷大夫也。……由紳商士民産業多在其地者公議挙充、非富民不得与選、皆不食薪俸。……此制与漢之三老、明之里老略同。然其所挙者富民、挙之者亦富民、官不復参預其事。惟所挙者富、故無貪黷之憂、惟挙之者富、故無賄囑之患。惟官不預其事、故無仰承俯注之難。）[25]

劉錫鴻がイギリスにてあらためて発見したのは、官と対等の力を持つ民の存在だったのである。彼は、イギリスの地方自治制度を観察し、漢代の三老や明代の里老との間に類似性を認めている。その類似性とは、地方で年齢が五〇歳以上の人望のある者を選んで三老とし、その地方の民事をすべて彼らに担当させるということであった。

なお、この引用部分について岡本隆司は、劉が在外公館の業務の一環で部下の張徳彝が整理した資料（『四述奇』所収）をもとに書いたものであることを指摘し、劉オリジナルの発言は「こうした制度は漢代の三老、明代の里老とおおむね同じである」という部分であって、こうした劉の発言の背後に「西洋の事物はすぐれたものでも、中国にあったものだからそれを復活させればよく、とりいれるにはおよばない、ましてや、すぐれていない事物は、中国に導入してはならない」との論旨があったことを指摘する。[26]

これに対し筆者は、部下の資料をそのまま引用したとしても、やはり劉がイギリスにおける官民の対等性という事実に関心があったことは間違いないと考える。さらに筆者はこの引用部分について、「こうした制度は漢代の三老、明代の里老とおおむね同じである。しかし」の「しかし」に着目したい。この「しかし」は張徳彝の『四述奇』には見られないものであり、劉の意見の重点があると思われる。つまり、この「しかし」という接続詞によって劉は、中国にもこうした制度は存在したにもかかわらず、西洋ではそれが中国とは異なった形で展開していることを示そうとしているのである。ではその異なった形とはいかなるものか。それは、イギリスの官民の対等な関係が民の豊かさに由来するということであった[27]。

民の豊かさとそれによる官民の対等な関係という認識は、劉の渡英以前の「商人＝政治主体」という認識を基礎としていると思われるが、渡英以前にはそのような政治があくまで商業の利益を目標に動いているという認識をするのみであった。一方、イギリスを実地観察した劉は、そのような政治が官の介入をも防止する機能を果たしていることを発見したのであった。なおこの点については、福州船政局の留学生監督として渡欧し、後に駐独公使を務める李鳳苞（一八三四―一八八七）なども、「〔西洋では〕郷大夫、里正などの官を設置して、郷里を安定させ、裁判ざたを審理する。民を用いて民を治めるので、自ずと混乱が起きない（設郷大夫里正等官、以安閭閻、以審獄訟、用民治民、自無紛擾）」といった発言をしており[28]、西洋を実見した士大夫たちの一つの有力な見解であったことがわかる。

さて、以上のような官と民の関係に関わる最大の問題として、当時中国知識人たちに議論されたのは、議会制度であった[29]。

当時の士大夫たちの多くは、中国社会の問題として、「上下不通」や「官民隔絶」をあげている。すなわち、君や官といった統治者と、民という被治者との間の意思疎通がうまくとれていないというのである。例えば、君や官が民の生活実態を把握できなかったり、また民の要求が行政に反映されなかったりするということである。多くの研究が指摘するように、中国における統治者と被治者の乖離は、構造的な問題であった。つまり、統治者側は刑罰と徴税にしか関心を抱かず、しかもその二点においてさえ被治者の生活空間へ必要最小限しか介入しなかったのに対し、行政上の恩恵を享受できない被治者は、統治者への不信を強め、自分に身近な民間レベルで自治組織を築く傾向があった[30]。こうした構造的問題が、未曾有の内乱や対外戦争によって顕在化し、士大夫たちにいっそう強く認識されるようになったわけである。

興味深いことに、こうした中国社会の問題に頭を抱えていた士大夫のうち、同時期の西洋社会を見聞することができた者たちは、決まって「西洋は君民一体、上下一心を実現している」と述べている。そして彼らが、君と民の結節点として重要だと考えたものこそ、議会制度にほかならなかったのである。

ただ、なぜ議会が君民関係にとって重要なのかという理由づけは、士大夫によって多様であった。そして彼らの議会観は、彼らの中国社会に対するまなざしと深く関係していた。

士大夫たちの議会観の分岐点は、それが何のための議会かということにあった。先に少しく述べたとおり、劉錫鴻と李鳳苞の見解は共通点が多い。李の次の文章は、一八七七年冬、パリから友人に宛てた書簡とされるものである。[31]西洋国家の統治のかなめとしては、およそ五つの重要な点がある。一つは、民気を通じさせているということだ。民はばらばらに住み、地位もかけ離れているから、それらを通じさせることは容易ではない。そこで郷挙里選によって上下議院を設置し、問題が起こると直言して憚らない。少しでも民に不便であることについては、必ず誠心誠意、何とかして適切なものにする。

（西国制治之要、約有五大端。一曰、通民氣。民居甚散、分位懸殊、通之匪易。乃由郷挙里選以設上下議院、遇事昌言無忌、凡纖悉不便於民者、必本至誠以設法妥貼之。[32]）

注目すべきは、「議院」の構成員を「郷挙里選」によって選ぶとしていることである。つまり、議員には、官僚ではなく、地元で選ばれた民間人をあてるべきだということである。そうすることで、地元の意見が行政に反映される可能性が高くなるわけである。この見解は、すでに本章第一節にて引用した劉錫鴻の見解と軌を一にするものと言えよう。

そして、劉や李が決して直接的に記しているわけではないが、彼らのこうした議会への好感が中国の現状批判と対になっていると考えられるのであれば、彼らの批判対象は中国における官のあり方であったに違いない。周知のとおり、清朝は、官僚が地元を拠点にのさばることを恐れて、地方官を自らの本籍地に赴任できないよう制限し、しかも短期間で転任させていた。そのため大抵の場合、地方官は地元の情勢に疎く、行政への意欲も低かった[33]。李や劉の民選の議員や地方官という発想には、以上のような状況が関係していたのである[34]。ただ、少なくとも史料上、劉錫鴻には、李鳳苞にはない特徴が見られる。それは、議会制度の実施が何の矛盾もなく「君民一体」「上下一心」につながるのだろうかと考えた点である。

前節で見たように、劉錫鴻は、西洋の議会を率直に評価していた。また先に取りあげた彼の市長に対する見解に見られるように、彼はイギリスにおける民の強さに関心を有していた。

ただ、前章で明らかにしたように、彼は中国と西洋との政治主体の違いにも注目していた。もし議会制度を中国に導入すれば、中国の皇帝の存在を否定することにつながりかねないという認識である。

そのうえ劉は、イギリスの民がなぜ力を持っているのかを突き詰めて考えた結果、彼らが膨大な「富」を有しているからだという結論にいたった。より踏み込んで言えば、イギリスにおける官民対等を可能にしているのは、民の「富」、すなわち経済状況の豊かさという可変的、偶然的な要因だったのである。

さらにこうした「富」は、時として人間の徳性を害するものでもあった。劉錫鴻は、『タイムズ』紙社において日々数十万部を刷り上げる印刷機とそれを操るわずか一〇人程度の従業員を参観した際、解説員から、イギリスにおいては、一つの機器の製造が、人々に経営の野心と商品の数を大いなるものとさせ、それは富豪の活発な販売活動につながる、それにより百貨は販売しやすくなり、貧民も生計を立てやすくなる、そうすれば国家の税収も増え富強が実現されるのだ、ということを聞いた。少数者が競って実学を考究することは、最終的には国民全体の利益になるというのである。劉の言うような浪費も、それを浪費にさせないような膨大な歳入があるから問題はないとする。この解説を聞いた劉は、いったんはそうした研究や経営に競い合うことのできる人材とそれを生み出す実学教育を評価した[35]。しかしながら、前述のとおり、劉はイギリスの学問の追求が時として過度な浪費につながることをも問題視しており、「富」による安逸化や浪費は、その後も劉の懸念として残った。

劉錫鴻の見るところ、イギリスが「義塾」を設けているのは、実はそうした安逸化や浪費傾向への一つの対策であった。劉のこの解釈の論理は次のようなものである。「実学」により機械を生み出し、富民がそれを用いて楽に儲けようとする。そうすればそれは必然的に人件費を削減することになるから、生活費に困る貧民が出てくる。そしてそのような貧民が窃盗を起こすのだ。「義塾」は、五歳から一三歳の児童を集め、「工商」の仕事を習得させ、後の就職に役立たせる。就職できれば、窃盗をはたらく恐れがないというのである。[36]

しかしこれは、貧民の窃盗癖を治すものではあっても、富民の安逸化を治すものではないだろう。または別の事例として、「富」による貧民の扶養が結局貧民を「乞食」に安住させ、そうした乞食が恵みにより酒や淫乱にはしるという悪循環を生むこともあった。[37] まさに劉にとってイギリスは、浪費しても浪費にならないほどの膨大な富により統治が成り立っている、という表現が最もよく当てはまるものだったのである。[38]

以上が劉錫鴻の官民関係に対するまなざしであったが、こうした見方の持つ意義を筆者は次のように考える。当時の士大夫たちは無意識のうちに西洋へ「君民一体」といった中国旧来の観念を当てはめていた。一方、劉錫鴻は、西洋と中国では政治のあり方が根本的に異なるのではないかと率直に疑義を呈したのであり、この点にこそ劉の個性があると言えるのである。

ただ、劉錫鴻を含む前記すべての士大夫の見方にも共通する点がある。それはすなわち、少なくとも議会という場では積極的な議論が行われ、良き政策や法律が生まれるはずだと考えた点である。だが果たしてそうだろうか。いかなる目的であれ議論を戦わせることは、時として秩序を乱し、しまいには社会を混乱におとしいれることにならないだろうか。このような考えを抱いていたのが、郭嵩燾であった。

郭の議会制度への評価は、曲折に富んでいて大変興味深い。郭の議会観の顕著な特徴は、政党政治への関心である。

郭の当時の日記を見ると、政党政治に関する記述が極めて豊富であることに気づく。郭は、イギリス到着後まもなく、当時のイギリス議会の様子を次のように描写する。

こちらの国事は、党を分かつこと中国よりも甚だしい。現在は二党。新執政の畢根士非爾得（また比乾思福義に作る）〔ディズレーリ〕、旧執政の噶拉斯敦〔グラッドストン〕である。下議政院では畢党に入る者が四百人余り、噶党に入る者もまた三百人余り、互いに攻撃して争う。執政者が何党の所属かによって、各部の任命者にはみなその党の人を採用し、すべてを入れ替える。激高して勝利を求め、主導権を握ろうとして争うこと、恐らく中国より甚だしいものがある。

（此間国事分党甚於中国。現分両党、新執政畢根士非爾得、亦作比乾思福義、旧執政噶拉斯敦。下議政院入畢党者四百餘人、入噶党者亦三百餘人、互相攻撃争勝、而視執政者出自何党、則所任事各部一皆用其党人、一切更張。其負気求勝、挈権比勢、殆視中国尤甚矣。）[39]

この記述からは、議会制度に対する一種の不安感を読み取ることができる。郭は、議会を中国の「党争」になぞらえ、しかもそれを中国よりも甚だしいものと見なしているのである。「党争」とは、宮廷内の派閥争いに見られるような「私的利益の追求、秘密性、暴力性」に特徴づけられる政治集団（「朋党」と称される）どうしの争いであり、自己の正統性を主張するため、最終的には他党の存在を完全に抹殺することを目指すものであった。[40]

郭のこのような認識に対し、清末の政党観を詳細に検討した三石善吉は、西洋の政党政治に関心を示しはしたものの、「朋党」という伝統的観念に束縛されていたために、その意義を正確に理解できなかったとしている。[41] だが筆者はこれに対し、当時の郭の目標は「西洋政党政治を正確に理解すること」にではなく、「中国の党争の弊害を解決すること」にあったはずだと考える。

郭嵩燾がこのような視点から議会を評価したのには、これまで本書でも分析してきた彼の生涯における経験が関わっている。彼が終始問題視していたのは、士大夫どうしの不和が社会全体の風俗に与える甚大なる悪影響であった。例えば、本書第二章で見たように、客観的に見て必要とされる軍費獲得にまでむきになって反対し、軍費獲得を阻害するという結束力なき士大夫が問題にされていた。また、第二次アヘン戦争時には士大夫たちが排外論と妥協論とで論戦を繰り返し、自滅の方向へ向かったことなども、郭にとって相当深刻に認識されていた。さらに地方官時代の郭にとっては、地元の紳士たちのなかからいかに真の士を探し出し、ともに任務にあたるかは極めて重要であった。このように郭嵩燾は士大夫どうしの関係性に敏感であったのである。以上のような郭嵩燾にとって、イギリス議会における政党の論戦は、社会秩序を破壊しかねないものに見えたのである。

だが郭嵩燾は、西洋滞在中の見聞を通し、西洋における政党のあり方が中国のそれとは異なるのではないかと考えるようになる。郭は、与野党の論戦が激しいものであるにもかかわらず、不思議と秩序を保ったものであると考えたのである。なぜこのような秩序だった論戦が可能なのか。郭の日記には次のような内容の記事がたびたび現れる。

軍事や国政といった大事を議院に任せると、付和雷同して同一の意見を述べてしまう。そうであれば弊害が多いということで、二〇〇年前に朝党、野党を設け、それぞれに自らの意見に基づいて論争させ、意見を調整することにより両者を落ち着かせたのである。

（蓋軍国大事一帰議院、随声附和、并為一談、則弊滋多、故自二百年前即設為朝党、野党、使各以所見相持争勝、而因剤之以平。[42]）

西洋の議院には野党が存在し、互いに論難しあって、一是を求める。その意図は大変素晴らしい。

（西洋議院之有異党相与駁難、以求一是、用意至美。[43]）

このような西洋の政党のあり方は、前述のごとく「党」と言えば「朋党」の「党争」をイメージしたであろう中国人にとって、大変画期的なものであった。「朋党」の「党争」の最大の問題点は、他党の存在を完全に排除しようとするために、さまざまな意見の共存が図れないということにあった[44]。これに対し西洋では、政権党以外の野党が存在意義を与えられ、常に二つの党により政策を議論する。そうすれば両党の意見が共存でき、政策を深く安定的に議論できるのである[45]。

ここで注目すべきは、郭が意見の多元性を評価しているというよりは、そうした多元的な意見を認めることが、結果的に一元的な合意にいたるというプロセスであった。これに対し、中国では、正統性を有する党は一つしか存在できない。敗れた党人は生命の危機にまでいたる。しかも問題なのは、このように一見、一元的合意を極度に目指しているかのような中国では、かえって国是が安定しないという事実である。以下は、郭嵩燾をこのような認識にいたらしめた、彼自身の持つ中国史イメージである。

言論の喧しさは宋より甚だしきはない。韓〔琦〕、范〔仲淹〕、文〔彦博〕、富〔弼〕、欧陽〔脩〕らを論じ弾劾れば、みな名を知られるようになり、天下の政務は両府〔中書省・枢密院〕に集中した。賢者は非難を耳にすると身を清く正しくして去り、愚か者はそこを根城とする。言がおよべば官職が下げられ転勤を余儀なくされる。ついには偏狭な王安石や横暴な秦檜が、私的に諫官を率いて自分と異なる者を排撃し、善良有徳の人々はそのために皆無となった。廷臣は水火のごとく争い、国政の新設改革は繰り返され、滅びるに至った。

(言之囂也、莫甚於宋、自韓、范、文、富、欧陽、論之劾之而皆有名、而天下之大政総於両府。賢者聞謗而潔身以去、不肖者窟穴其中、言及而貶謫随之。乃至王安石之僻、秦檜之横、私引諫官、排撃異己、善類乃為之一空。而廷臣水火之互相争、国政興革之交相勝、浸導以至於亡[46]。)

また咸豊年間の第二次アヘン戦争時期にも次のような現状認識をしている。

以前京師にいた時、一つの物事の得失や、一人の人事をめぐって、唐突に批判したかと思えば褒め称え、喜んだかと思えば怒り、皆が迎合の言論をなし、目を見張っていた。ころころと議論が変化し、国全体でがやがやと辨論しあっていたが、事のいきさつを問うてみると、何も知らなかった。

（往在京師、見一事之得失、一人之用捨、俄而毀、俄而誉、俄而喜、俄而怒、万口附会、衆目睢盱、不移時而議論又変、挙国呶呶然互相辨論、問以事情之原委、漠然不知。[47]）

イギリスのように、多元的な価値や存在から合意が生み出される仕組みは、郭にとって深い印象を与えたものであり、次節で分析する郭嵩燾のアソシエーション認識にも関わるものである。

さらに、郭嵩燾は議員や政党間の論戦の仕方を詳しく描写している。郭は、同行していた李鳳苞の次の発言を、共感をもって書き記している。

丹崖〔李鳳苞〕は次のように述べた。「……君主、民主ははっきりと二党に分かれ、互いに容赦しません。普段は世話をしあい、付き合いも良好です。ひとたび国政を議論するとなると、両党はそれぞれ陣容をととのえ、互いに奮闘してゆずりません」

（丹崖言「……君主民主、截分両党、不相仮借。平居周旋、往来相善也、一与議国政、両党各樹旗鼓、相持不能下。[48]」）

イギリスをはじめ西洋における党人たちは議会では激烈な論戦を繰り広げるも、日常生活においては、互いを尊重し、礼儀にかなった付き合いをしていたのである。士大夫どうしの良好な関係を模索していた郭にとって、李鳳苞の先の発言は首肯できるものであったのだろう。また郭の日記には、議会での議論の内容のみならず、厳格なルールに基づく礼儀正しい議論の方式について詳細な描写が見られるようになる。

その議政院〔下院〕では座席の境界が左右に列を分け、右が新政府党、左が旧政府党である。新党に入ったものがいつも多いのは、権勢の向かうところだからである。議会を司る者を、斯罼格〔speaker〕と言い、真ん中に堂々と座っている。席に着くと、斯罼格は、全体に静座し話をやめるよう伝える。発言したいことがあれば起立して、詰問する。答えるものは、その発言が終わってから起立して弁明を行う。緊要な事柄は、斯畢格からその名を伝え、速やかに発言するよう促す。発言する者はみな起立し、そのほかは座っている。発言が終わると退いて席に着き、かと思えばまた立って応じる。発言中はだれも口出しをしようとしない。

（其議政院坐位竟亦分列左右、右為新政府党、左為旧政府党、而列入新党者常多、亦権勢所趨故也。其主議院事者、謂之斯畢格、坐正中堂皇。始就坐、斯畢格賛称静坐止言談、即有応称起立、論所詰事。答者俟其語畢、起立申辨。其有要緊事件、斯畢格起伝其名、令早自陳説。凡有言皆起立、其餘皆坐、語畢退就坐、乃継起応之、無敢儳言者[49]。）

さらに注目すべきは郭の次の発言である。郭はこのような議員たちの礼儀正しい議論が、国民に知らされることにより、国民全体の風俗形成に影響を与えたという認識をとるのである[50]。

西洋の君の徳は、三代の賢明な君主に匹敵する者はいない。……だが、西洋の君は国政をすべて臣民に公にし、私物化しなかった。……議政院を設けてからは、同・異の二党に各々その意思を尽くして探求弁駁させ、是非を定めさせた。政権を握る者は、そこに次々と起こっては勝利を得ようとした。そうして二党が対立する局面は、いったん形成されると変えることのできないものとなった。質問や応答では、自らの状況を直言し、隠し立てすることはなかった。そうして長い時間がたち、慣れて風俗となった。

（西洋君徳、視中国三代令主、無有能庶幾者、……而国政一公之臣民、其君不以為私。……自始設立議政院、即分同、異二党、使各竭其志意、推究辨駁、以定是非、而秉政者亦於其間迭起以争勝。於是両党相持之局、一成而不可易、問難酬答、直輸其情、無有隠避、積之久而亦習為風俗[51]。）

その「風俗」の例として郭は、人民どうしの付き合いが実に基づき、無意味な謙遜をしないこと、国家が虚偽の言行を厳しく取り締まるようになったこと、朝廷が民の直言を受け入れ、それに応えていること、などをあげている。つまり議会は、長い歴史をかけて参与者の言動や態度を洗練させ、それが最終的には「風俗」となり国民全体の資質を向上させたと言うのである。このように郭は、立法という機能以上に、風俗形成としての作用を議会に見出していた。そして西洋の君や議員は、議会という「政治教化」によって良き風俗を作り出したという点で、高く評価されているのである。ここには、本書を通して注目してきた、士大夫どうしの良好な関係を民に明示するという構図で議会を捉える視点が存在している。このような認識は、民の代表たる議員が政策や立法を討論する議会というわれわれの認識、あるいは劉錫鴻の認識とは全く異なるものなのである。

さらに郭嵩燾は以上の認識から次の点に注目する。すなわち、議員たちの討論をいかにして民に公開するか、その方法である。郭がその方法として重視したのが新聞である。

郭嵩燾の日記には、『タイムズ』紙や『モーニングポスト』紙など各種新聞の名が見え、郭自身それらを入手し、翻訳版を通じて閲読していた[52]。そうした新聞の役割につき、郭は次のように述べている。

西洋ではすべてのことを新聞に掲載する。議論の得失や相互の弁明は、いずれも新聞によって伝播させる。執政もまた新聞の言論の得失に依拠して考証に役立てるが、処置はすべて隷属する衙門によって行い、人の言によって行うことはない。行いにもし違反があって、議院がいっせいにそれを攻めたてれば、立脚することができないので、自分勝手に行動しようとする者はいない。当局者は事業の成敗の責任を負うが、議論是非についてはすべて公論に付しているのである。

(西洋一切情事、皆著之新報。議論得失、互相駁辨、皆資新報伝布。執政亦稍抛其所言之得失以資考証、而行止一由所隷衙門処分、不以人言為進退也。所行或有違忤、議院群起攻之、則亦無以自立。故無敢有恣意妄為者。当事任其成敗、而議論是非則一付之公論[53]。)

われわれは通常、新聞の意義を問われれば、国民が主体的に国事を論じる空間であると考えるであろう。しかし郭嵩燾が注目したのは、この点ではなかった。むしろ彼が着目したのは、政府が新聞を用いていかに施政方針を明確に国民に伝えているかということだったのである。たしかに、為政者が新聞の輿論から一定の拘束を受けることも郭は承知している。しかしそのことも郭にとっては、西洋の為政者の寛容性を示す一事例として捉えられているのである。

以上、本節では郭嵩燾と劉錫鴻のイギリスの官民関係観を比較してきた。劉錫鴻が一貫して官に対する民の強さを指摘し、民選の議員や地方官に着目し、地元の利害をいかに国政に反映させるかという観点からイギリス政治を評価したのに対し、郭嵩燾は一貫して民とは区別された官や議員に注目した。郭嵩燾によって注目されたのはイギリスをはじめとする西洋社会における、為政者の信頼関係に満ちた集団とその民への影響という点である。郭にとって議会はこのような観点から評価されるべきものだったのである。

郭嵩燾は、以前から抱いていた士大夫どうしの関係やそれが風俗となって他者へ与える影響という視点から、イギリスをはじめとする官や議員に注目したわけであるが、以後このような観点からイギリスで当時発展を見ていたアソシエーションになみなみならぬ関心を抱くようになる。次節では、そうした郭のアソシエーション観について分析していこう。

第三節　士大夫どうしの関係——郭嵩燾のアソシエーション観

郭の渡欧時期の日記の特徴の一つとしてあげられるのは、そこにイギリスにおける慈善団体や学術団体、そして国際会議などの記述が大変豊富に見られることである。

これらの団体は、アソシエーションと呼ばれる、特にイギリスで顕著に発展した自発的な結社のことを指す(54)。郭嵩燾の日記は、中国知識人によるアソシエーションに関する記述としては最も詳細なものの一つに入ると言えよう。
筆者が関心を持つのは、前述したとおり、士大夫どうしの関係性とその風俗への影響を重視していた郭嵩燾が、そのような観点からイギリスのアソシエーションを評価していく過程である。

郭の記録のなかに見られる団体のうち、まず目につくのが宗教結社の慈善活動である。次の記述は、郭がフレンド会（Society of Friends）に参加した際のものである。

ハンベリー〔Thomas Hanbury〕曰く「われわれのこの会一万三〇〇〇人のうち、アヘン禁止を願わない者はおりませんが、しかしながら国家の権限にあずかることができません。会紳のうち心から禁アヘンを唱える者は大変多く、われわれは附和賛成し、力を尽くしたいと思います」。会中にも議紳を担当している者がいるか尋ねた。曰く「全部で五人おります。かつて議紳を担当した者は十数人です」。

（鼾白里曰「吾此会合万有三千人、無一不願禁者。然不能参与国家之権。会紳中実心倡言禁煙者頗多、吾輩附和賛成、固願尽力」。問会中亦有充議紳者否、曰「共得五人、従前曾充議紳者十餘人[55]」。）

当時イギリスでは、こうしたフレンド会を母体に、政府のアヘン政策を自己批判するような言論が存在していた。郭は、アヘン貿易反対協会（The Anglo-Oriental Society for the Suppression of the Opium Trade）にも参加している[56]。

議禁鴉片煙会堂の士紳で集まった者は五〇人あまり。シャフツベリ〔Lord Shaftesbury〕はその長であり、差し出された公函を手に持ち、起立して読み上げる。次にマーク・スチュアート〔Mark Mactaggart-Stewart〕が各款を条列し、その意図を明らかにする。発言はいっそう詳しい。さらに宣教師レッグ〔James Legge〕が各款を条列して読みあげる。発言する者はみな必ず起立し、その他の者はみな座っている。主人や聴衆もまた座っている。

（議禁鴉片煙会堂士紳集者五十餘人。夏弗斯白里為之長、手持前遞公函、立而誦之。其次馬克斯究爾得、条列各款、発明其意、言之更詳。又其次教士里格、又条列告〔『郭嵩燾日記』は「告」字を「各」字とする〕款誦之。凡誦言必起立、餘皆坐、主人、聴者亦坐。）[57]

自身も以前からアヘン問題に頭を抱えていた郭は、これらの会の精神に大変共感を示している。またこの時期、禁アヘンを論じる上奏文において、郭はこうした英国の紳士たちの活動を取りあげている。[58]

次に、主に自然科学の研究を担う各種学会組織である。まず興味深いのは、郭が王立協会に参加した際のことである。彼はある時この会の名簿を見る機会を得、二五名の天下に名だたる学者に加え「現職の官員」たちが会に参加していることを知った。[59]

また、次の記述は、郭嵩燾が英国科学知識普及会（Royal Institution）に参加した際のものである。

スポッティスウッド〔Spottiswoode〕が書函にて、ロイヤルインスティテュートに行ってティンダル〔J. Tyndall〕の熱学に関する講演を聞こうと約束してきた。この会も諸学者がみなで建てたもので、もっぱら実学に励んでいる。ティンダルは最近木曜日に一回講義をしているので、見に行った。集まっていたのは数百人。……この国の学問が日々新しくなり続けているのは、勤勉に追求し喜んで人に告げ、鼓舞振興し人を飽きさせることがないからだ。

（斯博徳斯武得函約赴羅亜得英斯諦土申、聴定大論熱学。亦諸学者公建、専務実学。定大頃定礼拝四日一会講、因往観之。集者数百人……此邦学問日新不已、実因勤求而楽施以告人、鼓舞振興、使人不倦。）[60]

さらに日記には、アシーニアムクラブ（Athenaeum Club）の規約に関する詳細な記述も見られる。[61]

会友は一二〇〇人とされ、毎年コミッティーにより九人を保証推薦し、さらに学問を積んで書籍一冊を著すことを基準に、欠員を待って補う。各国公使および宣教師、主教、副主教は招待されて入会し、定員には入らない。ただ公使で招待されるのは一五人まで。この堂には蔵書が大変豊富である。毎月各国の新聞を集め、会中の人々に自由に閲覧させている。

（会友定一千二百人、歳由科密的保薦九人、並以積学著論一書為率、俟額欠補入之。各国公使及教士、畢灼、諦音、邀請入会、不在額内、而公使仍以邀至十五人為止。其堂蔵書甚富。毎月集各国新報、恣会中人観覧。[62]）

そして、一九世紀に盛んになった西欧諸国における外交、通商、インフラ整備等をめぐる国際会議である。国際法改革編纂協会（The Association for the Reform and Codification of the law of Nations）[63]や国際監獄会議（International Prison Congress）[64]など多数の記述が見られる。

この日の午後、トウィス〔Travers Twiss〕がやってきた。毎年八月に一度会議を開催し、集会者は二〇〇人あまりだと知った。……会議はおおむね伝統のある有名な土地を選び、さらに商賈の貿易が盛んな場所にしようとするのは議題に商務が多いからである。各国と交渉するため会堂は存在しないが、それぞれの国は自ら事務所を設けている。会はイギリスで始まったので、イギリスが本部である。……西洋では政務を考究する際、しばしば各国を通じて論じ、区切りを設けず、その規模気象は広大で、天下にしたがい公平を示すことに特に力を尽くしている。近年では各会を創立してせっせと研究にはげんでいる。例えば私が知っているものでは、刑罰牢獄について討議するもので、今年はスウェーデンのストックホルムで集会が行われた。郵便局の章呈を討議するものは、本年ポルトガルのリスボンで集会が行われた。それらの会は近年設立されたもので、年に一回会議を開き、人々は数千里を我先にと赴くのである。その議論はいずれも出版を許可し、それを各国の政府と議紳会議に進呈する。これこそ西洋の風気が日増しに高まっていく理由である。

（是午、特威斯至、詢知歳常以八月一会議、聚者二百餘人。……大率会議必択古地之有名者、又須商賈貿易繁盛処、以所議商務為多故也。以交渉各国、故無会堂、而各国亦自有辦事処。会始於英国、故英国為総辦事処。……西洋考求政務、輒通各国言之、不分畛域。而其規模気象之闊大、尤務胥天下而示之平。近年創立各会、孜孜考論。如所知者、会議刑罰監牢、本年聚会於瑞典国斯徳哥爾摩、会議信局章程、本年聚議於葡国立斯本。其会並創自近

数年、歳一集議、数千里争往赴之。其議論並准刊刻、呈之各国政府与議紳会議。此西洋風気所以蒸蒸日上也。(65)）

興味深いのは、郭嵩燾がこうした各種の組織に、いくつかの共通点を認めている点である。

第一の点は、およそどの会にも官員や議紳（議員）が関与していたということである。前述のとおり、郭嵩燾は渡英以前、すでに士大夫どうしの良好な関係が風俗の維持の鍵だと見なしていた。それゆえ、彼がこうした官員や議員といった有力者のあり方に関心を抱くのは自然な流れであると言えよう。彼の見るところ、中国との対比で言えば、イギリスの官員や議員たちは、大変良好な関係を有しており、一致団結して慈善活動にあたったり、各種の政治課題に取り組んだりしていたのである。

第二の点は、明確な組織規約を備えているという点である。組織には通常、会の規約が設けられ、希望者は審査を経て会員となり、その名簿が作られた。また会員からは会費が徴収され、会員のなかから数人の人々が選ばれてコミッティーを組織し、会の運営にあたるということも共通していた。しかも郭嵩燾がおりにふれて指摘しているのは、このような組織原理の会が一つできると、周囲がそれを模倣していくという現象や、会の活動が西洋諸国の画一化に寄与しているという事実であった。

前回はユナイテッドサービスクラブに入ったが、〔アシーニアムクラブはユナイテッドサービスクラブと〕会堂章呈がだいたい同じである。ユナイテッドサービスクラブは皆軍人であったが、ここは実学を講求するものである。

（前入猶乃的塞爾維斯克羅部、会堂章程亦略相同。塞爾維斯会堂皆武員、此則講求実学者也。(66)）

また郭は、ベルギー公使から、イギリスの監獄がベルギーの形式をモデルにしたということを聞かされた際、次のように発言している。

そこでようやく、西洋各国が相互に模倣しあうに際し、会友の考究の力が大きいということを知った。

（始知西洋各国互相倣効、会友考求之力居多。(67)）

第三に、郭嵩燾によれば、これらの会の多くが公開性を有する組織であり、その公開方法も優れていることである。当時、イギリス社会では多くの公開式レクチャーが実施されていたわけだが、郭嵩燾はこれを、学問を公に常に開示しようとする西洋特有の風俗として注目している。またこうした会の多くが機関誌を刊行していたという点も注目される。これらの会が刊行した機関誌はしばしば議会における政策論議や、行政の現場で活用されていたのである。

郭嵩燾はこのようなイギリスのアソシエーションに大変関心を抱いたようである。興味深いことに、郭嵩燾は、経書の再解釈によって、それが古代中国にも存在したことを主張しようとする。郭はこれらイギリスのアソシエーションを、『周礼』に出てくる「友、以任得民」の原理と関係づけて論じようとするのである。

『周礼』には、「以九両繫邦国之民」という一節があり、「九両」というのは、諸侯に万民を団結させ上下一心させるための九つの方策と言うことができる。以下はその経文である。

九両を以て邦国の民を繫く。一に曰く牧、地を以て民を得。二に曰く長、貴を以て民を得。三に曰く師、賢を以て民を得。四に曰く儒、道を以て民を得。五に曰く宗、族を以て民を得。六に曰く主、利を以て民を得。七に曰く吏、治を以て民を得。八に曰く友、任を以て民を得、九に曰く藪、富を以て民を得。

（以九両繫邦国之民。一曰牧、以地得民、二曰長、以貴得民、三曰師、以賢得民、四曰儒、以道得民、五曰宗、以族得民、六曰主、以利得民、七曰吏、以治得民、八曰友、以任得民、九曰藪、以富得民）

その九つの方策の一つに、「友、任を持って民を得」というものがあり、この経文に対し、郭嵩燾は、次のように自らの見解を述べる。

西洋の会堂は、中国に文社が存在するようなものである。漢魏六朝にはすでに存在した。『周礼』の言う「友、任〔誠実さ〕を以て民を得」は、その遺意である。民を得るとは、民が互いに集まり、噂を聞きつけた者も我先に赴くということである。「九両」とは、寄り添い互いにつながるということである。漢以後の諸賢の注疏はその意味をすでに見失っており、そのために三代の遺風は滅んで久しいことがわかる。

（西洋会堂、猶中国之有文社。漢魏六朝已有之。『周礼』所謂「友以任得民」、即其遺意也。得民者、民相与群萃州処、聞風者亦起争赴之、謂之「九両」、両相比而交互聯属之義。自漢諸賢注疏已失其義、故知三代遺風之就泯也久矣。[68]）

郭は、漢以後の学者の注疏が間違っていて三代の遺風を伝えていないとしている。ここでいう注疏は、後漢の鄭玄の注、唐の賈公彦の疏である。鄭玄注は次のように言う。

友とは、井田をともにし、一つのすきを二人で肩掛けあって、助け合いの耕作をする者のことである。

（友謂同井相合耦耡作者。[69]）

また賈公彦疏では次のように言う。

八に曰く「友、任を以て民を得」について、「任を以て」とは同門の朋友のことではない。田里の間において互いに助け合うことを言う。互いに任用しあって民を得るのは、隣り合って集住する者である。……「友とは、井田をともにし、一つのすきを二人で肩掛けあって、助け合いの耕作をする者のことである」とは、鄭玄の考えは師を同じくすることを友とするものではない。それはともに井邑の間にあって一緒に住むということである。

（八曰「友、以任得民」者、言以任、則非同門之朋友、謂在田里之間相佐助、以相任使而得民、即隣伍聚居者。……云「友謂同井相合耦耡作」者、鄭意非謂同師曰友、正是同在井邑之間共居。[70]）

鄭玄の解釈では、「友」を井田法における農民の共同作業のことと見なし、「以任得民」はそうした相互の協力により百姓が和睦することを言うとする。賈公彦もこの説を敷衍しつつ、さらには「友」を「師を同じくする者のことではない」と断言する。

一方郭は、「九両」の解釈を専論した文書において次のように述べる。

『周官』の「九両〔を以て〕邦国の民を繋く」の「両」とは、並べて合わせ、つなげて集めるということである。聖人は、民の情が散じて規律がなく、群れて序列がなく、規律がなければ乱れ、序列がないと争うことを理解していたので、相互に寄り添いつながらせて自ら管理させた。……「友」とは「文により友達を集める」ようなものだ〔『論語』顔淵〕。老冊には孔子以前にすでに門徒がいた。孔子の門徒は三〇〇〇人にのぼった。子華が斉の国に使いに行った時、〔その留守中の母のため〕冉子が孔子に粟を請うた〔『論語』雍也〕のが、任〔誠実さ〕という意味である。……これら三者〔経文にある「吏」、「友」、「藪」〕は、有司、学行ある者、そして土地に任せて、相互に結びつかせたのである。「民を得」とは、民を分有して彼らに依拠すべきものを知らしめ、尽力させるということだ。

（『周官』「九両繋邦国之民」。「両」者、比而合之、聯而属之。聖人知民之情散而無紀、群而無序、無紀則乱、無序則争、使相与比合聯属以自為理。……「友」如以文会友。老冊在孔氏前、已有徒衆。孔氏之徒至三千人。子華使斉、冉子請粟、任之義也。……是三者、任之有司及有学行与其任之地、皆使自相聯属者也。謂之「得民」、蓋実分有其民、而使知所因依、以尽其力。[71]）

郭嵩燾は、『論語』顔淵の「君子以文会友」に依拠しつつ、「友」字を「文によって友を集めること」と解釈し、「任」字を、例えば孔子の弟子である子華〔公西赤〕と冉子〔冉求〕のような誠実な関係と解釈する。つまり、鄭玄や賈公彦が友を農民どうしのつながりと捉えているのに対し、郭嵩燾は友を文社、つまり文人たちによる集団として捉え、民がそこに集まってきて、最終的に全体の秩序につながるというビジョンを有しているのである[72]。

さらには、前節で検討した郭の議会観とこのアソシエーション観とを絡めて論じてみれば、官や紳によるアソシエーションも各種各様のものが存在しながら、それらが互いを攻撃しあうのではなく、むしろ模倣しあいながら互いを画一化していく。そしてそのような動向が最終的には国家どうしの画一化にまでいたるという認識である。

このような認識は、郭嵩燾が渡英以前から士大夫どうしの関係とそれが風俗を形成し他者に与える影響を深く思考し、また士大夫どうしの貶めあいという現状に強い不満を抱いていたからこそ生まれたものである。郭嵩燾がこうして生み出した西洋政治像は、以後自身の士大夫像の模索の根拠の一つとなっていったのである。

興味深いことに、郭は帰国後に禁煙公社という地元名士の小グループを結成し、風俗の改良を目指す。少なくとも史料で見る限り、郭嵩燾が渡英以前にこのような団体を形成した形跡は見られず、また「禁煙」という活動内容からしてもこのイギリスで観察したアソシエーションの影響があったものと思われるのである。

第四節　小　結

本章では、郭嵩燾と劉錫鴻のイギリス政治像の比較を試み、次のような特徴を明らかにした。郭嵩燾のイギリス政治像において一貫して重視されていたのは、イギリスにおける官や紳と呼ばれる人々の礼儀正しいあり方であり、そうしたあり方を民に知らしめる各種方法が整備されているということであった。郭嵩燾によれば議会も、議員たちの洗練された討論の仕方を民に見せることで教化をはかるための機関であった。さらには『タイムズ』紙をはじめとする各種新聞は、その伝達の優れた道具であった。

また郭嵩燾は、上から下への官や紳の教化のみならず、官どうし、紳どうしの良好な関係性に注目していた。議会で論戦を繰り広げながらも良好な関係を有している紳どうしのみならず、イギリスを中心に展開していた各種のアソシエーションは、郭嵩燾にとって官や紳の横のつながりを認識させるものであった。しかも、郭が感心しているのは、こうした多様な官や紳の集団が存在するにもかかわらず、それらが一つの価値に向かっているということであった。その秘訣として郭が考えていたのは、西洋では、自らと異なる者をも許容し自らの相手と見なすことで、かえって合意が生み出されるという仕組みであった。そしてこのような仕組みに彼が惹かれたのも、中国では逆に一元化を目指すことが無数の党争を生み出してきた歴史が存在したからであった。

一方、劉錫鴻は、全く異なる観点からイギリス政治を認識していた。劉が注目したのは、民の強さであった。紳も民の代表にほかならず、官は民の意思を行政の面で担う存在であった。劉は第三章で分析したように、イギリスを商賈の国であると認識していたが、イギリスを実見するにいたって、民が官と対等の力を有する国だと見なすようになった。彼がとりわけ注目したのは議会制度と地方自治制度であった。これらを劉は、郭嵩燾とは全く異なる観点から認識した。すなわち議会とは民の代表が国政に自らの意思——多くが地元の利害——を反映させるための機関であり、またイギリスの地方自治制度は古代中国においても実施されていた封建制のようなものであると認識していたのである。

かくして劉錫鴻が問題視したのは、中国が逆に、民が民として力を持てず、常に官にすり寄る形になってしまう弊害であった。国民が代表を選んで国政に参加するという発想は、むしろわれわれ現代人の発想に近いものがあろう。劉錫鴻の認識は、選挙法改正によって中流階級、労働者階級が次第に政治参加を果たしていく過程を捉えていたとも言うことができ、彼のイギリス認識の深さを示す事例であると言えるだろう。

しかしながら、われわれにとって一見士大夫中心主義に映る郭嵩燾のイギリス認識も、必ずしも偏ったものとは言えない側面があった。つまりイギリスにおけるジェントルマン階級の問題である。ジェントルマンとそれを慕い模倣しようとするノン・ジェントルマン層、議会におけるジェントルマン層の影響力といった諸点は、やはり一九世紀イギリスを彩るもう一つの特徴であった。

一九世紀は確かに選挙法改正の時代であったが、イギリス史研究がつとに指摘するように、選挙法改正をはじめとする一九世紀のイギリスの議会制度改革を単純に民主化や進歩とのみ捉えることはできない。中流階級、労働者階級が徐々に政界進出するも、少なくとも一九世紀半ばまでは議員や閣僚において旧来の地主貴族層が依然影響力をもっていたのである。(73) 当時のイギリスのアソシエーションにおいても、郭の言う「議紳」が関与していたことは間違いない。むろんアソシエーションは通常王権や政府からは独立した性質を持つものであり、一九世紀後半は、労働者階級によるアソシエーションが活発化した時期でもある。ただより正確に言えば、上流・中流階級による労働者アソシエーションへの援助啓発と、労働者の「自助」意識との複雑な交差が見られた時期であり、(74) 郭はこうした状況を自らの問題意識に引きつけて理解したのではないだろうか。

つまりここで言えるのは、劉錫鴻や郭嵩燾は、それぞれにイギリスの一側面を的確に捉えていたのであり、イギリス自体が当時多様な性質を持つ過渡期にあったのである。これは中国近代思想史研究者に対し、あらためて西洋とは何かという問題を再考させてくれるものであろう。

また、劉錫鴻の真の特徴は、従来言われてきたような、議会制度に対する認識の深さやその深さと儒家思想のつながりなどではなく、西洋と中国とは全く異なるのであって、付会できないと断言したことにある。これこそが劉の思想の最大の意義であると筆者は考える。これは郭嵩燾が終始、士大夫的なものをイギリスに見出そうとしていたことに対する有力な批判たりうるのである。劉のこのような批判は、次章においても郭嵩燾の思想を明らかにするための比較軸となりうるであろう。

では、イギリス等を実見した郭嵩燾と劉錫鴻が、そこでの発見を帰国後どのように生かしつつ士大夫像を模索したかを、次に見ていくことにしよう。

(1) 渡英前後の郭嵩燾の日記については、村田雄二郎編『新編　原典中国近代思想史　万国公法の時代』(岩波書店、二〇一〇年)に所収の岡本隆司による抄訳・訳注も参照。
(2) 茂木敏夫「近代中国のアジア観——光緒初期、洋務知識人の見た「南洋」」(『中国哲学研究』第二号、一九九〇年)は、郭のイギリス到着までの思想について詳しく言及している。
(3) 同右、一〇〇—一〇一頁を参照。
(4) 馬建忠もイギリスがインドに対し「在上者＝官」として善政を行っていると指摘していたことを、茂木敏夫が明らかにしている。同右、八—九頁。ただすでに述べたように、馬の強調点と郭のそれとは大きく異なる。
(5) 『郭嵩燾日記』第三巻、光緒二年十一月十二日、七九頁。
(6) 同右、光緒二年十一月七日(『使西紀程』にのみ記載されている記事)、一一七頁。
(7) 同右、光緒二年十一月八日(『使西紀程』にのみ記載されている記事)、一一八頁。
(8) 茂木敏夫「近代中国のアジア観」、一〇〇頁。
(9) 『英軺私記』、五七—五八頁。
(10) 同右、五七頁。
(11) 『郭嵩燾日記』第三巻、光緒三年十一月十八日、三七〇—三七三頁。この叙述に際し郭が参照していた書籍(ミュアーヘッド(W. Muirhead)の『大英国志』)を特定したものに、潘光哲「晩清中国「政党」的知識系譜——思想脈絡的考察(一八五六—一八九五)」(『中国文化研究所学報』第四八期、二〇〇八年)がある。
(12) 『郭嵩燾日記』第三巻、三七三頁。
(13) 同右、光緒二年十二月二十日、一〇二頁。
(14) 同右、光緒三年十月二十九日、三五六頁。
(15) 『英軺私記』、一〇九—一一一頁。
(16) 同右、一一〇頁。
(17) 同右、一一一頁。
(18) 『郭嵩燾日記』第三巻、光緒二年十二月二十日、一〇二頁。郭嵩燾は渡英以前から西洋における「朝廷」の重要性に着目しており、イギリス到着後もやはり、彼の関心はイギリスの「朝廷」に向かった。郭は、イギリス「朝廷」の構成を次のように捉えている。君主のもと、まず中国の六部と理藩院に相当する機関が存在する。「政府（Treasury）」「外部（Foreign Office）」「吏部（Home Office）」「戸部（Exchequer）」「礼部（Master of Ceremony Office）」「兵部（War Office）」「水師総理（Admiralty）」「工部（Board of Works）」「理藩院（Colonial Office）」「巡捕（Police）」である。あわせて中国にはない民選の地方管轄官たる「専管地方街道者（alderman）」、その「総管（mayor）」などが存在する。

(19) チェンバレンの行政については、坂井秀夫『近代イギリス政治外交史』Ⅰ（創文社、一九七四年）、一五三―一五六頁を参照。

(20) 『郭嵩燾日記』第三巻、光緒三年四月二日、二〇六―二〇七頁。

(21) 同右、光緒三年十月二十五日、三五二頁。

(22) 郭が親しくしていたイギリス外相のソールズベリ（Robert Arthur, 3rd Marquis of Salisbury）は、声楽や光学にも造詣が深かった。同右、光緒四年二月十九日、四五三頁。

(23) 同右、光緒四年三月五日、四七〇―四七一頁。

(24) 以上、官吏登用試験についての記述は、村岡健次『ヴィクトリア時代の政治と社会』（ミネルヴァ書房、一九八〇年）、一四三―一五〇頁を参照。

(25) 『英軺私記』、一五八―一五九頁。

(26) 岡本隆司・箱田恵子・青山治世『出使日記の時代――清末の中国と外交』、五九―六三頁。

(27) 劉錫鴻は、渡英以前から里老制に関心を持ち、また官と紳耆の癒着、あるいは官の紳耆への抑圧を強く問題視していた。『劉光禄（錫鴻）遺稿』巻二、「録辛未雑著二十二条寄答丁雨生中丞見詢」、十四―十五葉。

(28) 『皇朝経世文続篇』巻百三（葛士濬輯）、李鳳苞「巴黎答友人書」、七葉。

(29) 清末の議会観に関する詳細な概括として、薛化元・潘光哲「晩清的「議院論」――与伝統思惟相関為中心的討論（一八六一―一九〇〇）」（『中国史学』第七巻、一九九七年）を参照。

(30) こうした中国の社会構造を明晰に説明した近年の業績として、岡本隆司『中国「反日」の源流』（講談社選書メチエ、二〇一一年）を参照。

(31) 溝口雄三「光緒初期の議会論」（『中国――社会と文化』第一号、一九八六年）、九四―九五頁。

(32) 『皇朝経世文続篇』巻百三（葛士濬輯）、李鳳苞「巴黎答友人書」、七葉。

(33) 坂野正高『近代中国政治外交史——ヴァスコ・ダ・ガマから五四運動まで』(東京大学出版会、一九七三年)、六二一—六二三頁。

(34) 以後、このような民選の議員に終始こだわった知識人としては、鄭観応(一八四二—一九二二)があげられる。彼の「議院」論については、横山英「鄭観応の議院論」(『史学研究』第一二九号、一九七五年)、佐藤慎一「一八九〇年代の「民権」論——張之洞と何啓の「論争」を中心に」(金谷治編『中国における人間性の探求』創文社、一九八三年、所収)、同「鄭観応について——「万国公法」と「商戦」(三)」、川尻文彦「戊戌以前の変革論——鄭観応の「議院」論を手がかりに」(『中国文化論叢』第七号、一九九八年)を参照。一方で、議会を、通常発言権を持たない官が、積極的に政策決定過程に関わるための制度であると見なすものもあらわれる。このような議会観の持ち主として、湯震や陳虬があげられる。小野川秀美『清末政治思想研究』、五四—六七頁を参照。湯や陳の文章には、「発言の機会を増やすべきだ」とする主張が見られる。当時の政策決定は、個々の官僚が政策案を皇帝に上奏し、それを皇帝(とその補佐機関である軍機処)が裁可する形で行われていた。上奏の権限を与えられていた官僚は、中央官庁の上層部や総督・巡撫といった地方大官に限られ、その他大部分の官僚が自らの意見を政策決定に反映させることは大変難しかったのである。こうした官僚たちは、自らの意見が政策に反映されないことこそ、「上下不通」の原因だと考えたわけである。

(35) 『英軺私記』、九九—一〇〇頁。

(36) 同右、一六〇—一六一頁。

(37) 同右、一六一—一六二頁。

(38) 福州船政学堂を同治十一年(一八七一)四月に卒業し、一八七七年から一八七九年までイギリスに留学した経験を持つ厳復(一八五四—一九二一)も、イギリスが国債を増大させつつ、富を維持増大させているという認識を有していた。現状認識のみを見れば、劉の認識と厳復の認識とは極めて近いと言える。厳復のこのような認識は、彼が傾倒していた、アダム・スミスの公債に関する見解を踏まえたものであった。ただ、アダム・スミスの強調点は次の点にあった。すなわち、イギリスが公債を増やしつつも貯蓄や蓄積といった国民個々人の勤勉さにより財政的困難に陥らなかったことは称賛に値するが、それは同時に例外的な事実であって、過度の公債発行は最終的にイギリスに極度の負担を強いるものになる、ということである。以上、ベンジャミン・シュウォルツ(平野健一郎訳)『中国の近代化と知識人——厳復と西洋』(東京大学出版会、一九七八年)、一一五—一一八頁を参照。

(39)『郭嵩燾日記』第三巻、光緒二年十二月十四日、一〇〇頁。
(40)三石善吉『伝統中国の内発的発展』（研文出版、一九九四年）、第四章を参照。
(41)同右、二〇七頁。
(42)『郭嵩燾日記』第三巻、光緒三年十二月十四日、三八九頁。
(43)同右、光緒四年三月四日、四六九—四七〇頁。
(44)山田央子「一　明治前半期における政党の誕生（—一八九〇年）」（季武嘉也・武田知己編『日本政党史』吉川弘文館、二〇一一年、所収）を参照。
(45)王賓は、郭嵩燾が議会制度に対し、「議会制度は民によって選挙された代表者が論戦を通じて最善の政策、つまり民の好悪を集約できる政策を作り出すことを可能にしているものである」と認識したとし、しかもこうした認識が郭が当初抱いていた有徳の君主（皇帝）による政治制度改革の追求から士大夫官僚層による自己変革の追求へと関心を変化させたとして、この点を郭の渡英後最大の西洋認識の転換であるとする。王賓『近代中日両国における対外認識の比較研究』、一五七—一六四頁。これに対して筆者が指摘したいのは、第一に、郭嵩燾の目標は当初から理想の士大夫像の模索であったこと、第二に、郭嵩燾には民の代表としての議員という発想はほとんど存在しないこと、である。郭嵩燾が選挙制度にあまり関心を抱いていなかったことは、佐々木揚『清末中国における日本観と西洋観』、一二九頁も指摘するとおりである。つまり議員は官僚と同じく、民とは区別されるべき存在だったのであり、ここに郭嵩燾の議会観の特色がある。さらに郭嵩燾にとって、議会が意味していたものとは、以下本書で証明するように、為政者どうしの良好な関係構築のあり方であり、しかもそれを民に明示することで、風俗の改善に役立てているということだったのである。
(46)『郭嵩燾日記』第二巻、同治五年八月三日、三九八—三九九頁。
(47)同右、第一巻、咸豊十一年四月四日、四四七頁。
(48)同右、第三巻、光緒三年十二月十八日、三九三頁。
(49)同右、光緒三年二月三十日、一八一—一八二頁。
(50)曾永玲『郭嵩燾大伝』、二九二—二九七頁も参照。
(51)『郭嵩燾日記』第三巻、光緒三年十二月十八日、三九三頁。
(52)同右、光緒二年十二月十二日、九八—九九頁。

(53) 同右、光緒三年十一月十六日、三六八頁。

(54) イギリスのアソシエーションについては、大野誠『ジェントルマンと科学』（山川出版社、一九九八年）、川北稔編『結社のイギリス史――クラブから帝国まで』（山川出版社、二〇〇五年）、小関隆『近代都市とアソシエイション』（山川出版社、二〇〇八年）を参照。

(55) 『郭嵩燾日記』第三巻、光緒三年八月十四日、二九三頁。

(56) アヘン貿易反対協会については、新村容子『アヘン貿易論争――イギリスと中国』（汲古書院、二〇〇〇年）、同「*The Friend of China* より見るイギリスのアヘン貿易反対運動」（東洋文庫編『アジア学の宝庫、東洋文庫――東洋学の史料と研究』勉誠出版、二〇一五年）を参照。

(57) 『郭嵩燾日記』第三巻、光緒三年二月三日、一五九―一六〇頁。

(58) 『郭侍郎奏疏』巻十二、「請禁鴉片煙第一疏」、十三―十四葉。なお郭嵩燾が渡英当初からアヘン貿易反対協会との関係性を重視し、さらには禁煙に関する上奏をするにいたった背景の一つには、広州で禁煙活動を行っていた郷紳グループである勧誡社の働きかけがあった。唐徳俊らを筆頭とする勧誡社は、アヘン貿易反対協会が一八七五年に中国に対して発した禁煙を勧める声明に応答するとともに、一八七六年には、出使英国欽差大臣に任命された郭嵩燾に対し、禁煙推進を求める上申を行っていた（その上申は『勧誡社彙選』光緒二年刊、学習院大学図書館蔵に所収）。この上申の日付は光緒二年十月とあるから、一八七六年一一月から一二月にかけて書かれたものと思われる。この上申は確かに郭嵩燾の目に入っており、郭は「請禁鴉片煙第一疏」にて光緒三年正月にその上申が総理衙門から転送されてきて受け取った旨を報告している。また勧誡社の上申においては、アヘン問題との関連でイギリスの議会制度のあり方が紹介されているのも興味深い。このように郭嵩燾の禁煙活動は、勧誡社との関係で考察されるべきであろう。以上の点については、拙稿「『勧誡社彙選』について――アヘン貿易反対協会と勧誡社」（『言語・文化・社会』第一五号、二〇一七年）を参照。

(59) 『郭嵩燾日記』第三巻、光緒三年二月二十日、一七二―一七四頁。王立協会については、大野誠『ジェントルマンと科学』を参照。

(60) 『郭嵩燾日記』第三巻、光緒三年二月二十九日、一八〇―一八一頁。

(61) アシーニアムクラブについては、Humphry Ward, *History of the Athenaeum, 1824-1925: with Portrait and Illustrations*, London: Athenaeum Club, 1926 を参照。

(62)『郭嵩燾日記』第三巻、光緒三年五月二日、二二八—二二九頁。

(63)郭嵩燾はこの会を「万国公法会」と称する。この会と郭の関係については、Immanuel C. Y. Hsü, *China's Entrance into the Family of Nations: the Diplomatic Phase, 1858–1880*, Cambridge: Harvard University Press, 1960, pp. 206–207. 張建華「郭嵩燾与万国公法会」(『近代史研究』、二〇〇三年第一期)。この会自体については、Rolf Stödter, "International Law Association," in Rudolf Bernhardt, ed. *Encyclopedia of Public International Law*, Vol. 2, 1995 を参照。

(64)この会に対し、郭は光緒三年ベルギーで開催の会議と翌年のスウェーデンで開催の会議に、官員を派遣できるよう上奏している。『郭嵩燾奏稿』、「請派員赴万国刑罰監牢会片」。

(65)『郭嵩燾日記』第三巻、光緒四年四月三十日、五一八—五一九頁。

(66)同右、光緒三年四月二十七日、二二五頁。

(67)同右、光緒三年十一月十二日、三六六頁。

(68)同右、光緒四年七月十日、五九九頁。

(69)『周礼注疏』上(鄭玄注、賈公彦疏、彭林整理、上海古籍出版社、二〇一〇年)、五四頁。

(70)同右、五五頁。

(71)『養知書屋文集』巻一、「周官九両繫民説」、五—六葉。

(72)このような郭の発想に親和的な事実がイギリス史研究において提唱されている。イギリスにおいて「ジェントルマン／ノン・ジェントルマン」の関係は重要な問題である。当時、医師や土木技術士といったいわば専門職業家たちは、専門家であるがゆえに、「ノン・ジェントルマン」と見なされてきたが、当時政治的経済的力量をつけつつあった彼らは、職業倫理や生活態度といった面で、ジェントルマン的なあり方を目指そうとしたというのである。当時イギリス国内には専門職の資格付与団体が数多く生まれていた。この資格付与団体は、同業の士がまずクラブを結成して研究会活動を行うなどし、会員が増加するにつれ専門職としての権威確立を目指すようになり、会員資格、倫理規律を厳格にしていく。この団体は国王の特許状を得た後には、独自に資格付与を行うこととされていたように、王権に対し自立的な経営を行うことが許されていた。これは、換言すれば、こうした付与団体が独力で社会的地位を上昇させねばならないことを意味した。そして社会的地位を向上させるためには、必然的に、その目指す方向が当時の支配的な職業階層すなわち貴族やジェントリ、そして上級官吏といったジェントルマン層の職業倫理や生活態度に向かわざるを得なかったのである。このような専門職業家たちがジェントルマン層と同じ価値を目指してしかも従順に変化しようとするさまは、郭のアソシエーション観と極めて親和的であると言えよう。以下、プロフェッション資格付与団体の形成については、村岡健次『ヴィクトリア時代の政治と社会』、第三部第一章の特に二三三―二三七頁を参照。

(73) 村岡健次『ヴィクトリア時代の政治と社会』、Eric J. Evans, *Parliamentary reform in Britain, c. 1770–1918*, New York: Longman, 2000 などを参照。

(74) 小関隆『近代都市とアソシエイション』を参照。

第五章　イギリス政治像と士大夫批判

第一節　富民を統括すべき士――郭嵩燾

前章で筆者は、イギリス観察において郭が重視していたのが、社会諸階層を教導する官や議員たちのあり方であり、さらには彼らどうしの良好な関係性であったことを指摘した。そして次に示すように、そうしたイギリス政治像は郭の士大夫批判に結びつくこととなった。

ここではまず、光緒三年（一八七七）二月末に郭嵩燾が李鴻章に宛てて書いた書簡を取りあげたい。[1] この書簡は、光緒三年（一八七七）二月二十七日（四月一〇日）郭が、劉錫鴻および財政視察のためイギリスに来ていた井上馨と会談した後まもなく書いたもので、特に三人で日本および中国における「富強」実現のための方策を議論したことがその執筆の動機となっている。[2] そしてその内容は、イギリスの富強の様子や中国の採るべき富強政策、具体的には鉄路と電信の整備のほか、アヘンの禁止、江浙の開墾、カシュガルの分割、イリ地方におけるロシアとの国境画定、釐金の廃止などが提案されている。[3] この書簡は、郭がそのなかで鉄道電信の中国導入を積極的に主張していることから、従来も多くの先行研究が彼の洋務論として取りあげてきたものである。[4] しかし筆者にとって興味深く思われる点は、郭の鉄道電信導入の主張自体よりも、鉄道電信導入に際する士大夫と民の関係についての描写にある。まず、郭嵩燾の描く中国の士大夫の現状は次のとおりである。

私が思いますに、中国の人の考えには全く理解できないものがあります。西洋の害でひどいのは、アヘンにおよぶものはありません。イギリス紳士も人を害するものを中国との戦の道具にしたことを自ら恥じて、全力でそれを禁絶する方法を求めています。中国の士大夫は喜んでアヘンに溺れ、平然として悔いることがありません。数十年の国家の恥とはまさに、財力を使い果たして民に害を与えながら、誰一人として心にとがめるところがないことです。時計や玩具はどの家も所有し、毛織物や平織布の類は遠い片田舎にまで広まっています。江浙の風俗が国家の貨幣を顧みず洋銭だけを用い、そのうえその値をあげていることにいたっては、漠然としてその非を知る者はおりません。一度鉄路や電報を建造すると聞けば、心からにくんで、みなで一斉に立ち上がってこれを阻止し、洋人の機器を見ると公憤を覚える者さえいるという状況にいたっています。

（窃謂中国人心有万不可解者。西洋為害之烈、莫甚於鴉片煙。英国士紳亦自恥其以害人者為搆釁中国之具也、力謀所以禁絶之。中国士大夫甘心陥溺、恬不為悔。数十年国家之恥、耗竭財力、毒害生民、無一人引為疚心。鐘表玩具、家皆有之、呢絨洋布之属、遍及窮荒僻壌、江浙風俗、至於舍国家銭幣而専行使洋銭、且昂其価、漠然無知其非者。一聞修造鉄路、電報、痛心疾首、群起阻難、至有以見洋人機器為公憤者。[5]）

ここで士大夫は、アヘンを吸引し、奢侈品を好む者であり、民に害を与える無知な者として描かれている。また大変興味深いのは、前章にて分析した「英国士紳」たちの反アヘンのアソシエーションが取りあげられていることである。郭がイギリスのアソシエーションを、中国士大夫との対比において捉えるほどに真剣に認識していたことを示す事例として重要と言えよう。

では、郭にとって、士大夫たちは鉄道や電信という道具を用いてどのようなあり方をすべきなのだろうか。

中国の広さは万里を越え、文書の伝達は遠ければ数十日かかってようやく届きます。連絡は常に途切れておりますが、二つ〔鉄道と電信〕を用いれば、万里は庭のようなものです。にわかに水害干害そして盗賊が発生しても、朝に発して夕方には伝達されるので、奸民がひそかに蜂起して乱を起こす心配がなくなります。これが一つ目の利点です。中国の官民の勢は極めて隔絶し、さらに互いに朝廷の耳目を覆い隠して私利のために便宜をはかるので、民気はいつも鬱積して上達できません。この二つ〔鉄道と電信〕を用いれば、富民はみな自ら力を尽くして国家の費用を供することができるので、みな我先にといった熱い心を持つようになります。そして道路が通るところはまるで人身の血脈が自然に流れるかのように政治の良し悪しが隠れることがないため、貪吏が民気を抑圧して不法な利益を得ようとする心配がなくなります。これがもう一つの利点です。

（中国幅員逾万里、郵伝遠者数十日乃達、声気常苦隔絶、二者行万里猶庭戸也、驟有水旱盗賊、朝発夕聞、則無慮有姦民竊発称乱者、此一利也。中国官民之勢懸隔太甚、又益相与掩蔽朝廷耳目、以便其私、是以民気常鬱結不得上達。二者行、富民皆得自効以供国家之用、即群懐踊躍之心、而道路所経、如人身血脈自然流通、政治美悪無能自掩、則無慮有貪吏遏抑民気為姦利者、此又一利也。[6]）

もし鉄道と電信を用いれば、朝廷の地方に対する情報管理が行き届くので、奸民や貪吏を取り締まることができる。と同時に、それらの技術の導入に際し、主に資金や営業の面で「富民」に協力させることで、「富民」は自らの力を国家のために最大限に尽くすことになるということである。つまり、朝廷や官は、鉄道や電信を用いて国家の情報管理およびそれに基づく行政を担う存在として、一方民とりわけ富民は、鉄道や電信の営業を自らの仕事と考え、労力や経費を提供する存在としてあるのが最も望ましいのである。鉄道や電信が導入できるか否かは、中国においてこのような理想的な官民関係が築けるか否かという問題だったのである。

郭嵩燾はイギリスでの見聞をもとに、以上のような鉄道論を展開した。そして帰国すると、こうした意見をさらに強化していく。興味深いのは、光緒十六年（一八九〇）に、郭が、湖広総督張之洞の洋務政策を批判していることである。

私が論じる富強とは、秦漢以来の治国平天下の模範であり、数百年にわずか一回のことです。その要因は、政教が修明し風俗が純厚で、百姓の家は人が足り喜んで公へ赴き、それによって国家の強固な基盤が作られることにあり、そこではじめて富強を言うことができるのです。……今、富強を言うものは、それをひたすら国家のための方策と見なし、百姓とは何の関係もありません。西洋の富が民にあり、国家にあるのではないということを知らないのです。数百年来海路を開通し、島国の利を尽く取り、その基礎はすでに厚いものです。鉱務を治めることが日々ますます精巧となり、五金が採掘されて得る利益によって器具の整備が日々豊になり、さらに蒸気船車を製造して、数万里をはせて利を運転し、天下の利を利と見なします。だから富むことができるのです。中国の船車の利は、その域中を出ないうえ、百姓に禁じて鉄路建設をできなくし、わずかに求めた財力で、土台を築くことのできぬ砂地に無理やり鉄路を開通し、南北数府県の気を通じさせようというわけですが、いったいその利はどこにあるというのでしょう。

（窃論富強者、秦漢以来治平之盛軌、常数百年一見、其源由政教修明、風俗純厚、百姓家給人足、楽於趨公、以成国家磐固之基、而後富彊可言也。……今言富彊者、一視為国家本計、与百姓無与。抑不知西洋之富専在民、不在国家也。数百年来開通海道、尽諸島国之利括取之、其基已厚矣、而治礦務日益精、五金出産之利、整備器具日益豊、又刱為汽輪舟車、馳行数万里以利転運、覰天下之利以為利、故能富也。中国舟車之利不出其域中、而又禁百姓使不得有興造、用其錙銖捜取之財力、強開鉄路於塵沙数千里無可築基之地、以通南北数府県之気、未知其利果安在也。(7)）

郭嵩燾は、国家の富強における富民の重要性を指摘している。この富民という観念は、劉錫鴻にも見られたものであるが、郭嵩燾の言う富民とは、劉のように政治的発言力を持った存在ではなく、財力を有し鉄道建設等に意欲を見せる存在である。より一歩踏み込んで言えば、富民は鉄道建設等によって富を得ることを目指す存在にしかすぎないのである。

さらに重要なのは、民をそのように富ませる前提としての「政教修明」「風俗純厚」を担い、民を「公に向かわせる」為政者の存在が念頭に置かれていることなのである。

このように見てきたとき、われわれは郭が生涯一貫して有していた士商関係の構図をここにも見出すことができるであろう。さらにこの書簡においては、西洋がこのような士商関係の一つのモデルとして捉えられ、そのモデルに基づいて中国の洋務事業が痛烈に批判されているのである。

第二節　「界限劃然」たる官職と人心風俗との関係——劉錫鴻

以上のような郭嵩燾の中国士大夫批判に対し、劉錫鴻の中国士大夫批判はどのようなものであったか。彼が、イギリスにおいて見出したのは、民の意思を民（官と区別された民の代表）が実現する政治であり、官の介入を防ぐ役割を果たす民の「富」の存在であった。一方で、この「富」は人間の安逸化や浪費傾向を助長する危険性をはらんだものであった。イギリスがこの安逸化や浪費傾向の危険を最大限に防止できているのは、なによりもその膨大な歳入によると見なされていた。劉錫鴻は、このような認識を得たうえで中国士大夫を批判していくのである。

ここでは彼が帰国後の光緒七年（一八八一）に中国における鉄道建設反対を説いた有名な上奏文に、彼の中国士大夫への厳しいまなざしを読み込んでいこう。

劉錫鴻も、中国の官のあり方を批判している。例えば劉は、西洋では機関車の事故を防ぐため、一〇里毎に舎を設置し管理員を常駐させ、もし不祥事が起きれば、その管理員を罰し二度と役人として用いないことを紹介し、それを踏まえて次のように述べる。

西洋の法では、人がもし職責を全うしなければ、官紳が自ら見聞したことを根拠にその罪を罰することができ、自らの管轄ではないからという理由で関わりを避けることはありません。そのため耳目が多く、人は禁令を犯そうとしないのです。中国の場合、官はそれぞれが職を持ちその境界は劃然としているので、もしその人を管轄する責任がなければ、彼の非をせめることはできません。……道を管理するものが誤って事故を起こせば、必ずその身柄を地方官に引き渡し、連絡や照会を重ねたうえでないと罪に問えないため、これでは効果が上がるはずもありません。人は何を恐れてまじめに職務を全うするというのでしょうか。

（西洋之法、人苟失職、有拠官紳親見親聞者、皆可懲究其罪、不以非所属而遠嫌、故耳目多而人不敢犯令。若中国則官各有職、界限劃然、苟無管轄其人之責、即不能斥治其人之非。……修道者或貽誤覆車、必待送諸地方官、伝質紛紜、然後施之薄責而仍無補於其事、人何所畏而謹守職役。(8)）

劉錫鴻の中国の官への批判は、郭のそれと焦点が異なっている。というのも、官の徳性のなさに批判を加えた郭に対し、劉は官をして堕落せしめる「界限劃然」たる官職のあり方を批判しているからである。ここでは、中国の官のあり方が、西洋に比べて「界限劃然」であることが、士大夫の職責を尽くさないという弊害と結びつけられている。西洋では、「界限劃然」たる官職がないために、官も地方有力者もともに自らの見聞を発表できるとともに、責任感を持つのである。前述したとおり、劉は渡欧以前、中国と西洋の政治主体を取りあげ、中国の政治制度の特色を、「尊卑貴賤礼制殊厳」、「士農工商品流各別」に見出し、「殊」や「別」を強調していた。こうした中国の政治制度の特色が、鉄道導入に際しては障害となり士大夫の堕落を助長するのである。

では、官に自らの職責を尽くさせることを第一に考え、イギリスのように民の「富」を増やし民と官を対等なものとすることで、この「界限劃然」たる制度をなくすことはできないのであろうか。この点について、劉は次のような見解を持っていた。

劉の認識では、第一に民の「富」を中国で増大させることは現状として極めて困難である。西洋では民の「富」を増大させるのに威力を発揮する鉄道も、中国においては格段にその威力を発揮できない。なぜなら、中国はイギリスの何倍もの面積があるため、イギリスと同じ数の路線を全国に敷こうとすれば、その費用は数十億両となり、常識的に考えて調達不可である。[9]それにイギリスの鉄道は実は国外とのつながりによって他国の利を国内に引き入れているので富めるのであるが、中国では国内に路線が敷けたとしても国内の物資を移動させるだけで何の効果もなく、また鉄道を利用して、外国と交易しようとしても、中国の主要な輸出品たる絹や茶でさえ将来的に売り上げの増加が見込まれるわけではなく、したがって交易自体がつりあわないのである。[10]

仮にこのような現状のもとで、鉄道を中国に導入したとする。そうすれば多少は中国国内でも商品流通が起こるであろう。だが劉錫鴻によれば、そこで流通するものは、最低限の民生に必要のない西洋の貨物であった。

商賈がいたらないところには、欲望が生じることなどありません。粗末な食事や衣服、このほかには何も求めるものはないのです。今機関車を用いれば、貨物が流通し、手に取るものはみな便利なものなので、人々の心は必ずいっそう贅沢なものとなり財産は日々浪費されます。私はかつてトルコ国の駐ドイツ公使がこのように言っているのを聞いたことがあります。トルコの風俗は以前は中華を慕い見習って倹約を大事なものとしていました、しかし機関車を用いるようになると、西洋の貨物が内地に流入し、人々はそれが日用に適したものではないと知りながらも心惹かれ、貧しくなってしまいました、と。このように通商の弊害は、鉄路を得ることで、いっそう助長され禍となるでしょう。

（商賈所不到、嗜慾無自生、糲食粗衣、此外更無他求也。今行火車、則貨物流通、取携皆便、人心必増奢侈、財産日以虚糜。臣嘗聞土爾奇国使臣之駐徳者言、土国風俗向係慕効中華、以倹為宝。自火車既行、西洋各貨流入内地、人雖知其無当日用而心好之、遂以窮匱。是通商之弊、得鉄路而益助以為虐(11)。）

イギリスがその膨大な歳入によりかろうじて浪費傾向をカバーできていたことをあわせ考えると、膨大な歳入を得ることができない中国は、浪費傾向が強くなり、貧しくなるだけだろう。

劉の認識の特徴として、第二に、「界限劃然」たる中国の制度をなくすという可能性については一言も言及されていない点である。この特徴に関しては、極めて慎重に評価しなければならないが、渡英以前の認識で示されていたように、「界限劃然」たる制度の頂点には「政令は一尊に統べられ財富は一君に帰す」というように皇帝が存在していた。以下は劉自身がそう明言していないので筆者の推測の域に属するが、劉は、中国とイギリスとの最大の違いを、政治主体の違いと見なしていたから、官と民との対等性を特徴とするイギリスのあり方を中国が導入しようとすれば、政治主体の変革という最も困難な事態が予想される。劉は渡英以前のように「界限劃然」たる制度が崇めるべき中国の特色であるからという理由によってその廃止を主張しないのではなく、多少は弊害のある「界限劃然」たる制度を維持することと、それをなくすことの困難さとを秤にかけたうえで、その維持に踏みとどまったという可能性も考えることはできないであろうか。

では、ここで視点を変えてみよう。劉錫鴻は、民の富の増大が官と民との対等性を生むと考えていたが、これに対し、「界限劃然」たる制度を維持したまま民の富の増大を目指すことはできないのであろうか。この後者の考えは、郭嵩燾のそれに近いと言える。というのも、郭嵩燾は、少なくとも、「界限劃然」たる制度が官の堕落を招くとは一度も述べていない。そのうえ西洋と中国の商賈が活発な交易を行うことを希望していたからである。

これに対し、劉錫鴻は次のように答える。たとえ民が何とか「富」を得ることができても、中国に「界限劃然」たる制度が厳然と存在する以上、民は常に官になろうとするのである。それは過去の歴史を見てもそうであった。前章にあげた劉のイギリスにおける地方自治制度の観察であるが、劉はそこで同時に次のように述べていた。劉はイギリスの地方自治制度を三老制や里老制になぞらえたが、イギリスではそれが定着して現在でも機能する制度になっているのに対し、中国ではその制度が行われていない。劉錫鴻によればそれは、中国では官と地方有力者との間の関係を良好に維持するのが困難であったからである。例えば、明代には太祖が里老を復活させようとするも、今度は里老に選ばれた地方有力者自身が自らを有司と見なし、官と癒着してしまったという事実があげられるのである。⑫ 清朝でも問題はいっそう深刻であった。「界限劃然」たる制度が存在しながら、一方では捐納が盛んに行われていたからである。⑬ このように、富を得た民は必ずわれ先に「士」になることを目指そうとするのである。

民が「士」になることを目指すという現象自体は、郭嵩燾も強く批判したことであった。しかし、後述するように、郭嵩燾はこの現象の原因を、「士」を優位とした「士農工商」の分業体制の重要性を各社会層が理解しようとしないことに見ていた。したがって、「士農工商」が劃然と分かたれていることは分業に好都合であり、「農工商」は富を得ることでますます「農工商」の業に打ち込むことができるとされるであろう。前述した郭の鉄道運営に献身する「富民」という見方からそれは言える。一方、劉錫鴻にとっては、「士農工商」という枠組みがなくならない限り、「富」を得た民は必ず「士」を目指し、他の民の上に立とうとするのである。

以上のように見てくると、劉錫鴻の思考は、中国の「界限劃然」たる制度に問題がありとしながら、それを撤廃することもタブーであるというジレンマに陥っているように思われる。それでは結局のところ劉は、中国がいかにしてこの絶望的な状況を乗り切ればよいと考えたのであろうか。劉に残された方法は、「界限劃然」たる制度の構成員たる士大夫の「精神」の改善を説くことしかなかったのである。⑭ そして以上を踏まえて劉は次のように述べる。

西洋の政治は工芸を教え課し、孤貧を哀れみ助け、盗賊をつかまえ、刑罰を慎重に行い、軍令を厳しくし、官守を整え、民情を達するなど、わが中国の致治の方法と多く暗合するものがあるにもかかわらず、どうしてそれをことごとく斥けて論じないで、ただ機関車や鉄路だけを求めるのでしょうか。

（西洋之政、如教藝課工、矜孤済貧、禁匪捕盗、恤刑獄、厳軍令、飭官守、達民情等類、与我中国致治之道多有暗合者、何以悉屏置弗道、而惟火車鉄路是務哉。(15)）

現在の中国の急務は、多くの制約のなかで、イギリスで実現していた「養民の政」の水準に極力到達できるよう努力することだったのである。

第三節　風俗の改良と禁煙公社

以上のように、郭嵩燾と劉錫鴻の導き出した結論は、表面上は同じく中国における人心風俗の改良という点に落ち着いていく。しかし、われわれが最も注目すべきことは、その結論の導き出し方や根拠が、両者の間で全く異なっていたという点である。端的に言えば、郭嵩燾の場合は、中国における人心風俗の改良が、当時の中国において最も有効な方法であった。郭の言う人心風俗の改良とは、士大夫を優位とした各社会層の分業体制を実現させることであり、士大夫に各社会層の指揮者としての役割を自覚させることであった。

一方劉錫鴻の場合は、中国における人心風俗の改良は、中国においてそれしか採用しようのない方法であった。劉にとって中国に問題をもたらしているのは実は「界限劃然」たる中国の制度なのであるが、それを撤廃するという可能性については言及しなかったのである。したがって、時に問題を引き起こす可能性を承知しつつも、「界限劃然」たる制度は維持しそのなかで最善の方法、すなわち「界限劃然」たる制度の構成員たちの人格をよくすることしか選択できなかったのである。

さて、郭と劉は以上のような考え方を持っていたわけであるが、その後の両者の実践はいかなるものだったのであろうか。残念ながら、劉錫鴻のその後の事績については、現在の史料状況では復元ができないが、郭嵩燾の実践については十分に復元できるうえ、前述の郭の風俗観と実践とが密接に関係していることが見て取れる。

郭嵩燾は帰国後に、禁煙公社なる団体を結成する[16]。郭は光緒五年（一八七九）八月に親族や地元の名士たちと「禁煙公約」を設け、それぞれが設立資金を出し合うことなどを決定し、同年、活動を開始した[17]。そして光緒八年（一八八二）九月一日より公社は正式に活動を開始した。公社はその後長らく活動を続けた形跡がある[18]。参加者は王闓運や李元度ら地元の名士で、常時一〇名から二〇名が出席していた。公社での活動は主に、各人のアヘン撲滅や広く人心風俗に関する講演を行うというものである。また、地元におけるアヘン吸引の実態調査を実施している点なども注目される[19]。

以下で取りあげたいのは、この禁煙公社において郭嵩燾が行った二つの講演である。これらは、この公社の運営が郭嵩燾のこれまでの問題意識とどのように関わっていたかを如実に示すものなのである。

第一の講演は、士の社会的役割を歴史的に解説したものであり[20]、後に「論士」と題して文集に収録されている[21]。

郭にとって中国の最大の問題は、「士」の増加であるという。古の時代、大夫の子弟から庶民にいたるまでみな学校で学び、学において優れた者が士となったが、その士も、農業を行う者や工芸を行う者と同様、それぞれが自分の才能とするところによって自らを養った。つまり士農工商がそれぞれの業を持つことで世の中がうまく成り立っていたということである。そのうえ「士」と見なされる者たちは、丞相などの高位にありながらも「農工商」の卑しい仕事を辞さなかった。舜や伊尹が耕作の方面で優れた才能をもっていたことなどはその一例である。ところが、唐代において「文」を学ぶことを「士」と見なす風潮が現れ、宋代にいたって顕著となった。それにより人々はこぞって

「士」になろうと目指し、「士」の数が「農工商」の数よりも多くなってしまった。唐代以来、「士」は「閑民」にすぎず、自他を養う能力がない。そのような「士」の数だけが増えてしまっては、中国に害を残すことはなはだしいし、「士の実」も隠れてしまうだろう。

以上が郭の主張である。従来の研究では、この文章の主旨は、「士農工商」における「士」の優位の否定と、「農工商」の生産力への高い評価とされてきた(22)。しかし、前章で明らかにしてきた郭のイギリス観察を踏まえ、また本章第一節で取りあげた李鴻章宛書簡の内容も念頭に置けば、この文章の主旨は、別のところにあるように思われる。

ここで注目すべきは、以上の郭の主張が、第一に現在「閑民」にすぎなくなっている「士」に対して、第二に「農工商」に対して、それぞれ持っている意味である。

まず「士」に対して持つ意味であるが、この文章は、「士」に対する批判に力点があるかに見える。しかし、実はその力点はあくまで「士」の「増大」にある。また「士の実」は保たれなければならないのであって、郭の主張は「士」の存在それ自体を否定するものではないのである。郭嵩燾が理想とする「士」のあり方は、まさに「士」でありながらかつ「農工商」を重視した舜や伊尹のそれである。郭の言う「士の実」とは、官位にありながらも「農工商」の仕事に理解を示すことのできることを指しているようである。郭に批判されている「士」は、「文」にのみ自らの才能を見出そうとする「士」である。郭嵩燾にとって本来「士」とは、「農工商」を国家のためにうまく配置して役立てる指揮者のような存在であったのである。

次に郭の主張が「農工商」に対して持つ意味であるが、この文章では「閑民」としての「士」のみならず、進んで「士」になりたがる人々が強く批判されていることに注目せねばならない。「士」になりたがる人々とは誰なのか。それは結局のところ「農工商」の階層に属する人々なのである。したがって、郭はこの文章において、士大夫の現状を批判すると同時に、「農工商」に「農工商」の業に徹することを勧めているのである。これは、本書で分析してきた郭嵩燾の分業の重視であると言えよう。

以上のように、郭嵩燾の主張は、一見「士」を批判し「農工商」を高く評価しているように見えながら、「農工商」に「農工商」の業を行わせるとともに、それぞれの分野の成果をまとめあげる役割を「士」に与えていたのである。

郭が中国の人心風俗改良のために結成した禁煙公社で、以上のような意見を第一に述べたという事実からは、郭が、士大夫たちの良好な関係に基づく集団を作り、その集団をもとに、「士」を優位とした「士農工商」の分業体制の重要性を各社会層に理解させようとしていたことが知られる。逆に言えば、中国の人心風俗荒廃の主要因は、士大夫たちが良好な関係を築けないうえに、「士農工商」の分業体制の重要性を各社会層が理解しようとしないことに求められているように思われる。

第二の講演は、前章でも言及した「九両」を論じたものである。前述したとおり、郭嵩燾は西洋のアソシエーションを、「九両」の一つである「友以任得民」と見なしていたわけであるが、禁煙公社もこのような「九両」の一つとして認識されているのである。

この講演においては、前章で見たような「文社」としての「友」が説かれるとともに、「九両」の「両」の字に関してより詳しい説明がある。

両というのは、互いに対待をなすということで、此れに即して彼を知り、彼によって我の正否を確かめるということだ。

（両者、相為対待、即此以知彼、因彼以証我。(23)）

「友以任得民」という文人集団のあり方とは、このようなものであった。郭嵩燾によれば、これまでの中国にも文人の集団は存在したが、それは「奸民の雄」が会堂を名目に徒党を組んだものにすぎなかった。前述のような対待の関係を保持しているか否かが重要なのであった。このような対待のあり方の重視は、本書第Ⅲ部第八章にて検討する郭の『荘子』解釈にも表れるもので、極めて重要であると言える。

以上を見てくると、禁煙公社の二つの方向性が読み取れる。一つは、それが士大夫の集団として士大夫以外の階層に教化をおよぼすという志向を有していたことである、第二に、集団内における士大夫どうしの関係性に注意を払っていることである。そしてこれら二つの点を総合すると、前章で見たような、彼がイギリスのアソシエーションに対してとった見方がここにも表れており、禁煙公社こそ、その実践であったと言うことができるのである。

第四節　小　結

本章では、郭嵩燾のイギリス体験後の士大夫批判を、劉錫鴻との比較も行いながら跡づけてきた。郭嵩燾は、中国における人心風俗の改良が、当時の中国において最も有効な方法であると考え、積極的にこれを実践した。郭の言う人心風俗の改良とは、「士」を優位とした「士農工商」の分業体制の重要性を各社会層に理解させること、すなわち「農工商」に「農工商」の業に専念させるとともに、「士」に「農工商」の指揮者としての役割を自覚させることであった。またそのような「士」どうしが良好な関係を築くことが重要であった。

一方劉錫鴻は、「士農工商」がはっきりと分かたれ、「士」がそれを統率するという発想自体が、士のむやみな増加を生み、秩序を乱すのではないかと考えていた。しかしその考えを推し進めれば、中国の政治主体のあり方を完全に否定することになる。劉はここでジレンマに陥ってしまうのである。しかしながら、ジレンマに陥り劉自身が積極的に論じなかったとしても、以上のような彼の発想は、郭嵩燾の盲点を最も鋭く突くものであった。われわれは、こうした深刻な議論の可能性が当時存在していたことこそ評価しなければならない。

さて、以上のとおり、第Ⅰ部、第Ⅱ部において明らかにされたのは、郭嵩燾が地方官時代においても、また駐英公使時期においても、一貫して士大夫像の模索を行ってきたということである。

そこで模索された士大夫像の一つは、他の社会階層の一段うえに立ってそれらを統括すべき士大夫というものであり、もう一つの士大夫像は、士大夫どうしで良好な関係を築き、良き風俗を形成できる士大夫というものであった。そして郭嵩燾のこのような認識を可能にしたのは、釐金制度や外交交渉といった清末特有の制度や事象の存在、そして彼が西洋観察から構築した、為政者による民の教化および為政者どうしの良好な関係から成り立つ統治という西洋政治像だったのである。本書は、第Ⅰ部、第Ⅱ部での考察を通じ、郭嵩燾が地方官経験や西洋体験に基づきつつ、士大夫像の模索という彼自身の問題意識を深めていった過程を描き出したと言えよう。

さて、序章で述べたとおり、郭嵩燾の生涯においてもう一つ、士大夫像の模索が如実に表れている場面があった。それは彼の経学・諸子学においてである。次の第Ⅲ部では、郭嵩燾が生涯の研究を通じて書きあげた『大学章句質疑』『中庸章句質疑』『礼記質疑』『校訂朱子家礼』『荘子』注に注目し、それらからいかなる士大夫像の模索が浮かびあがるのかを検討していきたい。

(1)　『養知書屋文集』巻十一、「倫敦致李伯相」。

(2)　この三人での会談のエピソードは、溝口雄三『方法としての中国』、二八三―二八五頁が、劉錫鴻の視点から興味深く描いている。

(3)　釐金の廃止については、本書第Ⅰ部でも述べたように郭が従来重視したものであったので一言しておく。ここでその廃止が語られているのは、次のわけによる。第一に、釐金はあくまで戦時の徴税法であり、非常事態が解除された現在では、行うべき理由がないということ。第二に、西洋がマーガリー事件をきっかけに中国租界内の釐金免除を議論しており、もしそれが実現されれば中国商人の反感を買うことになるので、いっそのこと釐金自体を廃止すべきであるということ。そして以上の理由から釐金を廃止するとともに、各地の物産から税を徴収し、徴収した税をその地のために用いるという「土税」を提案している。『養知書屋文集』巻十一、「倫敦致李伯相」、九―十葉。
(4) 坂野正高『中国近代化と馬建忠』(東京大学出版会、一九八五年)、九一―九七頁。また劉錫鴻の鉄道論についても、同書の一二一―一二三頁に言及がある。
(5) 『養知書屋文集』巻十一、「倫敦致李伯相」、三葉。
(6) 同右、五―六葉。
(7) 『養知書屋文集』巻十三、「與友人論仿行西法」、三十九葉。
(8) 『劉光禄(錫鴻)遺稿』巻一、「倣造西洋火車無利多害摺」、五葉。
(9) 同右、三葉。
(10) 同右、六―七葉。
(11) 同右、十五葉。
(12) 『英軺私記』、一五七頁。
(13) 本書第三章第二節を参照。
(14) 『劉光禄(錫鴻)遺稿』巻一、「倣造西洋火車無利多害摺」、九葉。
(15) 同右、十八葉。
(16) 禁煙公社の専論としては、金培喆「郭嵩燾的対外意識和地域活動――以思賢講舎及禁煙公社為中心」(周維宏等主編『世紀之交的抉択』北京、世界知識出版社、二〇〇〇年、所収)などを参照。
(17) 『郭嵩燾日記』第三巻、光緒五年八月十三日、九二五頁、光緒五年九月一日、九三二頁。
(18) 同右、第四巻、光緒十二年九月一日、六五二―六五四頁。
(19) 同右、第三巻、光緒五年九月二十一日、九四一頁。
(20) 同右、第四巻、光緒八年九月一日、三一八―三二二頁。
(21) 『養知書屋文集』巻二、「論士」、一―二葉。また王興国『郭嵩燾評伝』、三七八頁も参照。
(22) 王興国『郭嵩燾評伝』、三六七―三八一頁。この文章については、つとに王曾才「中国駐英使館的建立」など少なくない研究が取りあげているが、往々にしてこの郭の見解を「士」自体の否定と解釈する場合が多い。筆者の見解については、拙稿「郭嵩燾・劉錫鴻の士大夫観とイギリス政治像」にて示したことがある。

(23)『郭嵩燾日記』第四巻、光緒九年二月十一日、三六四頁。

第Ⅲ部　士大夫像の模索と経学・諸子学

第六章　民を治める方法の模索
――『大学』『中庸』解釈

第一節　誠意と礼

光緒五年（一八七九）に帰国して以降、郭は、官界から離れ再び湖南の郷紳として生活を送った。この時期は通常、郭が失意のうちに隠居した時期として捉えられる。確かに、以前のごとく党争に巻き込まれることを嫌い、また肉体面でも衰えを感じていたという理由はあったと言えよう。ただ郭はこの時期、隠居というにはあまりに積極的な活動を湖南にて行っている。序章で述べたように、李鴻章など有力官僚とのパイプを保持して、官界の動向を終始チェックし、自らの洋務関係の上奏文を編集して『罪言存略』を作ったり、地元湖南に洋務を宣伝したりするなどした。また禁煙公社など一種のアソシエーション活動を行ったことは前述のとおりである。

さらに注目すべきは、郭が経学著作を大量に刊行していることである。生涯の早期から構想が練られていたり、すでに草稿が出来上がっていたりしたものが思賢講舎から刊行された。本章では、そうした彼の経学著作のうち、『大学章句質疑』『中庸章句質疑』を取りあげ、そこから彼の士大夫像の模索を読み取ってみたい。

これらの著作は光緒十六年（一八九〇）執筆の郭の序文をつけて湖南の思賢講舎から刊行されているが、その原稿の完成は、『中庸章句質疑』については同治年間後期にさかのぼり、また両書とも渡英直前に李鴻章へ託されていることが知られている。[1] いわば郭の思想において生涯貫かれたものがそこに記されていると考えることができよう。

郭嵩燾はこの二著において、南宋の朱熹の『大学』『中庸』解釈を批判しながら、自らの解釈を述べている。朱熹こそは、宋代の典型的な士大夫であり、士大夫の学問の大成者であると言うことができる。彼の提唱した士大夫の学問は、後に科挙に採用されることにより、士大夫たちの自己認識形成に絶大な影響を与えたのである。『大学』『中庸』は朱熹がまさに士大夫のための学問を説く経書として極めて重視していたものである。

このように見てくると、朱熹も宋代において自身の士大夫像を模索していたと言うことができるであろう。筆者が注目したいのは、朱熹と郭嵩燾の『大学』『中庸』の解釈の相違は、まさに両者の士大夫像の模索のあり方の違いに起因するのではないかということである。本章では、この点に注意しつつ、両者の見解を比較しながら郭嵩燾の士大夫像の模索を描き出したい。

さて、序章第二節でも述べたように、近年、郭嵩燾の経学著作を視野に入れた研究が現れるようになってきたが、[2] ここではこの『大学章句質疑』について先駆的に言及している王賓の研究を取りあげたい。[3] 王は、郭嵩燾の『大学』解釈の特徴として、第一に、あくまでも君主（皇帝）のための書物であって、士大夫一般の書物ではないとした点、第二に、君主が「誠意」によって「実功」を出すことが重要とし、その「実功」によって君主が主体性を持つとともに民から検証される立場にあるとされた点、第三に、絜矩の道によって民の好悪を推しはかり、天下の好悪を礼や制度の形にするという制度設計者のあり方が見出される点、をあげている。

これに対し筆者は次のような見解を持つ。まず、郭嵩燾にとっては、『大学』が君主の書か士大夫の書かは、さほど重要な問題であったようには思われない。郭が関心を持つのは、君主であれ士大夫であれ為政者がいかにあるべきかという問題なのである。これに関連して、郭嵩燾の『大学』解釈には王が指摘するような制度改革の志向は見られないという点もあげられる。郭嵩燾が礼を強調するのも、修己の成果をいかに人々に明示するか、その伝達のプロセスへの関心のためなのである。だとすれば、王賓が描くような個人修養・道徳重視の朱子学と制度改革重視の郭嵩燾思想という図式は、妥当ではないと思われる。

前述のとおり、筆者の考えでは、朱熹と郭嵩燾の相違は、両者の士大夫像の模索にある。特に、士大夫が民をいかに治めるべきなのか、またそうした治め方が可能になる前提とは何か、という点をめぐって見解を異にしていると思われるのである。朱熹が民を治める際の最も重要な前提としていたのは、君子と民に共有される理の発見であった。これに対し、郭嵩燾が重視したのは、士大夫が持つべき誠意と礼という実践だったのである。

以上の議論を踏まえ、本章では、『大学章句質疑』『中庸章句質疑』に現れる誠意、慎独、絜矩の観念に着目し、郭嵩燾が主張したこの誠意と礼を、朱熹の見解と比較しながら考察したい。ではまず、本節と次節において郭嵩燾の誠意に対する見解を分析していこう。

誠意（意を誠にする）は、『大学』の八条目の一つである。その誠意を内に含む、格物・致知・誠意・正心・修身・斉家・治国・平天下という段階を設定し、修己治人の学を大成したのが南宋の朱熹である。周知のとおり、『大学』はもと『礼記』の一篇であり、それが北宋以後、独立した書として重宝されるようになった。重要なのは、『大学』の本文にはテキストの成り立ちをめぐる論争があるということである。(4) その最たるものは次の朱熹と王陽明の相違であろう。

朱熹は、『礼記』大学篇のテキストの順序を大きく改変するとともに、「格物補伝」という自作の伝を補った（『大学章句』）。一方で、明の王陽明は、もとの『礼記』大学篇に依拠して自説を展開した。いわゆる『古本大学』である。

以上のようなテキストの違いによって現れる最大の問題の一つは、誠意の扱いが全く変わってくることである。『礼記』大学篇や王陽明『古本大学』を見れば一目瞭然のように、本来の経文で圧倒的に重点が置かれているのは誠意である。朱熹は、人には善なる性が天から賦与されているという本性論（性即理）を主張し、「物に格《いた》る」ことで自己を含むあらゆる人や物に付与された理を見出すという格物致知を重視した。だが本来の経文にはこの格物致知の説明がほとんど存在しない。朱熹が「格物補伝」を著さなければならなかった所以である。

以上の問題に対し、郭嵩燾は『礼記』大学篇の経文を採用した。そしてその経文に基づいて、誠意の重要性を大いに主張したのである。それでは、同じく誠意の重要性を主張した王陽明の説とどのように異なるのだろうか。

郭嵩燾は経文の「致知在格物」から始まる一節が「此謂知本、此謂知之至」という文言で終わっていることと、「所謂誠其意者」から始まる文言が同じく「此謂知本」で終わっていることから、致知と誠意とが同じ知本（＝知止於至善）という目標に向かうための工夫であるとし、致知を知、誠意を行に分類して両者を区別したうえでともに重視すべきことを説いたのである。(5) 郭嵩燾は王陽明が知と行とを混合してしまったことを批判する。(6)

さらに明確な違いは、『大学』の三綱領の一つ「親民」の解釈である。王陽明はこれを文字どおり「民を親しむ」と解したわけだが、郭嵩燾は朱熹の「民を新たにす」の説を採っている。では郭嵩燾は、「自ら修めるの首」（朱熹）とされてきた誠意と、新民（治人）とをいかに結びつけていたのであろうか。以下ではまず、その考察の前提として、郭嵩燾が誠意を実現するための方法として重視していた慎独について見てみよう。

慎独というのは、『大学』や『中庸』に見える語で、朱子学における最も重要な工夫の一つである。前述した誠意とは、朱熹によれば「自ら欺かないこと」である。すなわち、自ら善をなし悪をなすべからずと知っていながら実現できないという、自己欺瞞をしないようにすることである。(7) そのための方法が慎独であった。島田虔次の定義によれば、「独」というのは、他人は知らないで自分だけが知っているという境地のことで、道徳意識は、他者を予想する境地、すなわち功利性においてではなく、独という境地において磨かれなければならないというものだ。(8)

しかしながら、すでに指摘があるように、朱熹が格物致知を重視しすぎたために、『大学章句』では誠意自体の重要性が見えづらくなっていたうえ、治人に関してはあまり力点が置かれていない。[9] そのため、慎独が外といかなる関係にあるのか、いかにして治人につながっていくのかが、そもそも明瞭ではなかった。

それでは、郭嵩燾の慎独解釈はいかなるものであったか。『大学』の慎独自体に対する郭嵩燾の解釈は、朱熹のそれと表面的には類似している。

独における一念の動きが自ら明らかに見て取れること、まるで多くの人の目がとりかこんで見ているかのようだ。独における一私の発生がはっきり指摘できること、まるで多くの人の手がとりかこんで指さしているかのようだ。

（独中一念之動自視昭然、便若十目之環集而視、独中一私之起自指了然、便若十手之環集而指。[10]）

さらに郭は朱熹以上に慎独重視を徹底しているかのような観がある。それは郭の『中庸』に対する見方にも表れている。『中庸』は朱熹にとって理という観点から人や世界のあり方を説明した書であったが、郭にとっては慎独を中心に据えた実践の書にほかならなかったのである。[11]

『中庸』には、君子自身が第一に行う修養として慎独と戒慎恐懼が登場する。朱熹は、慎独を、自分だけが知っている状況（独）において人欲の萌芽を防止することとし、また戒慎恐懼は、目に見えず耳に聞こえない道（天理）から一瞬たりとも離れないように自戒謹慎することとしている。[12] いずれも天理を存し人欲を去るための「方法」として捉えているわけである。

一方、郭は、慎独と戒慎恐懼をともに慎独とし、慎独こそが道であるという主張を行っているのである。

案ずるに、「道の離るべからず」とは、慎独の意味である。……道というものは、身をもって体現することでしっかりと保つことができる。ひとたび身から離れるや道であることはできない。戒慎恐懼とは道を体現するための工夫である。戒慎恐懼の一念が離れないということこそが、道が離れないということなのである。道を一物とし、戒慎恐懼をさらに一物として、戒慎恐懼のほかに所謂道なるものを求めると言っているのではない。

（案「道不可離」、即慎独之謂也。……道也者、以身体之而固存焉。一与身離而遂不可以為道。戒慎恐懼所以体道之功也。戒慎恐懼一念之不離、即道不離。非謂道為一物、戒慎恐懼又為一物、於戒慎恐懼之外、別求所謂道也。）(13)

以上、郭において、朱熹以上に徹底して慎独を追求しようとする模索が見られることを示した。前述のとおり、朱熹の『大学章句』では、慎独が外といかなる関係にあり、いかにして治人につながっていくのかが明瞭ではなかったわけだが、では郭嵩燾は、独という場における誠意がどのように新民（治人）につながっていくと考えていたのだろうか。

第二節　誠中形外と好悪

実は次に示すように、郭嵩燾の慎独は、治人や外を強く意識したものであった。

まず、前述の自欺についての解釈が特徴的である。郭嵩燾は、王夫之の説に依拠しながら「欺」を「あざむく」ではなく「陵奪する」と読む。つまり朱熹のように、自分で自分を欺くと解釈するのではなく、自分のなかにある善が微弱であるために外から入ってきた不善に位置を奪われることだと解する。したがって意を誠にするとは、常に外部から位置を奪われないようにすることだとするのである(14)。朱熹にとっては自己欺瞞を知っているのは自分のみであるから、自分しかわからないところで慎むという方向に慎独論を展開するわけだが(15)、郭嵩燾は外から来る不善に対し自分の善を確保するという方向に慎独論を展開するのである。ここには、内と外とがつながっているという厳しい認識がある。

次に、慎独の成果は必ず外に表れるということがあげられる。朱熹は前述のとおり、誠意や慎独を、自らを修める営為と見なすわけであるが、郭嵩燾が強調するのは、『大学』本文の「中に誠なれば、外に形わる」というように、誠意がなされているか否かが、ありありと外に表れることである。

案ずるに、「悪臭を悪むごとく」、「美しい色を好むごとく」、その心は自ずから満ち足りており、外に表す必要はない。このように君子の「己を成し物を成す」の学は、内外が一致し、表裏が一貫しており、少しでもそこに驕慢な心やわざとらしさが存在すれば内では心において不足し、外では自らを人に覆い隠すことができないのである。

（案「如悪悪臭」、「如好好色」、此心自然快足、不待表著於外、然君子成己成物之学、内外一致、表裏通徹、稍有矜心作意於其間、則内有不足於心、即外有不能自揜於人。[16]）

また、『大学』本文の「詩に云う。彼の淇澳を瞻れば、菉竹猗猗たり。斐たる君子有り。切るが如く、磋くが如く、琢つが如く磨ぐが如し。瑟たり僩たり。赫たり喧たり。斐たる君子有り。終に諠る可からずと。切るが如く磋くが如しとは、学を道うなり。琢つが如し磨ぐが如しとは、自ら修むるなり。瑟たり僩たりとは、恂慄なり。赫たり喧たりとは、威儀なり。有斐たる君子有り、終に諠る可からずとは、盛徳至善、民の忘る能わざるを道うなり」を、朱熹は次のように解釈する。すなわち、君子は「明徳を明らかにすること至善に止まっている」ため、民の記憶に永遠にとどめられる、ということである。[17]

これに対し郭嵩燾は次のような解釈を行う。

この箇所は再度、誠中形外の義を押し広げ、そのはじめの工夫が内では己に極まりその後に人におよぶこと、盛徳至善の発揚普及にほかならないことを示したのである。誠が積み重なると覆うことはできないのである。

（此復申引誠中形外之義、以見其始之功内尽於己而其後之推及於人、莫非盛徳至善之揚詡。惟其誠之積者不可揜也。[18]）

それでは、外に表れ出るものは具体的に何を指しているのであろうか。郭によればそれは表情や動作という目に見えるものである。前述の経文で言えば、「恂慄」や「威儀」がそれにあたる。[19] このように外に表れ出たものに民はしたがってくるのである。

そして次の朱熹、郭嵩燾の解釈の相違も重要である。『大学』の本文「子曰く「訟を聴くは吾猶お人のごときなり。必ずや訟無からしめんか」と。情無き者はその辞を尽くすを得ず。大いに民志を畏れしむ」に対し、朱熹はこれを「本末を釈した」ものと見なす。[20] つまり明徳を明らかにするという本があってこそ、民を畏服させ、訴訟さえなくすことが可能だとして、その本たる明明徳の重要性に目を向けるのである。

一方郭嵩燾は、この本文が『礼記』大学篇のテキストの配列では誠意を説明した箇所に存在することを生かして、次のように解釈する。

明徳の至れる者が民を新にすることができるのは、いずれもその誠を覆うことができないからである。(言明徳之至者、自足以新民、皆其誠之不可揜者也。[21])

民を新たにすることの実践は、裁判がないということに極まる。天下をしてみな善をなすことの楽しさを与え、悪をなすことを憚らせれば、ほぼ裁判がない状況にいたるだろう。それは上下が交わる際に相互に誠を用いているということだ。だから新民とは一誠が感通することなのである。(新民之功、至無訟而極矣。使天下皆有為善之楽、而憚於為悪、以幾至於無訟、則是上下之交相与以誠、故新民者一誠之感通者也。[22])

つまり、本文で孔子が述べたような理想社会が、誠中形外の結果として現れるというプロセスが重要なのである。

さらにこうした誠中形外による君子と民との関係について、郭は次のようにも述べている。『大学』本文の「所蔵乎身不恕、而能喩諸人者、未之有也」について、朱熹は、恕の徳（自分に善を有してはじめて人に善を求め、自分から悪をなくしてはじめて人の悪を責めるようなあり方）を内に蔵していない人は、人に善を有し悪を責めるべきことをさとすことはできないと解釈し、自分を推しはかって他人におよぼすという恕の徳に注目している。これに対し、郭嵩燾は次のような問いかけを行う。

〔『大学』にいう〕「身に蔵する所、恕ならず」について、その身に蔵するものは、もちろん隠れていて見えがたく、推しはかるもとがない。ところが恕ならずということについて、民はたしかにそれが恕ではないことをはかり知っている。どのようにして知るのか。〔為政者が〕好むことから知るのである。尭舜が天下を仁によって率いたのは、〔尭舜が〕本当にそれを好んでいた〔そのため民は尭舜にしたがったのである〕。それゆえ好悪がその心に生じることは、天下国家の本である。

（曰「所蔵乎身不恕」者、是其蔵之身者、固隠而難見也、而無本以為之推。則所謂不恕者、民固度知其不然也。於何知之。於所好知之。尭舜帥天下以仁、誠好之也。故好悪之生於其心、天下国家之本也。(23)）

そもそも民は、君子が恕の徳を持つことをどのようにして知るのかというのである。それは君子が恕を真に好むからである。次節でも詳しく論じるように、郭嵩燾は君子と民の唯一の接点として「好悪」を重視する。君子が心から好む様子は、民にありありと感じとれるものなのである。

以上に見てきたように、誠意するためには、人のためにする利己性を排した独において慎まなければならない。しかしながらそうした内面の修養は、自ずと目に見える形となって民の前に表れ、民にも感得されるようになるというのである。

このように見てくると、誠意というのは士大夫の内面と外部との接点にあたる実践であり、また好きか嫌いかという民にも理解可能な価値観によって自己の徳を民におよぼす有効な手段となるのである。

ここで朱熹の解釈を見てみると、朱熹が誠意以上に重視したのは、格物致知であり、それにより士大夫と民との間に共有される理を発見することであった。次節でも論じるように、朱熹の特色は、民にも士大夫と共通の理が内包されているからこそ、士大夫の教化の意味を理解し、自らそれを実践する可能性を有しているのである。

こうした朱熹の解釈と比較して見えてくる郭嵩燾の特徴は、民にも共有される理や、民が士大夫の教化を自主的に理解実践する可能性という発想をとっていないということである。郭にとって民は好きか嫌いかという最も原初的な価値判断しか下せない存在である。したがって、この好悪という点をいかに有効に民の統治にいかしていくかが、郭嵩燾の課題となる。誠意は、自分自身が倫理的善悪をいつわりなく好みにくむという好悪に関わる自己修養である。郭嵩燾はこのような観点から誠意を重視したのであった。

以上のような士大夫のあり方を目指す郭嵩燾は、誠意に加え、礼の重要性を主張する。ここでも朱熹と異なる民の治め方が主張されている。その点を次節にて見ていこう。

第三節　絜矩の道の解釈

郭嵩燾の民認識と朱熹のそれとの違いが最もよく表れているのは、君子が「天下を平らかにする」ために用いる「絜矩の道」という方法の解釈である。『大学』には、絜矩の道という観念について次のような経文がある。

所謂る天下を平らかにするは其の国を治めるに在りとは、上　老を老として民孝に興る。上　長を長として民弟に興る。上　孤を恤みて民倍かず。是を以て君子は絜矩の道有り。上に悪む所は、以て下を使う毋れ。下に悪む所は、以て上に事うること毋れ。前に悪む所は、以て後に先んずること毋れ。後に悪む所は、以て前に従うこと毋れ。右に悪む所は、以て左に交わること毋れ。左に悪む所は、以て右に交わること毋れ。此を之れ絜矩の道と謂う。詩に云う「楽只しき君子は、民の父母」と。民の好む所を好み、民の悪む所を悪む、此れを之れ民の父母と謂う。（『大学』）

まず、この経文に対する朱熹の解釈を見てみよう。

絜は、はかること、矩は方形を描くための道具である。この節の意味は、この三つ〔老老・長長・恤孤〕について、上の者が行うのを下の者が見習うさまは、影や反響よりも速いのであり、これが家が斉って国が治まるということである。人心が同じであることや、それを獲られない卑しい者を一人も存在させてはならないということがわかる。それゆえ君子は人心が同じだということに依拠して、自らを推して他人をはかり、彼我にそれぞれ分に応じた願望をとげさせなければならない。そうすれば上下四方は均斉に正方形となり、天下が平らかになるのである。

（絜、度也。矩、所以為方也。言此三者、上行下効、捷於影響、所謂家斉而国治也。亦可以見人心之所同、而不可使有一夫之不獲矣。是以君子必当因其所同、推以度物、使彼我之間各得分願、則上下四旁均斉方正、而天下平矣。㉔）

「絜矩」とは、「絜」が「はかる」、「矩」が「定規」の意味を持つものである。そこから朱熹は、絜矩の道を次のようなものと見なす。すなわち、自己の心を定規のごとく根拠として他者に接する――例えば自身がにくむことを他人にしないことなのである。

注目すべきは、君子が他者にそのような接し方をすると、民も自然とそれを模倣するとされていることである。ここには朱熹特有の民への認識が表れている。それは、君子のあり方を模倣できる民というものである。そしてこうした民への認識には、君子と民とが共通の理を有しているという前提が存在している。前述のとおり、朱熹は格物を重んじ、「格物補伝」を著してまでこの理の追究を重視した。民もこうした理を持つからこそ、君子のあり方を自然に見習うことができるわけである。

では、郭嵩燾は『大学』のこの経文についてどのような解釈をしたのであろうか。郭嵩燾は次のように述べている。絜矩もまた恕から出てくるものだが、恕は己を推しはかって他人におよぶことである。天下を平らかにし、それぞれ〔の君子〕が国に君臨し、民を子供のように見なすようになると、すべてを己から推しはかることはできない。人情の好悪をはかり、人を推しはかって己におよぼすことが必要となる。

（絜矩亦従恕上推出。然恕祇是推己及人。至於平天下、各君其国、各子其民、不能尽由己推去、直須度量人情之好悪、準人而推之己。(25)）

ここで注目すべきは、郭嵩燾が、朱熹の言うような「己を推しはかって他人におよぶこと」と絜矩とを明確に区別していることである。国を治め天下を平らかにする段階にいたると、必ずしも君子自身が直接に接することのできない他者と他者との関係が生じてくる。その際は、自身と他者との直接の関わりを前提とするのとは異なる秩序構築の方法が必要であり、その方法こそが絜矩であると言うのである。

以下、郭嵩燾の絜矩の道に関する説明を引用してみよう。

天下を平らかにするとはほかでもなく、人の好悪を平らかにする以外の意味はない。その好むことを平らかにしてはじめて私情にとらわれ偏愛することなどなくなるし、そのにくむことを平らかにしてはじめて悪をなすことはなくなるのである。絜矩とは、身に矩を持つことである。天下の好悪すべてを矩ではかり、処置し補佐すべきことを自ら行うのである。自身の家の老人を敬い、年長者を尊び、幼くして父がいない者をいたわるというのは、身の矩である。

（平天下無他、平人之好悪而無餘義矣。平其好而後無有作好、平其悪而後無有作悪。絜矩者、矩操於身、尽天下之好悪以絜矩之、而自行其裁成輔相之宜。老老長長恤孤身之矩也。(26)）

絜矩の道とは此をもって彼をはかり、それぞれその分を得させるのであり、恕の字のようにこの一心を推してこの人をはかるだけではないのである。人の付き合いは上下前後左右の六つにより尽くすことができ、上下を互いに安定させ、前後を互いに準拠させ、左右を互いに交わらせて、天下の人をすべて矩のなかにまとめるには、紀綱法度をもってこのきまりを明示し、人にそれを越えてしまわないようにさせることが必要である。そもそも上下前後左右がそれぞれにぴったりとしているというのは、礼にほかならないのである。……上下前後左右というのは、すべての人が互いに付き合う方法として有しているものである。聖人が規矩法度によって天下を整える際も、その方法によるのである。

（案絜矩之道、須是以此度彼、使各得其分、非但如恕字之推此一心以度之人而已。人之相処、上下前後左右六者足以尽之、而上下使之相安、前後使之相準、左右使之相交。尽天下之人、範囲於矩之中、自須有紀綱法度明示之則、使人不能踰。故夫上下前後左右之各適其宜、無他、礼而已矣。……上下前後左右、尽人有箇相処之法。聖人之以規矩法度整斉天下、亦即出乎其間。[27]）

朱熹が君子の行いを自発的に模倣する民のあり方を強調していたのに対し、郭嵩燾は、君子が絜矩によって民へ積極的に働きかけるという側面を強調しているのである。ここで注目すべきは、郭嵩燾が君子の民への働きかけの方法である絜矩を礼と解釈していることである。

なぜ郭はここで君子による民の統治法として礼を持ち出してきたのであろうか。それは、前節で分析した誠意への見方とも関係している。まず礼は、人々の目に見える形で人と人との関係を明示できるからである。目に見えることで民にも感得されやすくなるというものである。

さらに重要なのは、礼が好悪と関わるものだからである。「好むこと、悪むことというのは、矩の起点である」（曰所好曰所悪、即矩之所由出也[28]）。君子は、礼という手段によって、君子と民との唯一の接点である好悪という感情に働きかけることで、最終的に天下の好悪が一つとなるような秩序を目指すべきであるとするのである。

筆者の見るところ、郭嵩燾のこうした絜矩の道の解釈には、次のような重要な前提が存在していると思われる。第一に、前節でも述べたように、君子と民との接点は、目で見えるか否かや好悪という点のみであるという前提である。朱熹が前提としたのは君子と民とが共通して有する理であり、それが民の自発性という発想に結びついたのであるが、郭嵩燾によれば民は見えるか否か、好むかにくむかというレベルでしか君子にかかわらず、民が自発的に君子の行いを模倣するという可能性については一切触れられていないのである。

第二に、民が好むべきもの、にくむべきものが最初から為政者の側で決められていることである。すなわち「自身の家の老人を敬い、年長者を尊び、幼くして父がいない者をいたわる」をはじめとする儒教的価値に適うものを好むべきで、それに適わないものをにくむべきだというのである。そして君子による民への積極的な働きかけにより、天下全体が一つの好悪になることが目標として掲げられるのである。

以上のような諸点は、換言すると、郭嵩燾の次のような秩序認識を示すものであると言える。すなわち、民は現実には自発的に君子を見習うようなものではなく、また民の好悪もバラバラであるというものである。

こうした秩序認識を示す発言として以下のようなものがある。郭嵩燾は前引の『大学』の経文の「民の好む所を好み、民の悪む所を悪む、此れを之れ民の父母と謂う」という箇所に次のような注釈をつけている。郭の見るところ、民が必ず好むことの一つに、聖人の「立人達人」(自分が立ちたければ人に立たせ、自分が到達したければ人を到達させてやる)という政治があげられる。聖人は、土地を開墾し老人を養い賢人を敬った諸侯にほうびをあたえ、その逆の諸侯をとがめたが、こうした聖人の行いは、すべての民がそうであることを好み、そうでないことをにくむところの「立人達人」という基準にしたがったものである。郭はそう解釈したうえで次のように述べている。

好むこと、悪むことというのは、矩の起点である。聖人はそのため天下の志を貫き、物をはかり均等に施すのである。どうしてただひたすらに民の好むところや悪むところを求め、物を追いそれにしたがうことなどあろうか。

（曰所好曰所悪、即矩之所由出也。聖人以通天下之志、而称物平施。豈区区求民之所好、求民之所悪、逐物以徇之哉。[29]）

注目すべきは、すべての民が好みにくむべきことと、単に民が好みにくむこととが厳格に区別されていることである。君子がくみするべきは前者であって、決して後者ではないのである。このような見方の背景には、それぞれの好悪を有する民が存在し、そこに秩序をもたらすためには君子が礼をもって積極的に介入しなければならないという認識が存在するのである。この点も、朱熹が同じ箇所について「絜矩して民の心を自分の心とすることができるというのは、民を子供のように愛し、民も君子を愛すること父母のようであること[30]」としか述べていないのとは大きく異なるのである。郭嵩燾の解釈には、民を実際治めていくことの困難さという非常にリアリスティックな見方がかいま見られ、また朱熹の時代と郭嵩燾の時代とでは、民の捉えられ方が、そしてなによりそれに関連する為政者像が大きく変化していることがうかがわれる。

では、郭嵩燾のこうした認識はどのようにして生まれたのであろうか。その要因の一つとして注目したいのは、郭嵩燾が生涯私淑していた明末清初の思想家・王夫之の影響である。

王夫之は『読四書大全説』において、国や天下というものが家よりも遠く雑多であることを指摘し、自ずとそこには家を治めるのとは異なる方法が必要となることを強調している。その方法とは「大公之矩」が具体化された「規矩制度」である[31]。また、単なる私欲としての民の好悪にしたがうことを説くのではなく、公の好悪をもって民に平等に対応すべきことを説いている。

ゆえに民の好悪は結局このように不ぞろいで、甲に利があれば乙に害があるのであり、どのようにすればその好悪を用いて父母のようにできるのであろうか。ただこの絜矩の道だけを頼りにして、その好悪を整え均等にあてはめれば、天下の理は得られ、君子の心もまた落ち着かないことがないのである。

（故民之好悪、直㥽参差、利於甲者病於乙、如何能用其好悪而如父母。唯恃此絜矩之道、以整斉其好悪而平施之、則天下之理得、而君子之心亦無不安矣。）(32)

そして以上の観点から王夫之は、朱熹が民の自発性を前提に君子の恕を説くことを批判するのであった(33)。王夫之の思想が郭嵩燾に与えた影響については多くの論者が指摘するが、筆者の考えでは、このような民への認識、そしてその民を治める為政者への認識の類似が最も重要なものの一つであると言える。

このような郭嵩燾の絜矩の道解釈から読み取れる為政者像とは、個々の事物がそれぞれに好悪を持ち自己主張する現状のなかで、為政者が礼を用いて天下の好悪を一つのものにしていくというものである。こうしたリアリスティックな秩序認識と礼という方法こそ、士大夫が持つべき資質であったのである。

第四節　小　結

本章では郭嵩燾の『大学』『中庸』解釈から彼の士大夫像の模索を読み取ろうとしてきた。郭嵩燾は朱熹を批判しながら自身の解釈を打ち出したが、両者の解釈の相違は、為政者が民をどのように統治すべきかという点をめぐるものであった。朱熹が、為政者と民との間に共有される理を見出し、民自身にも自発性や発展性を認めたのに対し、郭嵩燾は民とは断絶している為政者がどのように民に有効な統治をおよぼせるかという観点から『大学』『中庸』を解釈していったのである。

そのような郭嵩燾にとって、最も有効な民の統治術は、誠意や礼によって為政者と民との唯一の接点である好悪という感情に働きかけ、天下を一つの好悪にしてしまうことであった。一方、本章が同時に注目したのは、郭嵩燾のこうした方法論が、実際には民の好悪が無数にひしめきあい対立しあっている世界において為政者はいかに秩序を打ち立てるかという、リアリスティックな現状認識に基づくものであったということである。郭嵩燾が為政者としての士大夫に求めたのは、このような現状認識と、誠意や礼という方法だったのである。

では、士大夫のこうしたあり方を提示した郭嵩燾は、それをいかに実践していったのであろうか。次章では、郭嵩燾が特に思索を深め実践を行った礼の問題をさらに分析していこう。

(1)『郭嵩燾日記』第二巻、同治十一年九月十三日、七三二頁、第三巻、光緒二年八月二十四日、五七頁。

(2)序章で提示したもののほかに、郭嵩燾の絜矩の解釈の専論として、劉怡伶「試析朱熹与郭嵩燾対『大学』「絜矩之道」詮解之異同」(『経学研究論叢』第一二輯、二〇〇四年)も参照。

(3)王賓「郭嵩燾の儒学思想」、王賓『近代中日両国における対外認識の比較研究』、第二章第一節第二節を参照。

(4)『大学』のテキスト問題については、山下龍二『大学・中庸』(集英社、一九七四年)、佐野公治『四書学史の研究』(創文社、一九八八年)などを参照。

(5)『大学章句質疑』(郭嵩燾撰、光緒十六年刊思賢講舎本、続修四庫全書、第一五九冊、所収)、六葉、八葉。

(6)同右、三八葉。

(7)『四書章句集注』(朱熹撰、北京、中華書局、一九八三年)、七頁。

(8)島田虔次『大学・中庸』(朝日新聞社、一九六七年)、八九、九一頁。

(9)同右、八七—八八頁、吉田公平「朱子学・陽明学における『大学』」(源了圓編『江戸の儒学——『大学』受容の歴史』思文閣出版、一九八八年、所収)、一五—一七頁などを参照。

(10)『大学章句質疑』、十一葉。もっとも、朱熹は「十目十手」の箇所を、十目十手で内面を見透かされて善悪をおおうことのできない小人について述べたものと見なす。

(11)『中庸章句質疑』下巻(郭嵩燾撰、光緒十六年思賢講舎刊本、続修四庫全書、第百五十九冊、所収)、三十八—三十九葉。

(12)『四書章句集注』、一七—一八頁。

(13)『中庸章句質疑』上巻、四葉。
(14)『大学章句質疑』、九葉。この王夫之の説については、『読四書大全説』上冊（王夫之撰、北京、中華書局、一九七五年）、二五頁を参照。
(15)なお、中島隆博は、朱熹が君子の独と小人の独を厳格に分け、小人を自己啓発のシステムから排除しているとともに、他者を想定しない君子の独にこそ巨悪が存在する可能性を指摘しており、前述の島田虔次のような朱熹慎独の解釈にも問題提起を行っている。中島隆博『共生のプラクシス――国家と宗教』（東京大学出版会、二〇一一年）、第一章を参照。
(16)『大学章句質疑』、十葉。
(17)『四書章句集注』、六頁。
(18)『大学章句質疑』、十二葉。
(19)同右、十二葉。
(20)『四書章句集注』、六頁。
(21)『大学章句質疑』、十六葉。
(22)同右、十六葉。
(23)『大学章句質疑』、二十三葉。
(24)『四書章句集注』、一〇頁。また島田虔次『大学・中庸』、一一四―一一七頁も参照。
(25)『大学章句質疑』、二十五葉。
(26)同右、二十五葉。
(27)同右、二十六葉。
(28)同右、二十六葉。
(29)同右、二十六―二十七葉。
(30)『四書章句集注』、一〇頁。
(31)『読四書大全説』上冊、四三―四四頁。
(32)同右、四六頁。
(33)同右。

第七章　礼の実践
――郭嵩燾の宗法論

第一節　郭嵩燾と宗族

前章では、郭嵩燾が絜矩の道を君子の統治術として解釈し、さらにそれを礼と見なして重視していたことを検討してきたが、郭嵩燾自身は具体的にどのような礼の実践を行ったのであろうか[1]。郭嵩燾が礼学の研究において重要な貢献をした人物であることはよく知られており、彼の『礼記質疑』は従来の研究でも注目されてきたものである。だが、従来の研究は、どちらかと言えば彼の礼学を学術史の範囲で論じており、日常においてどのような礼の実践を行おうとしていたかについては十分検討してこなかったと言える。

しかしながら、礼は士大夫の日常の行動をさまざまな意味で規制するものであり[2]、士大夫の礼学を学術史のみで完結させることは、その重要な側面を見落とすことになるであろう。礼学は、経学的知識が礼のどのような実践につながったかということまでを射程に入れて研究することにより、真にその価値を把握することができると言えよう。

では郭嵩燾の礼の実践の最も主要なものとは何だったのであろうか。それは、宗族の運営であった。彼の礼学研究は、宗族の運営という重要な動機に支えられていたことを見落としてはならない。まずは彼が礼学の研究に志した時期の発言を見るなかで、この点を確認していこう。

郭嵩燾の『礼記質疑』の序文には、次のような記述がある。

咸豊壬子（咸豊二年）、戦乱（太平天国の乱）を山中に避け、ここで身を落ち着け生涯を終えたいと考えた。王船山『礼記章句』を読み、その意図を探求し、『大学中庸章句』と合わせて一書とし、もとの『礼記』に戻ってみると、理解できる経義は多く、心ひそかにこれを読むのを好んだ。

（咸豊壬子、避乱山中、有終焉之志。読船山『礼記章句』、尋其意旨、将合『大学中庸章句』為一書、以還戴『記』之旧、所得経義為多、鄙心窃読好之。(3)）

郭嵩燾は、太平天国の乱という社会秩序の危機のもと礼への関心を深めていった。さらには、咸豊壬子（一八五二）当時、彼は服喪中であった。道光二十九年（一八四九）には母が、道光三十年（一八五〇）には父が他界している。郭嵩燾が礼に関心を持ちはじめたとき、彼がこのような状況のなかにいたことは注目されるべきである。

さらに少し時代は下るが、咸豊七年（一八五七）には、彼は自らの宗族についての深刻な危機感にさいなまれている。彼は、後述する『湘陰郭氏家譜』の作成に際し、次のように述べている。

道光癸未（道光三年）、存門府君と誠斎府君は族譜を編纂し、現在にいたるまで三十余年、人口は増えておらず、不動産も拡大していない。多難な時期にあたり、戦争は日に日に騒がしくなったので、あちこち避難し引っ越しをした。私は宗族が分散し元どおりになれないことを心配し、少しずつ旧籍を考証し、見聞したことにより証明し、『家譜』を編纂して一〇巻とした。大量の史料を引用し、いい加減に間に合わせようとはしなかった。

（道光癸未、存門府君、誠斎府君編輯族譜、迄今三十餘年、丁不益多、業不益広。値時多艱、兵戈日駴、往往避地他徙。吾甚懼夫宗族之散処而不可復紀也、稍稽旧籍、証以所見聞、彙次『家譜』為十巻、繁徴博引、不敢苟略。(4)）

郭嵩燾は、父母の喪という出来事や、社会秩序の混乱とそれに起因する宗族崩壊の危機という状況のなかで、礼学研究を進めていったと言うことができよう。

このように郭嵩燾の礼学は、宗族の運営という目標と密接に結びついていたのである。そしてさらに興味深いのは、郭嵩燾の宗族運営の最終的な目的が、自身の宗族を発展させることのみならず、士大夫のあるべき姿を提示し、周囲の他族の士大夫たちとも良好な関係を築くことに設定されていたことである。筆者が郭嵩燾の宗族運営への見方、すなわち宗法論に注目するのも、それがやはり彼の士大夫像の模索の重要な一部を構成するからなのである。

本章ではまず、郭嵩燾の礼学著作である『礼記質疑』（光緒十六年（一八九〇）刊）や『校訂朱子家礼』（光緒十七年（一八九一）刊）[5]、また文集所収の宗法関連の記述から彼の宗法論を抽出する。そしてそこから導き出される彼の士大夫像を明らかにする。さらにそのうえで、宗法を用いた士大夫間の秩序ある関係構築という郭嵩燾の構想を、彼の族譜や義荘への見方から描き出したい。

なお使用する史料について一言しておきたい。郭嵩燾の礼学研究の難しさの一つは、その作成年代を確定できない史料が少なくないということである。特に文集所収の文章には執筆年が記されていないものが多い。また前述の『礼記質疑』については同治年間に原稿が完成しているなど[6]、原稿完成と刊行までにかなりの時間の幅がある。だがこのような制約があるものの、結論から言えば、これら史料間において彼の主要な主張に時間的変化の存在を認めることができず、むしろ宗法の話題については、郭は生涯一貫した思想を有していたと思われるのである。したがって、彼の史料は可能な限り執筆時期を考慮しつつも、総体として彼の礼思想を抽出することは十分に可能であると筆者は考えている。

第二節　大宗の重視と士大夫の責務

宗法とは経書に見られるあるべき親族理論であり、諸侯の嫡長子以外の子を共通の祖とする父系の親族により集団を形成しようとするもので、そうした集団は宗族と呼ばれる。(7) 宗法や宗族については、『礼記』等の経書に規定があるが、例えば代表的なものに『礼記』大伝の「別子が祖となり、別子を継ぐ者が宗〔大宗〕となり、禰〔父〕を継ぐ者が小宗となる。百世不遷の宗があり、五世にして遷る宗もある」がある。別子とは諸侯の嫡長子以外の子のことで、大宗とは、別子を共通の祖先とする人々の集団であり、別子の嫡長子系列である宗子が祖先祭祀をつかさどり、一族全体がそのもとに集まるというものであった。一方、小宗は、大宗の宗子系列の嫡長子以外の者を祖とする集団であり、やはりその祖の嫡長子系列の者が宗子として祖先祭祀をつかさどった。小宗には四種類あり、それぞれ、宗子から見て四代上の高祖を祖とする親族集団、三代上の曾祖を祖とする親族集団、二代上の祖を祖とする親族集団、一代上の禰を祖とする親族集団であった。こうした大宗と小宗の組み合わせにより宗法が成り立っていた。

さて、こうした宗法を考える際にまず問題となるのが、宗法はどのような人々に適用されるのかということである。郭嵩燾は、『礼記』喪服小記の経文「庶子祖を祭らざるは、其の宗を明らかにするなり」(庶子不祭祖者、明其宗也)に対して鄭玄が「宗子、庶子が適士の場合」と限定している点を批判して次のように主張する。

曲礼篇に「礼は庶人に下らず」とある。礼経が述べているのは、もとより士大夫以上について言っているのであるが、宗とは通法と言っているので、士大夫に限られるものではない。三代の宗法が宗をつなぎとめる方法は、廟祭によってつなぎとめたのである。礼経の文は大法を示すもので、みなその文にしたがうことでその意味を理解できるのである。埋葬の後、虞祭をし祔祭をするには、当然、主がおり、主祭者は必ず宗子である。この点を庶人の薦寝に推しはかってみると、やはりまたそのようである。長子の斬衰や殤と無後者のまつりは、庶人においてもやはりまたそのようである。

(曲礼云、礼不下庶人。礼経所述、自為士大夫以上言之、而言宗則通法也、不能限以士大夫。三代宗法所以繋其宗、繋之廟祭而已。礼経之文垂示大法、尽人可以循其文而通其義。既葬而虞而祔、固必有主、主祭者必宗子、推之庶人之薦寝、亦猶是也。為長子斬衰、与殤与無後者之祭、雖在庶人亦猶是也。[8])

『礼記』曲礼上の礼は庶人に下らずという規定を認めつつも、宗法については士庶にまで適用できる礼であるとする。この点は、郭嵩燾が宗族や宗法に関わるあらゆる発言において強く主張する点である。では、『礼記』中にそのような明言がないにもかかわらず、郭嵩燾がこの点を主張する根拠はどこにあるのか。

その根拠の一つは、本書でもすでに検討した『周礼』九両の記述であった。[9] この九両は聖人が民どうしを関係づけるために行った施策であり、基本的にはすべての人々に適用されねばならなかったのである。また前節で見た郭嵩燾の『大学』解釈における礼への見方もこうした発想の根拠となる。礼とは聖人が行う絜矩の道であり、人々はすべてそのなかに秩序づけられるべきなのである。

すべての身分に宗法が適用されるとすれば、すべての身分が大宗・小宗を有することとなり、始祖や先祖の祭祀、また高祖以下の祭祀が可能となることになる。しかしながら、宗法の議論において終始論点となってきたのは、古において、祖先祭祀できる範囲が身分によって異なっていたということ、すなわち廟制の問題である。運営できる廟は身分によって数が異なっており、したがってまつることのできる祖先の数も変わってくるわけである。こうした文脈において程頤が士庶にも高祖や始祖の祭祀を認めたことは画期的であったとされるのである。

これに対し郭嵩燾は、程頤の主張を高く評価するとともに、まず高祖までの祭祀については『礼経』に明記されていると解釈する。郭嵩燾のそうした解釈は『礼記』大伝の経文「大夫士有大事省於其君、干祫及其高祖」に対する注釈に表れている。鄭玄はこの経文を、軍功のあった大夫や士が君主から高祖をまつることを許されるということを言っているものと見なしたのに対し、郭嵩燾は「干」の字を読みかえることによって、自らが有する廟において高祖をさかのぼってまつるのであるとする。

大夫士の廟制は高祖に及んでいないが、高祖を祖禰の廟でまつることができ、それをすべて祫と言っているのだ。干とは下から上へつきあたるという言葉であり、経にいう干祫とは、上にさかのぼってまつるということであり、天子諸侯が太祖廟で群祖を合祭するのとは異なっている。

（大夫士廟制不及高祖、而得祀高祖於祖禰之廟、通言之祫。干者自下干上之詞。経云「干祫」、言上溯而祭之、異於天子諸侯之即太祖廟以合祭群祖也。）(10)

郭嵩燾はこの経文に基づき、祖先祭祀は廟の数によって制限されるものではなかったという結論を得ている。(11) これにより士庶にいたるまで小宗を形成することも正当化されるのである。

さらに注目すべきは、郭嵩燾が小宗の形成だけでなく、大宗の形成を極めて重要視していたことである。大宗を形成するために必要となるのは、まず一族の始祖である。郭嵩燾がここで持ち出してくるのが始遷祖であった。同じ姓を世襲できるわけではない当代の士庶が、いかにして始祖を立てればよいのかというと、その地にはじめて移り住んできた祖先を始祖と見なすことができるのである。

また案ずるに、三代の始祖のまつりは、みなはじめて国を持ち、ついに天子となって、国を有してその基礎を打ち立てたことから、奉じて始祖としたのである。大夫士は同じ官職を代々受け継ぐことがなく、始祖を有することはできない。しかし三代の宗法は士庶人にまでみなおよんでいるのである。天子諸侯の子が国を授けられて大夫となると、それを別子と言った。士庶以下は別に族姓を立てると、またやはり別子である。別子が祖となるのは、祖より上が権勢ある地位に制限された場合であり、例えば諸侯は天子を祖としない、大夫は諸侯を祖としないのがこれである。あるいは受け継ぐ者が尽きた場合であり、始遷祖のごときがそれである。始遷祖より前は派別がはっきりできず、姓氏はつなぎとめるところがなく、宗を立てることができない。そこで別子が祖となるとは、別に族姓を立てることであり、これを大宗という。祖より下の派別を細かく分けたものを小宗という。

（又案三代始祖之祭、皆始有国者、其終為天子、由有国以立之基、故奉以為始祖。大夫士無世官、不得有始祖、而三代宗法、通及士庶人、天子諸侯之子封国及為大夫、謂之別子、士庶以下別立族姓、亦別子也。別子為祖、自祖以上或限於勢位、若諸侯不敢祖天子、大夫不敢祖諸侯、是也。或窮於所承受、若始遷祖是也、始遷祖以前派別不可詳、而姓氏無所繫、不得立宗。是以別子為祖者、別立族姓、謂之大宗、自祖以下支分派別、謂之小宗。[12]）

士庶はこの始遷祖を始祖として大宗を形成することができるのである。

次に、始祖が定まったとして、始祖より下の祖先をどのようにしてまつるのかという問題がある。ここで郭嵩燾が最も重視するのが、当時、士大夫の間で盛んに見られた宗祠の運営であった[13]。郭によれば、当時、高祖以下の四代をまつるのは、家に設けられた寝堂においてであり、高祖より上の祖先は宗祠でまつるのが一般的であった[14]。郭嵩燾はそれを経学的に正当化し、大宗の形成につなげようとするのである。

高祖より上の祖先の位牌の扱いについて、経書に位牌を埋めるという記載がないことから、郭嵩燾は、士庶人以上の身分の者はみな位牌を別置することがあったと推測する。経書上ではこうした位牌を別置する廟である祧廟は天子のみが建設できるものとされるが、前述のとおり郭嵩燾は、廟の個数とまつることのできる祖先の世代の数とは必ずしも一致するものではなかったとの考えを持っており、士は廟の後寝に、また庶人は寝に別置することができたとする。このように、士庶以上が、高祖より上の祖先の位牌を別置することは、経学的に見ても問題なく、郭嵩燾の時代においてそうした位牌を別置する宗祠は古の祧廟のような機能を持つとされたのである。

こうして宗祠を経学的に正当化したうえで、郭嵩燾は宗祠の利点を次のように述べる。いかなる人も五代以前の祖先の子孫どうしとなると、まるであかの他人を見るかのように疎遠で、慶事や弔事を分かち合うことができない。宗祠があれば、生卒年月も調べることができ、慶事、弔事を共有できる。こうした始祖以下、五代以前の祖先を共有する大宗によって、それぞれの家の者が結びつけられていくのである。⑮

さらに大宗の形成において最も重要な点の一つとして、誰がその祖先祭祀を担うのか、つまり宗子を誰とするのかという問題があげられる。経学的には、別子の嫡長子系統が担うべきであるが、世襲制ではなく身分の流動が激しい科挙社会では、このような宗子を見出すのは困難であった。この点について郭嵩燾はどのように考えていたのであろうか。

郭嵩燾の見解の特徴は三つある。第一に、大宗を実現するための宗祠は、まずもって一族全体の力を集めて経営されるべきものであるということである。ある特定の家の個人によって運営されるべきものではないのである。⑯

第二に、とはいえそうした一族全体の力を統括すべき存在は必要であり、そこで宗子となるべき存在として想定されているのが、一族中の高位高官の者であるということである。郭嵩燾はその根拠を、『礼記』の「田無ければ祭らず」の記述や、清代の通礼において家祭は品官の大小により序列があることに求めている。⑰郭嵩燾はここに大宗をまとめ上げるべき高位高官たる士大夫の意義を見出しているのである。

第三に、この高位高官たる士大夫は、一族全体の公を体現する存在としてあるべきだとされている点である。当時、程朱の言う四代のまつりに依拠して、宗祠での宗子による祖先祭祀も宗子の四代を中心とするべきとする学者の見解が存在したが、郭嵩燾はこれに鋭く反対する。宗祠は一族の人々全員が資金を出しあって建設したものであるから、宗祠においてある一人の宗子とその四代上の祖先を尊んで、かえって自身の祖先のまつりを廃することなどできないのである。⑱

ここで関連してあげておくべきは、小宗は「私」であるという見方である。例えば、前述のとおり、清代当時、四代までの祖先祭祀は寝堂で、それより上が宗祠で行うとされていたが、郭嵩燾はこれを踏襲し、高祖以下のまつりを宗祠で行うようなことは「私」であると考えていた[19]。

また族譜の編纂において、北宋の蘇洵の族譜に対し、もっぱら小宗を重視し、自身の属する小宗があたかも一族の中心であるかのような記述になっていることを批判する。郭嵩燾にとって重要なのは、自らの属する小宗を大宗のなかに正確に位置づける誠意なのであった[20]。

このように大宗のかなめとなるのは、高位高官たる士大夫にほかならなかった。同時に、大宗を運営できる士大夫は、一族の者から公を体現するものと見なされていた。こうした士大夫は、自分に近い小宗を「私」として大宗をよりいっそう重視する誠意が要請されたのである。

郭嵩燾がこうした士大夫の一人として高く評価したのは、岳麓書院時代の学友で陝西巡撫などを務めた劉蓉（一八一六―一八七三）であった。郭嵩燾は、劉蓉が編纂した族譜に序文を寄せて、劉の宗族に対する貢献を高く評価している。劉の地道な史料収集と調査により一族内のあるべき序列が明らかとなった。それにより劉氏の子孫は宗族を敬い一丸となることがそれぞれの家々にとって有益であることがわかり、みな各々分にしたがうようになった。郭嵩燾は以上のような劉容の功績をたたえて次のように述べる。当代の大夫は身分が安定しないために宗族を構成できないが、宗法がなければ大夫以下はちりぢりになってしまうであろう。よって宗子の法はすでに完全には行われていないとはいえ、宗法によってその族姓の連結をはかるのは「賢士大夫の責務」であり、それを実践している『劉氏族譜』にはまさに『周礼』九両が残した意志が見られるのである、と[21]。

郭嵩燾はこのような宗族運営ができることに、士大夫の存在意義を見出していたのである。

第三節　宗法により生み出される士大夫間の秩序

さて、郭嵩燾の宗法論においてさらに興味深いのは、郭嵩燾が、宗族の運営を通じて、単に自身の宗族の規律化や自族の対外的優位の確立を目指しているわけではないという点である。すなわち郭嵩燾は、宗族の運営の善し悪しが他族の士大夫たちに影響を与え、最終的に国家全体の秩序に影響を与えると考えていたのである。

郭嵩燾の考えをうかがうのにふさわしいものとして、彼が他族の族譜に対して書いた序文があげられる。族譜の編纂は宗族の運営に欠かせないものである。族譜は宗族の系譜や宗族の来歴に関わる文章などを収録した書物のことである。族譜編纂の歴史は古いが、清末において特にこれらが積極的に行われたということが諸研究によって明らかにされている。[22] 郭嵩燾は、知人の士大夫が編纂した族譜に十数篇の序文を寄せている。序文は基本的に編纂者からの依頼により書かれたものであるから、そこではその族譜を高く評価する場合が多い。しかしながら、族譜における若干の問題点を指摘し、その族譜の改善に資そうとする発言も見られる。総じて、こうした序文は郭嵩燾がどのような宗族のありかたを理想的としていたかをうかがう際に重要な史料と言えるのである。

さて宗族運営と他族の士大夫との関係という前述の郭嵩燾の考えが表れているものとして、郭嵩燾が安化『梁氏族譜』に寄せた序文があげられる。[23]

郭嵩燾は、『梁氏族譜』に対しおおむね好意的な評価をしつつも、その始祖の確定の仕方について次のような批判を行っている。郭嵩燾の見るところ、梁氏の由来については、『春秋』やその他史書において梁姓を持つ族は多数存在するのであり、『後漢書』梁統伝においても、その源流を晋の大夫の梁益耳とするが、その他については明らかにできていない。それなのに『梁氏家譜』が、二千年余り後にもかかわらず自身の始祖を斉の人で孔子の弟子である梁饘としていることは、学士大夫を惑わせるものであり、真実を伝えるものではないというのである。
そして郭嵩燾は次のような提言を行う。すなわち、梁氏は始遷祖である御史府君を初祖とし、潭州府君が長沙に屋敷を賜ったことにさかのぼるが、潭州より上は家系の順序を明らかにすることができないので、それらは除いてもかまわない、というのである。

郭嵩燾の以上の見解に見られる特徴として注目したいのは次の二点である。第一に、家譜の作成において正確な経学的史学的根拠を要求していることであり、少しでも不明な点があるのであれば家系とすることができないと考えていることである。そして確実に系譜をたどることのできる始遷祖などが重視されていることである。この点は、郭嵩燾自身が著した『湘陰郭氏家譜』でも貫かれている信念である。

第二に、より本書の観点から重要であると思われるのは、不正確な知識に基づく族譜の編纂が、学士大夫の疑念を生じさせてしまうことを郭が問題視していることである。族譜はまず何より宗族内の統率を目指すためのものであるが、場合によっては、刊行され他族に威信を示すためのものともなる。郭嵩燾はこのような族譜の外に対する影響に注目し、さらにその方法を誤ると士大夫どうしの関係に悪影響がおよぶとしているのである。

また宗族の運営が、士大夫間に秩序ある関係を築くという構想がよく読み取れる史料として、郭嵩燾の「湘潭郭氏義荘記」があげられる[24]。郭嵩燾はまず中国の代表的義荘として名高い范仲淹の范氏義荘を取りあげ、義荘運営の方式は、郭の時代のそれと変わらないにもかかわらず、范氏の道徳の積み重ねにより、地元の士大夫が敬礼し、大官もそれを保護したため、長く維持されたとしたうえで、湘潭郭氏義荘に次のような評価を与えている。

湘潭郭氏義荘は、同族の郭松林が、母の命にしたがって義荘を開設し、十一代以後の伯兄弟を養ったものである。その際、郭松林は私心をもたず、先祖と家族のたくわえをすべてその事業につぎこんだ。これが中央の大官の知るところとなり、皇帝から表彰を受けたのである。こうした事態に対して郭嵩燾は、范仲淹が俸禄のあまりから義荘を開設した際、郭松林がすべての財産をこの事業につぎこんだほどに「無私」であったかはわからないとして、郭松林をたたえている。注目すべきは、こうした称賛とともに次のように述べていることである。すなわち、このような事業が可能になり、郭松林の名声が天下にとどろいたのも、どうして郭氏一族が義荘を守ってきたからだけであろうか。そこには実は地元の士大夫や官僚の協力があったのである。郭氏の子孫が代々厳粛に守り抜き失墜させなかっただけではない。現地の士大夫が官僚となって大官に伝達し、維持し保護しあったのであり、彼らは、子美の功名が天地に照らされいつまでも極まることがなく、その名が記録されたことに対し、みなほまれがあるのだ。

（豈惟郭氏子孫世世敬守以無失墜、其自邦之士大夫、上迨有司、以達於長吏、相与維持保護、与子美之功之名照灼天地以永無窮、載名簡末、皆与有栄焉。[25]）

このように郭嵩燾の宗法の構想は、自らの宗族の無私的運営によって士大夫どうしの調和のとれた信頼関係を生み出すというものだったのである。本書前二部で詳述したとおり、郭嵩燾の終生の目標は士大夫どうしの関係にいかに秩序をもたらすかであったのであり、彼の宗法論はまさにそのための重要な実践として位置づけられていたのである。

第四節　小　結

以上、本章が明らかにしてきたように、郭嵩燾の礼学研究の意義は、われわれのいわゆる学術史にのみ限定されるものではなかった。士大夫像の模索という彼の問題意識のもとでの重要な実践としてあったことが、本章の分析によって明らかとなった。そして彼の礼学研究が、宗族の運営という実践と深い関係があることが明らかとなった。

郭嵩燾にとって宗族の運営は、以下の点で士大夫のあり方と関わるものであった。

第一に、郭嵩燾は、宗法が身分に関係なくすべての人に実践されるべき礼であること、したがって、人々は小宗のみならず大宗の形成を実現すべきであることを経学的根拠に基づいて主張し、当時行われていた宗祠を大宗実現のための方法として重要視した。そして宗祠の祭祀を担うべき高位高官であり、かつ一族から公を体現する者と認められる存在としての士大夫像を描き出したのである。

第二に、宗族の運営は、単に自らの宗族の繁栄を目指せばよいというわけではない。それは他族の士大夫にまで影響を与え、ひいては国家全体の秩序につながっていくことになる。その運営には、厳格な宗族内秩序や無私性が要求された。このような宗族運営を担えている士大夫に対しては、他族の士大夫は率直に称賛の意を表した。逆に自身の宗族を根拠なく美化しようとする傾向に対しては、他の士大夫に悪影響をおよぼすものとして批判がなされたのである。

このように、郭嵩燾の宗族の経営は、まさに士大夫像の模索の一環であり、それを支える根拠として、彼の生涯をかけた礼学が存在していたのである。

さて、前章と本章においては、郭嵩燾が経学の面においても士大夫像の模索を行っていたことが明らかとなった。こうした経学に加え、郭嵩燾が本領を発揮した諸子学、とりわけ荘子学においても、そうした模索がなされていた。この点について、次章で分析していきたい。

（1）清代における士大夫の礼の実践と社会秩序との関係については、伊東貴之『思想としての中国近世』（東京大学出版会、二〇〇五年）を参照。

（2）新田元規「清初期士大夫の礼実践における「相互規制」の様相——汪琬の立継と王弘撰の服喪を事例として」（『徳島大学

総合科学部　人間社会文化研究』第二四巻、二〇一六年）を参照。また同「君主継承の礼学的説明」（『中国哲学研究』第二三号、二〇〇八年）は郭嵩燾の礼学の位置づけに関し、示唆に富む議論を行っている。

（3）『礼記質疑』、「礼記質疑自序」、『郭嵩燾全集』第三冊、一頁。

（4）『湘陰郭氏家譜』、「家譜自叙」、『郭嵩燾全集』第五冊、三三三頁。

（5）『校訂朱子家礼』については、社会学という観点からの概論として肖永明・陳冠偉「郭嵩燾『校訂朱子家礼』的社会学考察」を参照。

（6）『礼記質疑』、「礼記質疑自序」、『郭嵩燾全集』第三冊。

（7）宗法や宗族一般については、以下を参照した。牧野巽「宗祠とその発達」（同『牧野巽著作集』第二巻、御茶の水書房、一九八〇年、所収）、小島毅『中国近世における礼の言説』（東京大学出版会、一九九六年）、井上徹『中国の宗族と国家の礼制――宗法主義の視点からの分析』、佐々木愛「毛奇齢の『朱子家礼』批判――特に宗法を中心として」（『上智史学』第四三号、一九九八年）、同「張載・程頤の宗法論について」（『史林』第八三巻第五号）、同「『朱子家礼』における家族・親族の構造とその大きさについて」（『社会システム論集』第八号、二〇〇三年）、同「宋代における宗法論をめぐって」（『宋―明宗族の研究』汲古書院、二〇〇五年、所収）。

（8）『礼記質疑』、『郭嵩燾全集』第三巻、四一〇頁。

（9）『養知書屋文集』巻七、「櫧山劉氏族譜序」、九―十葉。

（10）『礼記質疑』、『郭嵩燾全集』第三冊、四三一頁。

（11）『養知書屋文集』巻二、「与朱石翹観察論宗祠饗堂」。

（12）『校訂朱子家礼』巻五、『郭嵩燾全集』第二冊、七一五頁。

（13）宗祠の歴史的変遷については、牧野巽「宗祠とその発達」を参照。

（14）『校訂朱子家礼』巻五、『郭嵩燾全集』第二冊、六二六頁。

（15）『郭嵩燾日記』第一巻、咸豊十一年二月二十九日、四三八頁。

（16）『湘陰郭氏家譜』、「辨宗祭」、『郭嵩燾全集』第五冊、四〇一頁。

（17）同右。なお、『礼記』の引用は王制「大夫、士宗廟之祭、有田則祭、無田則薦」。

（18）『郭嵩燾日記』第一巻、咸豊十一年二月二十九日、四四〇頁。

(19)『湘陰郭氏家譜』、「辨宗祭」、『郭嵩燾全集』第五冊。
(20)『湘陰郭氏家譜』、「家譜例言」、『郭嵩燾全集』第五冊、三三九頁。
(21)『養知書屋文集』巻七、「櫧山劉氏族譜序」、九—十葉。
(22) 太平天国の乱以後、こうした動きが増加したことについて、目黒克彦「浙江永康県の応氏義荘について」(『集刊東洋学』第二六号、一九七一年)、同「清末に於ける義荘設置の盛行について」(『集刊東洋学』第二七号、一九七二年)を参照。
(23)『養知書屋文集』巻二、「安化梁氏族譜序」、十七—十九葉。
(24) 同右、巻二十五、「湘潭郭氏義荘記」。
(25) 同右、十四葉。

第八章 「是非の辯を押し付けること」と「己を俗と同じくすること」の克服
——『荘子』解釈

第一節 郭象への批判と聖人像の模索

本書では、郭嵩燾が士大夫どうしの関係性に注目し、それが秩序に与える影響について生涯模索していたことを明らかにしてきた。そして郭嵩燾が中国社会の秩序の乱れの根本原因を、士大夫どうしの不和に求めていたことも、繰り返し言及してきたところである。

このような郭の問題意識を読み取ることのできる事例の一つとして、本章では郭の『荘子』解釈を取りあげたい。郭の『荘子』解釈研究も、生涯の早い時期から相当の熱意で取り組まれたもので、彼の甥・郭慶藩の『荘子集釈』に引用されて現在にまで伝わっている。「疏」や「釈文」の箇所で「家世父曰」として引かれるのがそれである。譲王篇と漁父篇以外のすべての篇に郭嵩燾の解釈が見られ、総計百数十条にものぼる。郭嵩燾の『荘子』注釈において大部分を占めるのが、郭象（二五二?—三一二）の注への徹底した批判である。一つの明確な対象を批判していることから、郭嵩燾の関心や思考様式を総体的に抽出することが可能であり、またそこに本書が明らかにしてきた士大夫像の模索が見出せるという点にこそ、彼の『荘子』解釈を取りあげる最大の意義があると言える。

郭嵩燾の『荘子』解釈については、王興国、方勇、羅検秋による研究がある。[1] 王や方は、郭嵩燾の膨大な注釈を題材に専論を構成している点で重要と言えるが、彼の解釈が儒家的な性格を強く持つものであったという結論づけに終始し、そうした解釈が郭にとってどのような意味を持っていたのかが十分明らかにされていない。また羅は是非や真理の相対化という点で郭が『荘子』から影響を受けていたことを指摘し、さらにはそれが彼の政治外交における態度と関係していたとする。だが郭の是非観が郭象の是非観との真剣な思想的格闘から生まれたことについては言及がなく、また郭嵩燾の解釈と政治外交上での態度が性急に結びつけられている点にも疑問が残る。

一方最近、石井剛が、『荘子』斉物論篇解釈史における清朝考証学の功績を考察する過程で、郭嵩燾の解釈を取りあげている。[2] 石井によれば、郭嵩燾をはじめとする清朝考証学者は、『荘子』における「聖人」を、是非を超越した存在ではなく、あくまでも自らが「是非」という場に身を置いていることを自覚した存在と見なしていたという。こうした聖人イメージは、郭嵩燾らが斉物論篇の重要な観念である「明」や「因是」の字義を理性的に解釈したことで可能となったものである。これに対し郭象は、聖人を、是非や彼是を超越した位置に置こうとし、「明」や「因是」を「玄」や「冥」なる神秘的観念で説明したため、かえって論理的矛盾が生じてしまったという。

筆者はこうした石井の指摘を承けつつ、斉物論篇のみならず、『荘子』すべての篇に対する郭嵩燾の注釈を読む過程で、聖人が身を置くとされる是非の世界の厳しさが事細かく描写されていることに気づいた。是非の争いの世界において自らはいかにあるべきかという郭嵩燾の強い問題意識が感じられるのである。

本章では、郭嵩燾が『荘子』から読み取った是非の争いという世界像、そしてその世界においていかに身を処するのかという課題を、彼の士大夫像との関連から考察する。

さて本論に入る前に、郭嵩燾の荘子学の史料状況について概観しておこう。郭嵩燾の『荘子』に対する見方がうかがえる史料は、咸豊期のものにまでさかのぼる。この時期の日記には、郭嵩燾が郭象注に違和感を呈している様子や、王闓運、王夫之らの『荘子』解釈の影響を受けたことなどが述べられている。[3]

郭嵩燾自身が著した重要なテキストとして第一にあげるべきは、前述の『荘子集釈』所引のものである。『荘子集釈』は光緒二十年（一八九四）に思賢講舎から刊行された。郭嵩燾の息子・郭焯栄が父の遺稿の断片を一冊にまとめた『郭氏佚書六種』によれば、郭にはもともと、「荘子箋注」「読船山王子注」「評識従兄注本」（従兄は郭慶藩のこと）があったが、「箋注」は散逸し、「評識従兄注本」が現在の『荘子集釈』につながるものであるという。[4]「読船山王子注」の消息については言及がない。

また、光緒元年（一八七五）に湖北崇文書局から刊行された『百子全書』所収の『荘子』に、附録として「荘子扎記」と題する郭嵩燾の文章が収められている。天地篇、庚桑楚篇、外物篇、天下篇の各一条につき文字の解釈を記したもので、五〇〇字ほどの短文である。内容は、『荘子集釈』所収のものとほぼ同内容で表現が若干簡略である。方勇は、『百子全書』所収「荘子扎記」が、それ以前に存在した「荘子扎記」手稿の一部を刊行したものであると指摘し、またその手稿の内容を、『荘子集釈』所収の内容と同一視している。[5]

だが筆者の見るところ、『郭氏佚書六種』の記述によれば、『荘子集釈』所収の注釈はあくまで『荘子集釈』を読みながらつけたものであり、しかも郭嵩燾が郭慶藩から『荘子集釈』を見せられたのは光緒十六年（一八九〇）八月一日であるから、[6]『荘子集釈』所収の文章自体の完成は、光緒十六年から彼の死去する光緒十七年（一八九一）の間であると見た方がよい。

以上をまとめれば、郭嵩燾は『荘子』に対して咸豊期からすでに確固とした見解を持ち、同治期には王夫之や王闓運の影響を受けつつその見解を深め、光緒元年までには何らかの形で扎記をまとめていた。その後晩年に郭慶藩の『荘子集釈』を承けて、自らの『荘子』解釈を集大成したということになろう。

第二節　是非と彼是との関係

郭嵩燾の『荘子』解釈の特色は、その一貫した郭象注批判にある。本節では、郭象と郭嵩燾の最大の分岐点となる是非と彼是（かれ・これ）の関係を考察する。

郭象の思想に対しても、これまで多くの研究がなされており、いずれも、郭象の思想の核心として、万物が自ずから生じ、定められた「分」や「性」に安んじて生きていくとする「自生独化」「自得」といった観念を指摘している。(7)

筆者は、郭象について、後述する郭嵩燾の関心をも踏まえつつ次のような見解を持つ。郭象はこの世に存在する是非の問題をどう解決するかという観点から秩序像を提出したと言える。この是非の問題を考える際重要になってくるのが、是非と彼是（かれ・これ）との関係である。郭象と郭嵩燾との違いは、この是非と彼是との関係づけ方にあった。より具体的に言えば、郭象が「自生独化」「自得」といった観念を用いて、是非の争いのない彼是関係を構築しようとしたのに対し、郭嵩燾はそれを批判するのである。

以上を念頭に置きつつ、両者の論を比較してみよう。斉物論篇には有名な「明」の議論がある。(8) 儒墨に代表される是非の争いが問題視されるとともに、そうした是非を相対化するような知のあり方（「明」）が提示される。この「明」につき、郭象は次のように述べている。

是があり非があるというのは、儒墨が是とすることである。是がなく非がないというのは、儒墨が非とすることである。儒墨の非とすることを是とし、儒墨の是とすることを非としようとするとは、是がなく非がないことを明らかにしようとすることである。是がなく非がないことを明らかにしようとすれば、儒墨を反転させ、互いに明らかにしたことを翻すのがよい。互いに明らかにしたことを翻せば、是とするものは是ではなく、非とするものは非ではない。非でなければ非がなく、是でなければ是はない。

（夫有是有非者、儒墨之所是也。無是無非者、儒墨之所非也。今欲是儒墨之所非而非儒墨之所是者、乃欲明無是無非也。欲明無是無非、則莫若還以儒墨反覆相明。反覆相明、則所是者非是而所非者非非矣。非非則無非、非是則無是。(9)）

これに対して郭嵩燾は、次のように述べる。

墨子の書および孟子が楊墨を反駁しているのを見ると、儒墨は相互に是非を主張しているのであって、各々が自らの見方に依拠して勝とうとしているのである。墨者が是とすれば、儒者が非とする。是非が成立してくるのは、彼是が分かれていることによる。彼是が対待の形をとると、是非は両立する。とすれば、それらが主張する是非とは、是非ではなく、彼是それぞれの見解である。「明を以てするに若く莫し」とは、彼是が明らかにしたことを回転させ、互いに取りあって検証しあうことである。郭注は誤り。

（今観墨子之書及孟子之闢楊墨、儒墨互相是非、各拠所見以求勝、墨者是之、儒者非焉。是非所由成、彼是之所由分也。彼是有対待之形、而是非両立、則所持之是非非是非也、彼是之見存也。莫若以明者、還以彼是之所明、互取以相証也。郭注誤。(10)）

それでは郭象の主張から見ていこう。前述の主張は、次の主張も踏まえると理解しやすい。

そこで死生の状態というのは、異なってはいるが、それぞれがその境遇に安んじている点では同じである。生きている者は生を生と考えているが、死んでいる者は生を死と考えていることになる。生きている者は死を死と考えているが、死んでいる者は死を生と考えている。そうであれば生はないということになる。そうであれば死はないことになる。生がなく死がなく、可がなく不可がない。ゆえに儒墨の区別は、同じと言うことはできないものだが、それぞれがその分に冥する〔暗合する〕点は、異なっているとは言えないものである。

（故死生之状雖異、其於各安所遇、一也。今生者方自謂生為生、而死者方自謂生為死、則無生矣。生者方自謂死為死、而死者方自謂死為生、則無死矣。無生無死、無可無不可、故儒墨之辨、吾所不能同也、至於各冥其分、吾所不能異也。(11)）

郭象の主張によれば、儒墨はそれぞれに是非を持っている点では共通している。しかしながら一方が是とすることは一方にとっては非であり、逆もまた然りである。とすれば、儒墨に共通する是非というものは存在しないということになる。これが「無是無非」である。ここで郭嵩燾の主張を見てみると、彼是のそれぞれに是非が存在していると述べ（是非両立）、彼是の主張する是非は、どちらが是か非かという関係ではないとしている。以上からすると、郭象、郭嵩燾の意見にはさほど差がないように見える。

しかしながら、実は次の点で両者は大きく異なっている。すなわち、彼是がそれぞれに是非を有しているということを、郭象が「分」という観念で表現しているのに対し、郭嵩燾は「彼是が対待の形をとる」「彼是それぞれの見解」と表現していることとである。

郭象を見てみると、「儒墨の区別は、同じと言うことはできないものだが、それぞれがその分に冥する点は、異なっているとは言えないものである」と述べている。「分」という概念に言及しないものの「是があり非があるというのは、儒墨が是とすることである。是がなく非がないというのは、儒墨が非とすることである」という主張も、同様の主旨であろう。この「分」について、郭象は、逍遥遊篇に次の注を残している。

大小は異なっているが、自得の場に放てば、物事はその性に任せ、その能力を尽くし、各々その分にあたり、逍遥する点では同じである。どうしてその間に勝負が存在する余地などあろうか。

（夫小大雖殊、而放於自得之場、則物任其性、事称其能、各当其分、逍遥一也、豈容勝負於其間哉。(12)）

万物が自得する点で斉一であり、自得したものどうしの間には勝負の余地がないという発想である。大が大に自得することで成立する世界と小が小に自得することで成立する世界は絶対的に切り離されているとも表現できよう[13]。

一方、郭嵩燾によれば、彼と是はそれぞれに是非を持っていて共通の是非はないわけであるが、だからこそそこに是非を争う状況が生じてくるのである。郭嵩燾の見るところ、郭象の「彼是はそれぞれの分に応じ、勝負の余地がない」という主張は、誤っていると言えるのである。

第三節　有待・相待を目指して

郭象は彼是がそれぞれに自得するという観念を用いて、彼是の関係を是非の争いとは異なるものにしようとしていた。一方郭嵩燾は、彼是が存在する限り、是非の争いは存在すると考えていた。

こうした両者の相違をはっきりと示しているのは、郭象の非待・独見の主張と、郭嵩燾の有待・相待の主張である。まずは、斉物論篇[14]および寓言篇[15]にある罔両《うすかげ》と影の問答に対する両者の見解を見ていこう。この問答は、罔両が影に対し、「なぜさまざまな姿を見せるのか」と問うたところ、影が、「人間の体に頼って姿を変えているようであるが、そうかどうかもわからない」と答えるものである。郭象は斉物論篇に注をつけて次のように述べる。

そこで彼と我は相因し、体と影は倶生する。それらはたとえ玄合しようとも、非待である。……罔両が影に因るとは、倶生しつつも非待であるということを言っているようなものだ。万物は集まってともに天において成立するわけではあるが、しかしみなはっきりと独見している。ゆえに罔両は影に制せられるのではなく、影は体に使役されるのではなく、体は無に化されるわけではないのだ。

（故彼我相因、形景倶生、雖復玄合、而非待也。……今罔両之因景、猶云倶生而非待也、則万物雖聚而共成乎天、而皆歴然莫不独見矣。故罔両非景之所制、而景非形之所使、形非無之所化也。[16]）

一方、郭嵩燾は寓言篇に注をつけて次のように述べる。

（火日出而景生焉、陰夜而景潜焉。屯者、草木之始生也、代者、更也、替也、有相替者而吾固休也。景之与形相待也、又待火日而動、待陰夜而休。彼吾所以相待、又有待也。有待、故不為物先、待焉而即応、故亦与物無忤。景之随形、各肖其人之情態、虚而与之委蛇、此荘生応世之大旨也。[17]）

火や太陽が出て影が生じる。日陰と夜には影は隠れる。屯とは草木が芽生えはじめたばかりのことである。代とは、更であり、替である。相替するものがあるゆえに吾は休むのである。影は体と相待し、そのうえ火や太陽を待って動き、日陰や夜を待って休む。それらは吾が相待しさらに有待たるゆえんである。有待であれば、物に先んじられず、待って即応するので、物と食い違うことがない。影が体に随う際には、各々がその人のありさまに似て、自分を虚しくして随っている。以上は荘先生の処世に対する最も重要な考えである。

郭象は、彼是がそれぞれ「非待」「独見」していることを強調する。彼是は「相因」「倶生」という関係性を有するも、それは是非のおしつけあいという関係ではないのである。一方郭嵩燾は、「有待」「相待」を主張して、彼是がいかにして付き合えば是非の争いを少なくできるかという観点から罔両と影の問答を捉えているのである。[18]

郭象、郭嵩燾の違いは、両者の至人の描写の違いとなっても表れている。天道篇に至人のあり方として次のような記述がある。

天下は棟に奮うも而も之れと偕にせず、無假を審らかにして利と遷らず。

（天下奮棅而不与之偕、審乎無假而不与利遷。[19]）

この箇所につき、「無假」の解釈が、郭象と郭嵩燾とで異なる。郭象は「審乎無假而不与利遷」に「任真而直往」と注をつける。つまり「無假」＝「真」とする。郭象は斉物論篇において、「真」を「真性」とし、物がその「真性」を得た状態を「自ら其の業に安んず」と表現する。[20] 郭象にとっての至人のあり方とは、ある種の高みから、彼是間に是非の争いのない関係をそのままに認めていくというものであった。

これに対し郭嵩燾は、「假」を「借」と読む。郭嵩燾によれば「棟」（権勢）とは、それを借りて事を制するものである。世の中はこうした「棟」を借りようとする者が多いのに対し、至人のあり方は次のとおりである。「借りるものがなければ無為である。無為であればそのままになびき、そのままにただよって物に随って動く。借りることがなければ利とともに動くことはない。これを無為にして為さざるなしと言うのである。郭嵩燾にとって「無假」とはこのように解釈すべきで、「郭象が「真に任せて直往する」と言うのは、誤りである[21]」と結論づける。郭嵩燾にとっての至人のあり方とは、あくまで物と対峙しながら、権勢を借りてその物を支配することを極力避けるというものだったのである。

以上のとおり郭嵩燾は、彼是が存在する限り是非の争いは存在するという見方をとった。そして郭象の解釈では見落とされがちな彼是間に起こる弊害を指摘していく。

第一に、彼是は異なることにより、別の一方へ自らの是非を押し付けようとすることである。斉物論篇には、堯が、「宗」「膾」「胥敖」という未開の三国を支配下に入れようとするも気分が晴れず、その原因を舜に問いかける逸話が存在する。

故れ昔者、堯、舜に問いて曰く「我れ、宗と膾と胥敖とを伐たんと欲す。南面して釈然たらず。其の故は何ぞや」。舜曰く「夫の三子は、猶お蓬艾の間に存す。若の釈然たらざるは何ぞや。昔者、十日並び出でて、万物皆照らさる。而るを況んや徳の日より進めるをや」。

（故昔者堯問於舜曰「我欲伐宗、膾、胥敖、南面而不釈然。其故何也」。舜曰「夫三子者、猶存乎蓬艾之間。若不釈然、何哉。昔者十日並出、万物皆照、而況徳之進乎日者乎[22]」。）

郭象によれば、舜は尭に対して、三国に「徳」をもって接するよう勧めたのであり、「徳」とは具体的に「物はその性をのばし、各々その安んずるところに安んじ、遠近幽深を問わず自若にゆだね、皆その極を得る」といった状況を実現させることである。(23)

一方郭嵩燾は「徳」を『荘子』本文に既出の「八徳」（人が事物の分別のために用いる「左・右・倫・義・分・辯・競・争」の八つ）の「徳」だとしたうえで、次のように述べる。

三子は、蓬艾の間にあって、辯じ分けられていない。万物は日照りを受ければその形を隠すことができない。ゆえに一〇個の太陽が重なって、皆万物を得ようとして照らし出せば、万物の神は必ずや損なわれるであろう。日照りは、心のないものである。一方、徳が是非を辯別しようとすることは、心があって出てきたもので、日照りよりも甚だしいのであり、人々は手足の置き所などないだろう。

（夫三子者、蓬艾之間、無為辯而分之。万物受日之照而不能遯其形、而於此累十日焉、皆求得万物而照之、則万物之神必敝、日之照、無心者也。徳之求辯乎是非、方且以有心出之、又進乎日之照矣。人何所措手足乎。(24)）

郭嵩燾は、尭が何らかの形で三国に関わること自体を、強力な是非の辯であると考える。このような郭嵩燾にとっては、郭象のような徳をもって物に自若を促すやり方でさえ、まさに是非の辯の押し付けであると思われたに違いない。

第二に、自らの是非を他に押し付けるということは、別の見方をすれば、他に自らを受け入れさせるため自らを曲げるということでもある。天地篇では、「世にへつらいながらも自分が追随者であることに気づかない惑える人々」が世にあふれていることが指摘された後、「厲の人、夜半に其の子を生めば、遽かに火を取りてこれを視る。汲汲然として唯だ其の己れに似んことを恐るるなり」という文章が現れる。(25) この文章に対する郭象の注釈は、悪人も善を望むのであって、それをまさに物の「自化」であると見なす。(26)

一方郭嵩燾は、以上とは異なった解釈をこの一文に施す。

己を俗と同じくすることは、俗が自分と同じであることを喜び、それが誤りだと理解できないことである。癩病者が子供を産んで自分に似ていないか恐れるのは、同じであることを望まないからであり、自分が癩病であることを知っているからである。そうであれば、俗と同じになるということは、己を無理やりに癩病者と同じにすることとかわりない。にもかかわらず愚かにもその誤りを認識しないのは、以上のことを理解していないからである。

（以己同俗、亦喜俗之同乎己、不知其非也。厲者生子、而懼其似己、於此顧不求同焉、惟自知其厲也。然則其同於俗也、（与）其強己以同於厲無以異也、而懵然不辨其非、亦唯其不知焉而已[27]。）

郭象は、悪人でさえ善を望むという事例から、物は良き方向に「自化」していくのだと主張する。これに対し郭嵩燾は、自らを俗と同じにすべきではないということは、癩病者が自らの子に癩病にかからないよう願うのと同じくらい当然なことであるにもかかわらず、世間の人々はそれに気づかずに、自らを曲げてまで俗に自らを合わせようとする。このような事態の深刻さを指摘するのである。

以上のように、郭嵩燾の『荘子』解釈に多く現れるのは、彼是間の是非の争いが厳然と存在することを認めたうえで、それにより生じてくる「是非の辯を求めること」と「己を俗と同じくすること」という二つの問題をいかに解決するかという強い意識だったのである。

第四節　小　結

本章では、郭慶藩『荘子集釈』所収の郭嵩燾注を題材に次の点を明らかにしてきた。まず、郭嵩燾の『荘子』解釈を見ていくなかで、そこに郭象の「自得」「独化」への批判があることを指摘した。郭嵩燾は特に、郭象の「自得」「独化」が導き出す秩序像、すなわち、彼是がそれぞれに是非を有することをそれぞれの「分」と見なし、彼是間には是非の争いが存在しないとした点を、鋭く批判した。郭嵩燾は、彼是間には是非の争いが存在することを認めたうえで、極力その是非の争いを軽減させるため、彼是の「相待」「有待」という関係に注目していたのである。

ここで成り立つ秩序というのは、次のようなものである。すなわち自らとは異なる他者の存在を認めたうえで、常に向かい合おうとすること、たとえその間に是非の相違があろうとも終始相手として向かい合うことである。そのような向かい合いが成立していることこそが一つの秩序なのである。

そしてこの向かい合いをやめることが秩序の崩壊につながる。郭嵩燾の指摘した二つの弊害、すなわち「是非の辯を求めること」と「己を俗と同じくすること」とは、以上のような向かい合いを拒否するところから生まれてくるのである。この二つの弊害を自覚しながら、常に他者に向かい合うこと、それこそが聖人の資質だったのである。

以上、第Ⅲ部では、郭嵩燾の士大夫像の模索と経学・諸子学との関係を考察してきた。そしていずれの分野においても、郭嵩燾が、士大夫のあるべき姿やまた士大夫どうしが築くべき関係性を読み取ろうとしていたことが明らかとなった。

郭嵩燾の経学・諸子学から読み取ることのできる彼の秩序観とは、この世界がさまざまな事物の自己主張からできているというものであった。郭嵩燾の士大夫像の模索は、世界がそのようなものであると認めるところから始まっていたのである。このような認識があってこそ、あらゆる事物が最終的には一つの価値観に収斂していくという郭の秩序像が生まれたということができよう。郭嵩燾の発想からするならば、世界が一つの価値であるべきだと最初から決めてかかることは、まさに士大夫どうしの議論の弊害からもわかるように、自己主張のぶつかり合いと互いの滅ぼしあいに終始してしまう結果を招くであろう。郭嵩燾にとってあるべき士大夫とは、こうした自己主張の入り乱れる世界を認めたうえで、それぞれの自己主張の間で極力共有できる点を見つけようとする努力をいとわない——郭嵩燾の誠意や礼、そして有待・相待をめぐる思索もそうした努力の一環である——存在だったのである。

（1）王興国「郭嵩燾論『荘子』」（王暁天・胥亜主編『郭嵩燾与近代中国対外開放』、所収）、方勇「郭嵩燾的『荘子札記』」（同『荘子学史』第三冊、北京、人民出版社、二〇〇八年、所収）、羅検秋「郭嵩燾的荘子学闡微」（『人文雑誌』二〇一七年一〇期）。

（2）Nakajima Takahiro, Zhang Xudong, Jiang Hui eds., *Rethinking Enlightenment in Global and Historical Contexts*, Tokyo: UTCP, 2011 に所収の石井剛「『荘子・斉物論』的清学閲読——反思啓蒙的別様径路」。

（3）『郭嵩燾日記』咸豊十一年（一八六一）二月十日に以下のようにある。「郭象注『荘子』は、大半が奥深い言葉（「玄語」）であるが、大半が荘子の意図に合致していない。『荘子』は注に頼る必要がないのである。『荘子』を読むことができる者は、注に頼らないことで理解でき、読めない者はいくら注が詳細でも理解できないだろう。郭象が玄語で『荘子』を解釈したことは、字句を詮釈する後世の連中よりは優れている。しかし、自らの言いたいことを述べて荘子の立言の意図に合致していないのであれば、いったいなぜ荘子に注をつけたのだろうか」。ここには、郭嵩燾の『荘子』の読み方が表れているとともに、当初から郭嵩燾が、郭象の『荘子』解釈に違和感を持っていたことがうかがえる。「象注荘子、多為元語、然多無当於荘子之意。荘子不待注也。能読荘子者、不待注而始明、不能読荘子、雖注之詳終不明也。象以元語釈荘子、優於後世之字詮句釈者矣、然言其所言而無当於荘子立言之旨、則又何以注荘子為哉」、『郭嵩燾日記』第一巻、四三五頁。さらに同治期の日記には、郭嵩燾が王夫之『荘子解』『荘子通』、そして王闓運『荘子注』の影響を強く受けたことが記されている。『郭嵩燾日記』第二巻、同治十年一月二十一日、二十五日、六四四頁を参照。郭嵩燾は、『荘子』解釈において、王船山・王闓運の見解を大いに取り入れており、後述するように、郭象を批判する際の重要な論拠として用いている点が注目される。

（4）『郭氏佚書六種』、光緒二十四年刊。ここにあげた記述は、王興国『郭嵩燾研究著作述要』、八二—八三頁も言及している。ただし、王の『郭氏佚書六種』からの引用と、筆者の目にした『郭氏佚書六種』の該当箇所には字句の異同があるため、以下に筆者の見たものをあげておく。「荘子箋注既佚、別有読船山王子注及評識従兄注本。評識従兄注本一就従兄注本簡端写之、後録木迺尽剌取散入書中」、『郭氏佚書六種』（光緒二十四年男郭焯瑩養知書屋校刊本）、叙目、四葉。

(5) 方勇「郭嵩燾的『荘子扎記』」、一九一頁。
(6) 『郭嵩燾日記』第四巻、九五二頁。
(7) 郭象の『荘子』解釈については、福永光司「郭象の荘子解釈」(『哲学研究』第三七巻第二号、第三七巻第三号、一九五四年、後に同『魏晋思想史研究』岩波書店、二〇〇五年に収録)、戸川芳郎「郭象の政治思想とその「荘子注」」(『日本中国学会報』第一八集、一九六六年、後に同『漢代の学術と文化』研文出版、二〇〇二年に収録)、内村嘉秀「郭象『荘子注』の世界観——自生・独化論をめぐって」(『倫理思想研究』第四号、一九七九年)、湯一介『郭象与魏晋玄学』(武漢、湖北人民出版社、一九八三年)、関正郎『荘子の思想とその解釈——郭象・成玄英』(三省堂、一九九九年)、古勝隆一『中国中古の学術』(研文出版、二〇〇六年)、中島隆博『『荘子』——鶏となって時を告げよ』(岩波書店、二〇〇九年)、楊立華『郭象『荘子注』研究』(北京、北京大学出版社、二〇一〇年)などを参照。
(8) 「道隠於小成、言隠於栄華。故有儒墨之是非、以是其所非而非其所是。欲是其所非而非其所是、則莫若以明」(道は小成に隠れ、言は栄華に隠る。故に儒墨の是非有りて、以て其の非とする所を是として其の是とする所を非とす。其の非とする所を是として其の是とする所を非とせんと欲すれば、則ち明を以てするに若くは莫し)、『荘子集釈』第一冊(郭慶藩撰、北京、中華書局、一九六一年)、六三頁。
(9) 同右、六五頁。
(10) 同右、六五頁。
(11) 同右、六七頁。
(12) 同右、一頁。
(13) 中島隆博『『荘子』——鶏となって時を告げよ』、二七頁。
(14) 「罔両景に問いて曰く「曩は子行き、今は子止まる。曩は子坐り、今は子起つ。何ぞ其れ特操無きや」と。景曰く「吾れ待つ有りて然る者か。吾れの待つ所もまた待つ有りて然る者か。吾れ蛇蚹蜩翼を待つか。悪くんぞ然る所以を識らん。悪くんぞ然らざる所以を識らん」と」(罔両問景曰「曩子行、今子止、曩子坐、今子起、何其無特操与」。景曰「吾有待而然者邪。吾所待又有待而然者邪。吾待蛇蚹蜩翼邪。悪識所以然。悪識所以不然」。)、『荘子集釈』第一冊、一一〇—一一一頁。
(15) 「衆罔両、景に問いて曰く「若向には俯して今には仰ぐ。向には括りて今には被髪す。向には坐りて今には起つ。向には行きて今には止まる。何ぞや」と。景曰く「捜捜たり、奚ぞ稍く問う。予れ有れども其の所以を知らず。予れ、蜩甲なり、蛇蜕なり、之れに似て非なり。火と日に吾屯し、陰と夜に吾代わる。彼れは吾れの有待する所以ならんや。而るを況や以に待つ有る者なるをや。彼れ来たれば則ち我れ之れと来たる。彼れ往けば則ち我れ之れと往く。彼強陽なれば則ち我れ之れと強陽なり。強陽なる者はまた何を以てか問うことあらんや」と」（衆罔両問於景曰「若向也俯而今也仰、向也括（撮）而今也被髪、向也坐而今也起、向也行而今也止、何也」。景曰「捜捜也、奚稍問也。予有而不知其所以。予、蜩甲也、蛇蜕也、似之而非也。火与日、吾屯也、陰与夜、吾代也。彼吾所以有待邪。而況乎以（無）有待者乎。彼来則我与之来、彼往則我与之往、彼強陽則我与之強陽。強陽者又何以有問乎。」）、同右、第四冊、九五九―九六〇頁。引用文中の（　）は、『集釈』の点校者・王孝魚による補足。

(16) 同右、第一冊、一一二頁。

(17) 同右、第四冊、九六一頁。なお引用中の「屯者」および「故亦与物無忤」は、『集釈』の底本である思賢講舎本（光緒二十年刊）ではそれぞれ「屯向」「故亦与物忤」に作るが、文脈からしてここでは、『集釈』の点校者・王孝魚にしたがって読んだ。

(18) 王興国「郭嵩燾論『荘子』」、四八四頁は、郭嵩燾が罔両と影の問答を荘子の処世哲学の基礎と見なしていたことを簡単に述べているが、郭嵩燾がなぜそのような見方をとったかについては明らかにしていない。筆者の見るところ、郭象の「独化」観念とは異なる解釈を追究していくなかで、この罔両と影の会話に注目したのである。

(19) 『荘子集釈』第二冊、四八六頁。

(20) 「凡得真性、用其自為者、雖復皁隷、猶不顧毀誉而自安其業」、同右、第一冊、五九頁。

(21) 「棟者、所藉以制事者也。大者制大、小者制小、相与奮起以有為於世、皆有所借者也。『説文』「叚、借也」。無所假則無為、無為則因以為弟靡、因以為波流、而随物以遷焉。無假而不与利遷、斯之謂無為而無不為。郭象云、任真而直往、非也」、同右、第二冊、四八七頁。

(22) 同右、第一冊、八九頁。

(23) 「夫日月雖無私於照、猶有所不及、徳則無不得也。而今欲奪蓬艾之願而伐使従已、於至道豈弘哉。故不釈然神解耳。若乃物暢其性、各安其所安、無遠邇幽深、付之自若、皆得其極、則彼無不当而我無不怡也」、同右、九〇頁。

(24) 同右。『荘子』王闓運注（同治八年長沙王氏刊本）もこうした解釈をとる。この箇所については、郭嵩燾は王の見解を参照した可能性がある。

(25)「厲之人夜半生其子、遽取火而視之、汲汲然唯恐其似己也」、『荘子集釈』第二冊、四五〇頁。

(26)「厲、悪人也。言天下皆不願為悪、及其為悪、或迫於苛役、或迷而失性耳。然迷者自思復、而厲者自思善、故我無為而天下自化」、同上、四五二頁。

(27)同右。引用文中の（　）は、思賢講舎本『集釈』には見られない。

終章　清末中国の士大夫像の形成とその意義

第一節　新たな郭嵩燾像

本書は、清末の士大夫でありかつ初代駐英公使として有名な郭嵩燾の思想と実践を、士大夫像の模索という観点から論じてきた。本節ではまず、そのことによりどのような郭嵩燾像を描くことができたかを中心に、本書の内容を総括したい。

筆者は、従来の研究のように、進歩と保守、儒学と西洋近代といった研究者の枠組みから極力離れ、郭嵩燾の史料を通読した際に感得できる彼自身の一貫した問題意識に注目した。その問題意識こそが士大夫像の模索であった。士大夫とは社会においていかにあるべきかというのが、彼の生涯をかけた問いだったのである。そして、郭嵩燾の人生を特徴づける三つの場面での彼の思想と実践が、いずれもこの問いに向けてなされていることに注目し、この三つの場面、すなわち地方官経験、西洋体験、そして経学・諸子学における思想と実践から、郭嵩燾の士大夫像の模索を描き出そうとした。

郭嵩燾は、幕友や地方官時代に、次の二つの士大夫像の模索を行っていた。すなわち、士大夫と商賈はどのような関係にあるべきか、そして士大夫どうしはいかにして良好な関係を築くべきか、ということである。この二点は、郭嵩燾の生涯を貫く重要な問いとなった。興味深いのは、郭嵩燾のこうした問いが、釐金制度、候補官の台頭、西洋との対外交渉といった清末特有の制度や社会のあり方との関わりのなかから生じてきたということである。士大夫像の模索という営為自体は、中国史において士大夫が台頭して以降たびたび見られた現象であったが、清末における士大夫像の模索もやはりそれ固有の特徴を有するものだったと言うことができよう。

また郭嵩燾は西洋体験を通して自らの西洋政治像を構築し、それを士大夫像の模索に役立てようとしていた。従来の研究では、西洋をどう理解するか、西洋と中国とをどう関係づけるかということが郭嵩燾にとっての主要な問題意識であったかのように考えられてきたが、これに対し本書は、郭嵩燾にとって西洋が実は自身の士大夫像を模索するための方法の一つであったということを明らかにした。郭嵩燾の主要な問題意識は、いかにすればあるべき士大夫たりえるかということだったのであり、そのような観点から西洋が認識され、その認識に基づき士大夫像が形成されていったのである。

郭嵩燾がこのような問題意識から注目したのが、西洋における議会制度やアソシエーションであった。興味深いのは、これらの制度が、郭嵩燾独自の視点から注目されているということであった。議会制度について見れば、士大夫たちの多くがそれを君主が民意を知るための手段としたり、逆に民が君主に自身の意思を伝える手段としたりしたのに対し、郭嵩燾はそれを為政者どうしの良好な関係を国家全体に示す風俗改良装置であると見なしたのである。従来の研究において清末の議会論が注目されてきた背景には、議会制度が近代化をはかる一つの基準であるという研究者側の価値観が存在していたように思われる。これに対し、郭嵩燾が議会制度へ与えた高い評価は、そうした価値観とは全く性質を異にするものであった。また郭嵩燾は、アソシエーションについても為政者どうしの良好な関係を保つ方法として認識していた。こうした解釈は郭嵩燾が長い間、士大夫どうしの関係を模索してきたからこそ生まれたものである。本書は、士大夫が西洋認識を自身の課題解決のための方法としていく重要な事例の一つを描き出したのである。またこうした彼らの西洋認識は、われわれ現代の研究者が有している西洋認識を相対化する役割をも果たしてくれるものであると言えよう。

そして最後に、郭嵩燾が生涯をかけて取り組んだ経学や諸子学も、士大夫像の模索との関わりでなされていたことを明らかにした。郭嵩燾が『大学』や『中庸』解釈から描き出したのは、それぞれに自己主張する民を目の前にして君子はいかにして統治を行うべきかという課題であった。郭嵩燾は、朱熹が君子と民とに共有される理を前提とし、君子を見習うことのできる民を想定していたのとは異なり、民とは明らかに区別される君子がいかに民を治めるかという認識を有していたのである。そこで重視されたのは誠や礼という方法であり、その理由はそれが人の好悪という、君子と民との唯一の接点に働きかけ、秩序を構築する方法だったからである。この接点をもとに、天下の好悪を一つにするという秩序像が郭嵩燾の思索には読み取れるのである。

また郭嵩燾はさらにその礼について生涯をかけて思索と実践を行った。本書が注目したのは、彼の礼学研究が、彼自身の宗族の運営という課題と密接に関わっていたことであった。郭嵩燾は、人であればだれもが宗族を営むべきであることを自身の経書解釈から主張し、宗祠の祭祀によって大宗を実現しようとした。その担い手として想定されていたのが、高位高官でありかつ一族から公と見なされるに足る士大夫であった。そして郭嵩燾は、宗族の運営が宗族外に与える影響にも注意をはらっていた。郭嵩燾の宗法論の最終目標は、自身の宗族運営が円滑に行われることにとどまらず、それを起点として他族の士大夫たちをも感化し、国家全体に調和のとれた秩序を生み出すことなのであった。このような彼の宗法論にも、彼の士大夫像の模索がよく表れていると言えよう。

さらに本書では、郭嵩燾の『荘子』解釈にも、士大夫像の模索が表れていたことを明らかにした。郭嵩燾は『荘子』の代表的な注釈である郭象の注を批判したが、その批判の矛先は、郭象が是非の対立を無化しようとしたことにあった。郭嵩燾は、『荘子』に、さまざまな事物がそれぞれに是非をかかげて争う世界像を読み取る。そしてそうした世界像を受け入れたうえで、いかにしてなるべく是非の争いの弊害を少なくできるのかを『荘子』から読み取ろうとしたのである。郭嵩燾が読み取ったその方法とは、自身と意見を対立させる相手の存在を認め、常に向かいあうことで、自己の存在を根拠づけ、自他ともに存在をはかるという有待・相待というものであった。こうした世界像や秩序の模索の仕方は、彼の経書解釈にも見られたものであった。

以上のように、郭嵩燾は自身の生涯の重要な場面で士大夫像の模索を行っていた。彼は地方官経験や西洋認識、そして経学・諸子学の成果を総動員して、士大夫の存在意義の回復と士大夫どうしの良好な関係性の構築を目指し、最終的に国家全体へ秩序をもたらそうとしたのであった。こうした士大夫像の模索こそ、郭嵩燾の思想と実践を真に特徴づけているものだったのである。

第二節　清末中国の士大夫たちの議論空間

本書は、郭嵩燾の新たな人物像を描き出す過程で、さらに次のような事実も明らかにしてきた。すなわち、士大夫像の模索が、他の士大夫にも共有された問題意識であったということである。その代表的な例の一つが劉錫鴻による士大夫像の模索であった。前述のとおり、従来劉錫鴻は、郭嵩燾と対照的な人物として捉えられ、その思想の保守頑迷性が批判されたり、逆にその西洋近代に対する独自の見方が注目されたりしてきた。

だが本書が明らかにしたように、士大夫像の模索を自身の課題とする点では、劉錫鴻も郭嵩燾と共通していたのである。重要なのは、郭嵩燾も劉錫鴻も同じく士大夫像の模索を行いながら、その方法やあるべき士大夫像をめぐって意見を異にしていたということであり、その相違の要因の一つが、彼らの依拠した自身の西洋政治像の違いにあったということである。

本書が郭嵩燾と劉錫鴻とのこうした比較を通じて主張したいのは、清末中国において士大夫像の模索をめぐる多様な議論の空間が存在したのではないかということである。例えば、士大夫たちの議会制度に関する議論は、士大夫としての自身のあり方をどのように捉えるかをめぐる議論と密接に関わっていたのではないだろうか。

清末士大夫たちが自身の存在意義をかけて行った議論の空間に着目することにより、清末の思想史を、単に西洋の学知の導入の歴史としてではなく、また保守反動や特殊近代の歴史としてでもない、士大夫たちの主体的な問題意識とその展開の歴史として描き出すことができると筆者は考えている。

そしてこうした士大夫像をめぐる議論空間に着目することで、その後に続く中国近代思想史の描き方に対しても新たな論点を加えることができるであろう。例えば、郭嵩燾が目指した士大夫たちによる団体結成は、中国近代の政党のあり方に影響を与えていると見ることも可能であろうし、また劉錫鴻が示した議会制度や選挙制度への理解は、中国近代へも引き継がれていったように思われる。さらに清末中国は、光緒三十一年（一九〇五）の科挙廃止という制度としての士大夫の終焉を経験し、その後は西洋近代の学知を身につけた新たなタイプの知識人たちが台頭していくこととなる。こうした趨勢において、清末士大夫の議論の遺産はどのような展開をたどったのか。

総じて、清末士大夫たちによる士大夫像の模索が、その後の中国近代思想史の流れとどのように連続し断絶しているのかが今後の重要なテーマとなるであろう。

以上、清末中国の士大夫たちの議論空間が中国近代思想史に対して有した意義について展望してみたが、彼らによる士大夫像の模索は、われわれ現代人に対しても、直接、思想的刺激を与えてくれるものであり、われわれが暗黙の前提とするような価値観を相対化させてくれるものであったと言える。こうした意味でも、清末中国の士大夫像の形成というテーマは研究に値する意義を有していると言うことができよう。以下では、本書で分析した郭嵩燾の模索と実践のなかでも、特にわれわれの思索をかきたたせてくれる三つの論点を取りあげ、それらの論点がいかなる発展性を有するテーマであるかを展望してみたい。

一つ目は、郭嵩燾が終始抱いていた、自己の徳性と統治とを結びつける修己治人の発想である。中国社会において士大夫を自任する者で、この発想を採らなかったものはいなかったと言ってよい。また例えば張灝や有田和夫の清末知識人研究、そして林毓生の五四時期知識人研究をはじめ多くの研究が指摘するように(1)、為政者や知識人の自己変革に社会の原動力を見出すような発想は、前近代のみならず近現代にいたるまで影響力を持続させている。この修己修人という発想は、しばしばわれわれ現代人の批判の対象となってきた。修己修人の発想は、民の上に立つ為政者の人的資質によってこそ社会の秩序を構成できるのであるが、為政者の資質という偶然的で不安定な要素により、果たして秩序など形成できるのかという疑問が浮かんでくるし、民主化を理想とする現代人にとってそれはあまりにエリート主義の印象をまぬがれないからである。さらにこうした人的資質を重視することからかえって生じる官僚の腐敗の歴史を見るにつけ、ますます前述の発想は中国の前近代性、伝統性を示すものとして捉えられてきたわけである。

しかしながら、こうした前近代性批判や強固な持続性が注目される一方、なぜこうした発想が中国において説得力を持ったのか、また当時の士大夫たちはどのような現実に基づいてその発想に確信を得たのかといった問題は十分に検討されてこなかったと思われる。これに対し本書は、中国近代思想における修己治人という発想を、郭嵩燾を軸に解明し、さらに内面の修養が外面の秩序にいかにしてつながりうるのか、またそうした認識に説得力を与えていた現実とはいかなるものであったのか、郭嵩燾の経験を借りながら思考してきた。自己の内面と外部とのつながりという問題は、必ずしも士大夫だけの特殊なものではなく、全世界また時代を問わず重要な思想課題であると言えよう。今後は郭嵩燾の修己治人をそうしたより広い観点のなかに位置づけていくことが望まれるだろう。

二つ目は、郭嵩燾が重視した風俗という観念である。郭嵩燾は、士大夫どうしの関係性が次第に習慣化されることによって、他の士大夫たち、ひいては国家全体の人々を無意識のうちに規定するようになるという現象に注目し、こうした現象のことを風俗と呼んでいた。中国史における風俗という概念の重要性については近年盛んに議論がなされており、今後研究の進展が望まれる分野である。(2) 制度論にも人治論にも収まりきれない特徴を持つ風俗論の研究においては、当時の士大夫たちが具体的にいかなる現実を見てそれを風俗と見なしていたのかの個別事例研究が欠かせないと言えよう。その意味で郭嵩燾の風俗概念は、『日記』等の史料を通じてその内実を極めて具体的に理解できるという点で貴重な事例であった。今後、郭以外にもこのような事例がないか検討が進められれば、清末中国の風俗概念の内実がいっそう明らかとなり、さらにそうした風俗概念は、われわれ現代人にとっても知的刺激を与えてくれるものとなるであろう。

三つ目は、郭嵩燾が士大夫像の模索を通じて描き出した秩序像である。郭嵩燾の秩序像の一つの特徴は、世界はあらゆる事物がそれぞれに自己主張をする場であるという認識であり、世界をそのようなものとして認め、自己と異なる意見の存在を認めることを重視するというものであった。これは郭嵩燾の議会制度認識や『荘子』解釈に顕著に見られたものである。この主張だけを取ると、郭嵩燾が多元的な価値の存在を認める立場をとっていたように思われる。

しかしながら一方で、郭嵩燾がより重視するのは、そうした多元的な価値が最終的に一元的価値に収斂されていくという現象であった。例えば、彼の西洋政治像に見られたように、議会制度で異なる政党の存在が認められつつも国是が一つに収斂していくあり方、さまざまなアソシエーションが存在しながら国境を越えて同質の形式性を構築していくあり方、そして『大学』解釈に見られたように、無数の自己主張する民の存在を認めつつ、最終的に一つの好悪しか存在しない天下を構築すべきだとする見方である。つまり郭嵩燾の秩序像の特徴は、こうした多元性と一元性とが密接に結びついているという点にあるのである。この多元性と一元性の関係という問題は、われわれ現代人にとっても無縁のものではなく、郭嵩燾の模索と実践はわれわれの思考をより活性化させてくれる題材となりうるのである。

以上、本書では、清末中国の士大夫像の形成を、郭嵩燾の模索と実践から跡づけてきた。郭嵩燾による士大夫像の模索は、当時の士大夫たちが存亡をかけて行った真剣な議論の空間の存在を示してくれる証拠の一つであるとともに、現代人の思考の枠組みや常識に再考をうながすものとして、われわれの眼前に立ち現れてくるのである。

（1）Hao Chang, *Liang Ch'i-ch'ao and Intellectual Transition in China, 1890-1907*, Cambridge, Mass.: Harvard University Press, 1971. Chang, *Chinese Intellectuals in Crisis: Search for Order and Meaning (1890-1911)*, Berkeley: University of California Press, 1987. 林毓生（丸山松幸・陳正醍訳）『中国の思想的危機——陳独秀・胡適・魯迅』（研文出版、一九八九年）、有田和夫「清末における士人意識」（有田和夫・大島晃編『朱子学的思惟——中国思想史における伝統と革新』汲古書院、一九九〇年、所収）。

（2）「風俗」という観念の内実を考察した重要な論考に、森正夫「明末の社会関係における秩序の変動について」（『名古屋大学文学部三十周年記念論集』、一九七九年）、寺田浩明「清代土地法秩序における「慣行」の構造」（『東洋史研究』第四八巻第二号、一九八九年）、森正夫「明末における秩序変動再考」（『中国——社会と文化』第一〇号、一九九五年）、岸本美緒「風俗と時代観」（『古代文化』第四八巻第二号、一九九六年、のち同『風俗と時代観』に収録）、同「明清時代における「風俗」の観念」、同『風俗と時代観』（研文出版、二〇一二年）、吉澤誠一郎「補論　風俗の変遷」（同『天津の近代——清末都市における政治文化と社会統合』名古屋大学出版会、二〇〇二年、所収）などがある。

参考文献一覧

〔一次史料〕

〈中国語文〉

『碑伝集三編』全五十巻（汪兆鏞編、近代中国史料叢刊続編第七三輯、台北、文海出版社、一九八〇年）。
『陳宝箴集』下（汪叔子・張求会編、北京、中華書局、二〇〇五年）。
『籌辦夷務始末』咸豊朝、全八十巻（近代中国史料叢刊第五九輯、台北、文海出版社、一九七〇年）。
『籌辦夷務始末』同治朝、全百巻（近代中国史料叢刊第六二輯、台北、文海出版社、一九七一年）。
『船山全書』全一六冊（船山全書編輯委員会編校、長沙、岳麓書社、一九八八―一九九六年）。
『大清文宗顕（咸豊）皇帝実録』全三百五十六巻（台北、華文書局影印本、一九六四年）。
『大清穆宗毅（同治）皇帝実録』全三百七十四巻（台北、華文書局影印本、一九六四年）。
『大清徳宗景（光緒）皇帝実録』全五百九十七巻（台北、華文書局影印本、一九六四年）。
『大学章句質疑』全一巻（郭嵩燾撰、光緒十六年刊思賢講舎本、続修四庫全書、第百五十九冊、所収）。
『読四書大全説』全二冊（王夫之撰、北京、中華書局、一九七五年）。
『郭氏佚書六種』（光緒二十四年男郭焯瑩養知書屋校刊本）。
『郭侍郎奏疏』全十二巻（光緒十八年刊、近代中国史料叢刊第一六輯、台北、文海出版社、一九六八年）。
「郭嵩燾、郭崑燾致曾国藩書札」（任光亮整理、『歴史文献』第六輯、二〇〇四年）。
『郭嵩燾全集』全一五冊（郭嵩燾撰、梁小進主編、長沙、岳麓書社、二〇一二年）。
『郭嵩燾日記』全四巻（郭嵩燾撰、長沙、湖南人民出版社、一九八一―一九八三年）。
「郭嵩燾未刊手札」（劉金庫整理、『近代史資料』総八八号、一九九六年）。
「郭嵩燾遺札」（任光亮整理、『歴史文献』第一五輯、二〇一一年）。

「郭嵩燾致陸心源書札」（任光亮整理、『歴史文献』第九輯、二〇〇五年）。
「郭嵩燾致瞿鴻禨書札」（任光亮整理、『歴史文献』第七輯、二〇〇四年）。
『郭嵩燾奏稿』（楊堅校補、長沙、岳麓書社、一九八三年）。
『皇朝経世文編』全百二十巻（賀長齢輯、同治十二年鉛印本、近代中国史料叢刊第七四輯、台北、文海出版社、一九六六年）。
『皇朝経世文続編』全百二十巻（葛士濬輯、光緒二十七年鉛印本、近代中国史料叢刊第七五輯、台北、文海出版社、一九七二年）。
『皇朝経世文続編』全八百四十巻（盛康輯、光緒二十三年刊、近代中国史料叢刊第八四輯、台北、文海出版社、一九七二年）。
『湖南図書館蔵近現代名人手札』全五冊（湖南図書館編、長沙、岳麓書社、二〇一〇年）。
『礼記質疑』（鄔錫非・陳戍国点校、長沙、岳麓書社、一九九二年）。
『劉光禄（錫鴻）遺稿』（劉錫鴻撰、近代中国史料叢刊三編第四五輯、台北、文海出版社、一九八八年）。
『倫敦与巴黎日記』（郭嵩燾撰、走向世界叢書、長沙、岳麓書社、一九八四年）。
『勧誡社彙選』（光緒二年刊、学習院大学図書館蔵）。
『史記札記』（郭嵩燾著、上海、商務印書館、一九五七年）。
『水窓春囈』（欧陽兆熊・金安清撰、謝興尭点校、北京、中華書局、一九八四年）。
『四国新檔』英国檔下（中央研究院近代史研究所編、台北、中央研究院近代史研究所、一九六六年）。
『四書章句集注』（朱熹撰、北京、中華書局、一九八三年）。
『咸豊同治両朝上諭檔』全二四冊（趙雄主編、桂林、広西師範大学出版社、一九九八年）。
『湘軍志』全十六巻（王闓運撰、宣統元年重刊本）。
『宣講集要』全十五巻首一巻（光緒三十二年刊、宝慶呉氏経元堂刊本）。
『洋務運動』全八冊（中国史学会主編、上海、上海人民出版社、一九六一年）。
『養知書屋文集』全二十八巻（郭嵩燾撰、光緒十八年刊、近代中国史料叢刊第一六輯、文海出版社）。
『因寄軒文二集』全六巻（管同撰、道光十三年刊、続修四庫全書、第一五〇四冊、所収）。
『英軺私記』（劉錫鴻撰、走向世界叢書、長沙、岳麓書社、一九八六年）。
『玉池老人自叙』（郭嵩燾撰、光緒十九年刊、近代中国史料叢刊第一一輯、台北、文海出版社、一九六七年）。

『曾文正公（国藩）全集』（曾国藩撰、光緒二年刊、近代中国史料叢刊続集第一輯、台北、文海出版社、一九七四年）。
『浙江省嘉善県志』全三十六巻首一巻（江峰青修、顧福仁纂、光緒十八年刊、中国方志叢書（華中地方、第五九号）、台北、成文出版社、一九七〇年）。
『中庸章句質疑』全二巻（郭嵩燾撰、光緒十六年思賢講舎刊本、続修四庫全書、第百五十九冊、所収）。
『周礼注疏』全三冊（鄭玄注、賈公彦疏、彭林整理、上海古籍出版社、二〇一〇年）。
『荘子』王闓運注（同治八年長沙王氏刊本）。
『荘子集釈』全四冊（郭慶藩撰、北京、中華書局、一九六一年）。

〔二次文献〕

〈中国語文〉

車行健「台湾学界対郭嵩燾研究之重要成果簡述」（『中国文哲研究通訊』第一四巻、第一期、二〇〇四年）。
陳冠偉・肖永明「郭嵩燾『礼記質疑』研究」（『湖南大学学報（社会科学版）』二〇一三年第二期）。
陳玫琪『郭嵩燾『礼記質疑』駁議鄭『注』、孔『疏』之研究——以礼制為例』（台北、銘伝大学応用中文系在職碩士班学位論文、二〇〇七年）。
鄧李志『郭嵩燾的文献学成就研究』（湖南師範大学碩士論文、二〇一〇年）。
范広欣「事功和礼——郭嵩燾『中庸章句質疑』初探」（『中国哲学与文化』第四輯、二〇〇八年）。
——「従『大学章句質疑』看晩清義理、考拠和経世之学的整合」（『思想与文化』第一〇輯、二〇一〇年）。
范継忠「郭嵩燾与釐金制略議」（『清史研究』二〇〇〇年第二期）。
——『孤独前駆——郭嵩燾別伝』（北京、人民文学出版社、二〇〇二年）。
方勇「郭嵩燾的『荘子扎記』」（同『荘子学史』第三冊、所収）。
——『荘子学史』第三冊（北京、人民出版社、二〇〇八年）。
宮明「劉錫鴻的反洋務思想及其演変」（『中国人民大学学報』一九八七年第五期）。
郭廷以編定・尹仲容創稿・陸宝千補輯『郭嵩燾先生年譜』上下巻（台北、中央研究院近代史研究所、一九七一年）。

黄康顕「郭嵩燾在英国的外交活動」（『大陸雑誌』七二巻第四期、一九八六年）。
金培喆「郭嵩燾的対外意識和地域活動——以思賢講舎及禁煙公社為中心」（周維宏等主編『世紀之交的抉択』北京、世界知識出版社、二〇〇〇年、所収）。
雷俊玲「清末駐欧使節劉錫鴻対西方的認識」（『輔仁歴史学報』一〇、一九九九年）。
李細珠『晩清保守思想的原型——倭仁研究』（北京、社会科学文献出版社、二〇〇〇年）。
李新士『郭嵩燾洋務観研究』（鄭州、河南人民出版社、二〇一四年）。
李永春「郭嵩燾与晩清釐金」（『史学月刊』二〇〇一年第三期）。
——「郭嵩燾与湖南釐金総局」（『株洲工学院学報』二〇〇三年第一期）。
李長莉「晩清士人趨利之風与観念的演変」（薛君度・劉志琴主編『近代中国社会生活与観念変遷』北京、中国社会科学出版社、二〇〇一年所収）。
黎志剛「郭嵩燾的経世思想」（『近世中国経世思想研討会論文集』台北、中央研究院近代史研究所、一九八四年、所収）。
柳定生「郭嵩燾伝」（『史地雑誌』創刊号、一九三七年）。
劉怡伶「試析朱熹与郭嵩燾対『大学』「絜矩之道」詮解之異同」（『経学研究論叢』第一二輯、二〇〇四年）。
羅検秋「学術調融与思想改良——曾国藩、郭嵩燾的礼学思想述論」（『天津社会科学』二〇〇七年第三期）。
——「郭嵩燾的荘子学闡微」（『人文雑誌』二〇一七年一〇期）。
羅玉東『中国釐金史』上下冊（上海、商務印書館、一九三六年）。
陸宝千「郭嵩燾之洋務思想」（中華文化復興運動推進委員会主編『中国近代現代史論集　第六編　自強運動（一）通論』台北、台湾商務印書館、一九八五年、所収）。
——『郭嵩燾先生年譜補正及補遺』（台北、中央研究院近代史研究所、二〇〇五年）。
茂木敏夫「劉錫鴻『英軺私記』的世界観」（『南京大学学報』社会史専輯、一九八九年）。
孟沢『洋務先知——郭嵩燾』（南京、鳳凰出版社、二〇〇九年）。
潘光哲「晩清中国「政党」的知識系譜——思想脈絡的考察（一八五六—一八九五）」（『中国文化研究所学報』第四八期、二〇〇八年）。

彭沢益「郭嵩燾之出使欧西及其貢献」（包遵彭・李定一・呉相湘編『中国近代史論叢　維新与保守』第一輯第七冊、台北、正中書局、一九五六年）。
企予「「肯容疑謗道才尊」――朱克敬与郭嵩燾的思想交往」（『蘭州教育学院学報』一九八九年第二期）。
沈雲竜「首任出駐英法公使郭嵩燾」（同『近代外交人物論評』台北、伝記文学出版社、一九六八年、所収）。
史革新『晩清理学研究』（台北、文津出版社、一九九四年）。
石井剛「『荘子・斉物論』的清学閲読――反思啓蒙的別様径路」（Nakajima Takahiro, Zhang Xudong, Jiang Hui, eds., *Rethinking Enlightenment in Global and Historical Contexts*, Tokyo: UTCP, 2011、所収）。
孫致文「郭嵩燾『礼記質疑』解経方法及態度初探」（中壢、国立中央大学中国文学系所編『第六届近代中国学術研討会論文集』二〇〇〇年三月、所収）。
湯一介『郭象与魏晋玄学』（武漢、湖北人民出版社、一九八三年）。
王栻・孫応祥「論郭嵩燾的洋務思想」（『南京大学学報（哲学社会科学）』一九八一年第三期）。
王維江「郭嵩燾与劉錫鴻」（『学術月刊』一九九五年第四期）。
王暁天・胥亜主編『郭嵩燾与近代中国対外開放』（長沙、岳麓書社、二〇〇〇年）。
王興国『郭嵩燾評伝』（南京、南京大学出版社、一九九八年）。
――「郭嵩燾論『荘子』」（王暁天・胥亜主編『郭嵩燾与近代中国対外開放』、所収）。
――『郭嵩燾研究著作述要』（長沙、湖南大学出版社、二〇〇九年）。
汪栄祖『走向世界的挫折――郭嵩燾与道咸同光時代』（北京、中華書局、二〇〇六年）。
王曾才「中国駐英使館的建立」（中華文化復興運動推行委員会主編『中国近代現代史論集　第七編　自強運動（二）外交』、台北、台湾商務印書館、一九八五年）。
王子超「郭嵩燾経世致用思想研究――以『中庸章句質疑』和『大学章句質疑』為例証」（北京、中国政法大学碩士論文、二〇一一年）。
呉保森「郭嵩燾三『質疑』研究」（上海、華東師範大学碩士論文、二〇一〇年）。
呉宝暁『初出国門――中国早期外交官在英国和美国的経歴』（武漢、武漢大学出版社、二〇〇〇年）。

呉鵬翼「中国現代化運動的異士——郭嵩燾的洋務観」（周陽山等編『近代中国思想人物論——晩清思想』台北、時報文化出版事業有限公司、一九八〇年、所収）。
呉義雄「洋務運動的批判者——郭嵩燾」（『学術研究』一九九〇年第二期）。
肖永明・陳冠偉「郭嵩燾『校訂朱子家礼』的社会学考察」（『湖南社会科学』二〇一三年第三期）。
熊秋良「試析郭嵩燾在長沙的洋務宣伝活動」（『湖南師範大学社会科学学報』一九九八年第四期）。
熊月之「論郭嵩燾」（『近代史研究』一九八一年第四期）。
——「論郭嵩燾与劉錫鴻的紛争」（『華東師範大学学報（哲社版）』一九八三年第六期）。
——『西学東漸与晩清社会』（上海人民出版社、一九九四年）。
許順富「論郭嵩燾与思賢講舎和禁煙公社」（『船山学刊』二〇〇二年第四期）。
薛化元・潘光哲「晩清的「議院論」——与伝統思惟相関為中心的討論（一八六一—一九〇〇）」（『中国史学』第七巻、一九九七年）。
楊立華『郭象『荘子注』研究』（北京、北京大学出版社、二〇一〇年）。
伊藤桃子「首任駐英副公使劉錫鴻的思想与西洋観感——以華夏観為中心」（『大仁学報』第三三期、二〇〇八年）。
曾永玲『郭嵩燾大伝——中国清代第一位駐外公使』（瀋陽、遼寧人民出版社、一九八九年）。
張建華「郭嵩燾与万国公法会」（『近代史研究』二〇〇三年第一期）。
張静『郭嵩燾思想文化研究』（天津、南開大学出版社、二〇〇一年）。
張良俊「論郭嵩燾「条議海防事宜」的思想価値」（『江西社会科学』一九九四年第四期）。
張寿安『十八世紀礼学考証的思想活力　礼教論争与礼秩重省』（台北、中央研究院近代史研究所、二〇〇一年）。
張宇権『思想与時代的落差——晩清外交官劉錫鴻研究』（天津、天津古籍出版社、二〇〇四年）。
——「論晩清伝統士大夫対西方的認識及其外交主張——以劉錫鴻為例」（『広東社会科学』二〇一〇年五期）。
——「論晩清伝統士大夫劉錫鴻反対西方侵略的軍事主張」（『歴史檔案』二〇一一年四期）。
鍾叔河「論郭嵩燾」（『歴史研究』一九八四年第一期）。
——『走向世界——近代中国知識分子考察西方的歴史』（北京、中華書局、一九八五年）。
朱維錚『求索真文明——晩清学術史論』（上海、上海古籍出版社、一九九六年）。

〈日本語文〉


青山治世「清末の出使日記とその外交史研究における利用に関する一考察」（『現代中国研究』第二二号、二〇〇八年）。

――「清末中国の在外公館と博覧会――一九世紀後半における博覧会知識の受容と博覧会開催の試み」（柴田哲雄編『地方博覧会の文化史的研究』平成一七年度―平成一九年度科学研究費補助金（基盤研究（C））研究成果報告書、二〇〇八年、所収）。

吾妻重二『朱子学の新研究――近世士大夫の思想史的地平』（創文社、二〇〇四年）。

安部健夫『清代史の研究』（創文社、一九七一年）。

阿部泰記「宣講の伝統とその変容」（『アジアの歴史と文化』第七輯、二〇〇三年）。

――「四川に起源する宣講集の編纂――方言語彙から見た宣講集の編纂地」（『アジアの歴史と文化』第九輯、二〇〇五年）。

――『宣講による民衆教化に関する研究』（汲古書院、二〇一六年）。

新田元規「君主継承の礼学的説明」（『中国哲学研究』第二三号、二〇〇八年）。

――「清初期士大夫の礼実践における「相互規制」の様相――汪琬の立継と王弘撰の服喪を事例として」（『徳島大学総合科学部人間社会文化研究』第二四巻、二〇一六年）。

有田和夫「清末における士人意識」（有田和夫・大島晃編『朱子学的思惟――中国思想史における伝統と革新』汲古書院、一九九〇年、所収）。

飯島渉・久保亨・村田雄二郎編『シリーズ二〇世紀中国史1　中華世界と近代』（東京大学出版会、二〇〇九年）。

伊東貴之『思想としての中国近世』（東京大学出版会、二〇〇五年）。

井上徹『中国の宗族と国家の礼制――宗法主義の視点からの分析』（研文出版、二〇〇〇年）。

岩井茂樹『中国近世財政史の研究』（京都大学学術出版会、二〇〇四年）。

――「一六世紀中国における交易秩序の模索――互市の現実とその認識」（『中国近世社会の秩序形成』京都大学人文科学研究所、二〇〇四年）。

内村嘉秀「郭象『荘子注』の世界観――自生・独化論をめぐって」（『倫理思想研究』第四号、一九七九年）。

大谷敏夫『清代政治思想史研究』（汲古書院、一九九一年）。

――『清代政治思想と阿片戦争』（同朋舎出版、一九九五年）。

――「同治中興考」（『アジア文化学科年報』第八号、二〇〇五年）。

大野誠『ジェントルマンと科学』（山川出版社、一九九八年）。

王賓「郭嵩燾の儒学思想――『大学』解釈と時局論」（『大阪大学日本学報』第一三号、一九九四年）。

――『近代中日両国における対外認識の比較研究――郭嵩燾と横井小楠を中心として』（大阪大学博士論文、一九九四年）。

岡本隆司「「朝貢」と「互市」と海関」（『史林』第九〇巻第五号、二〇〇七年）。

――「「洋務」・外交・李鴻章」（『現代中国研究』第二〇号、二〇〇七年）。

――『近代中国と海関』（名古屋大学出版会、一九九九年）。

――『馬建忠の中国近代』（京都大学学術出版会、二〇〇七年）。

――「一九世紀中国における自由貿易と保護関税――「裁釐加税」の形成過程」（左近幸村編『近代東北アジアの誕生――跨境史への試み』北海道大学出版会、二〇〇八年、所収）。

――『中国「反日」の源流』（講談社選書メチエ、二〇一一年）。

――『李鴻章――東アジアの近代』（岩波新書、二〇一一年）。

――『中国の誕生――東アジアの近代外交と国家形成』（名古屋大学出版会、二〇一七年）。

岡本隆司編『中国近代外交史の基礎的研究――一九世紀後半期における出使日記の精査を中心として』（平成一七年―一九年度科学研究費補助金（基盤研究（C））研究成果報告書、二〇〇八年）。

岡本隆司・川島真編『中国近代外交の胎動』（東京大学出版会、二〇〇九年）。

岡本隆司・箱田恵子・青山治世『出使日記の時代――清末の中国と外交』（名古屋大学出版会、二〇一四年）。

小野和子「明代の党争」（木村尚三郎ほか編『中世史講座第六巻　中世の政治と戦争』学生社、一九九二年、所収）。

小野川秀美『清末政治思想研究』（みすず書房、一九六九年）。→のち増訂版、平凡社東洋文庫、二〇〇九年―二〇一〇年。

小野泰教「郭嵩燾・劉錫鴻の士大夫観とイギリス政治像」（『中国哲学研究』第二二号、二〇〇七年）。

――「書評：岡本隆司著『馬建忠の中国近代』」（『洛北史学』第一〇号、二〇〇八年）。

――「陳宝箴と黄遵憲の官僚制観――湖南変法運動の諸相」（『中国哲学研究』第二四号、二〇〇九年）。

——「咸豊期郭嵩燾の軍費対策——仁政、西洋との関連から見た」（『中国——社会と文化』第二六号、二〇一一年）。

——「郭嵩燾の『荘子』解釈——郭象「自得」「独化」への批判とその背景」（『日本中国学会第一回若手シンポジウム論文集　中国学の新局面』日本中国学会、二〇一二年）。

——「清末士大夫の見た西洋議会制——いかにして理想の君民関係を築くか」（『アジア遊学　東アジアの王権と宗教』勉誠出版、二〇一二年）。

——「郭嵩燾の政治思想——誠意・慎独・絜矩を中心に」（『孫文研究』第五一号、二〇一二年）。

——「『勧誡社彙選』について——アヘン貿易反対協会と勧誡社」（『言語・文化・社会』第一五号、二〇一七年）。

——「清末士大夫における二つの民認識について」（趙景達編『儒教的政治思想・文化と東アジアの近代』有志舎、二〇一八年、所収）。

川北稔編『結社のイギリス史——クラブから帝国まで』（山川出版社、二〇〇五年）。

川尻文彦「戊戌以前の変革論——鄭観応の「議院」論を手がかりに」（『中国文化論叢』第七号、一九九八年）。

——「清末の「富強」をめぐって」（『中国哲学研究』第一四号、二〇〇〇年）。

岸本美緒「風俗と時代観」（『古代文化』第四八巻第二号、一九九六年）。

——『明清交替と江南社会——一七世紀中国の秩序問題』（東京大学出版会、一九九九年）。

——「明清時代における「風俗」の観念」（小島毅編『東洋的人文学を架橋する』東京大学大学院人文社会系研究科多分野交流演習論文集、二〇〇一年、所収）。

——『風俗と時代観』（研文出版、二〇一二年）。

コーエン、ポール（佐藤慎一訳）『知の帝国主義——オリエンタリズムと中国像』（平凡社、一九八八年）。

古勝隆一『中国中古の学術』（研文出版、二〇〇六年）。

小島毅『中国近世における礼の言説』（東京大学出版会、一九九六年）。

——『朱子学と陽明学』（放送大学教育振興会、二〇〇四年）。

小関隆『近代都市とアソシエイション』（山川出版社、二〇〇八年）。

伍躍『中国の捐納制度と社会』（京都大学学術出版会、二〇一一年）。

近藤秀樹「清代の捐納と官僚社会の終末（上）（中）（下）」（『東洋史研究』第四六巻第二号、第三号、第四号、一九六三年）。

坂井秀夫『近代イギリス政治外交史』Ⅰ（創文社、一九七四年）。

佐々木正哉「湖南の排外守旧派と開明派の系譜（一）（二）」（『近代中国』二〇、一九八八年、二一、一九九〇年）。

佐々木愛「毛奇齢の『朱子家礼』批判――特に宗法を中心として」（『上智史学』第四三号、一九九八年）。

――「張載・程頤の宗法論について」（『史林』第八三巻第五号、二〇〇〇年）。

――「『朱子家礼』における家族・親族の構造とその大きさについて」（『社会システム論集』第八号、二〇〇三年）。

――「宋代における宗法論をめぐって」（井上徹・遠藤隆俊編『宋―明宗族の研究』汲古書院、二〇〇五年、所収）。

佐々木揚「郭嵩燾（一八一八―一八九一）における中国外交と中国史――アロー戦争期」（『佐賀大学教育学部研究論文集』第三七集第一号、一九八九年）。→のち同『清末中国における日本観と西洋観』に収録。

――「郭嵩燾（一八一八―一八九一）の西洋論――清国初代駐英公使が見た西洋と中国」（『佐賀大学教育学部研究論文集』第三八集第一号、一九九〇年）。→のち同『清末中国における日本観と西洋観』に収録。

――「清国初代駐英公使郭嵩燾の明治初期日本論」（『東方学』八三輯、一九九二年）。→のち同『清末中国における日本観と西洋観』に収録。

――「一八六、七〇年代における清朝官僚の日本論――李鴻章と郭嵩燾の場合」（衛藤瀋吉編『共生から敵対へ　第四回日中関係史国際シンポジウム論文集』東方書店、二〇〇〇年）。

――『清末中国における日本観と西洋観』（東京大学出版会、二〇〇〇年）。

佐藤慎一「一八九〇年代の「民権」論――張之洞と何啓の「論争」を中心に」（金谷治編『中国における人間性の探求』創文社、一九八三年、所収）。

――「鄭観応について――「万国公法」と「商戦」（一）（二）（三）」（『法学』第四七巻第四号、一九八三年、第四八巻第四号、一九八四年、第四九巻第二号、一九八五年）。

――「模倣と反発――近代中国思想史における「西洋モデル」ついて」（『法学』第五一巻六号、一九八八年）。

――「「清末啓蒙思想」の成立――世界像の変容を中心にして（一）（二）」（『国家学会雑誌』第九二巻五・六号、一九七九年、第九三巻第一・二号、一九八〇年）。

——『近代中国の知識人と文明』（東京大学出版会、一九九六年）。

佐藤慎一編『近代中国の思索者たち』（大修館書店、一九九八年）。

佐野公治『四書学史の研究』（創文社、一九八八年）。

島田虔次『大学・中庸』（朝日新聞社、一九六七年）。

——『朱子学と陽明学』（岩波新書、一九六七年）。

シュウォルツ、ベンジャミン（平野健一郎訳）『中国の近代化と知識人——厳復と西洋』（東京大学出版会、一九七八年）。

ジュリアン、フランソワ（中島隆博訳）『勢　効力の歴史——中国文化横断』（知泉書館、二〇〇四年）。

鈴木智夫『洋務運動の研究——一九世紀後半の中国における工業化と外交の革新についての考察』（汲古書院、一九九二年）。

——『近代中国と西洋国際社会』（汲古書院、二〇〇七年）。

関正郎『荘子の思想とその解釈——郭象・成玄英』（三省堂、一九九九年）。

高田淳「清末における王船山」（『学習院大学文学部研究年報』第三〇号、一九八三年）。

高橋孝助「中国の常関・釐金・海関——商人・商品流通と専制国家」（濱下武志ほか『シリーズ世界史への問い三　移動と交流』岩波書店、一九九〇年、所収）。

竺沙雅章「宋代の士風と党争」（木村尚三郎ほか編『中世史講座第六巻　中世の政治と戦争』学生社、一九九二年、所収）。

手代木有児「清末初代駐英使節（一八七七—七九）における西洋体験と世界像の変動（一）—（四）——文明観と国際秩序観」（『商学論集』第六七巻第一号、第六八巻第一号第二号、第七〇巻第三号、一九九八年—二〇〇二年）。↓のち同『清末中国の西洋体験と文明観』に収録。

——「厳復の英国留学——その軌跡と西洋認識」（『中国——社会と文化』第九号、一九九四年）。

——『清末中国の西洋体験と文明観』（汲古書院、二〇一三年）。

寺田浩明「清代土地法秩序における「慣行」の構造」（『東洋史研究』第四八巻第二号、一九八九年）。

——「明清法秩序における「約」の性格」（溝口雄三・浜下武志・平石直昭・宮嶋博史編『アジアから考える四　社会と国家』東京大学出版会、一九九四年、所収）。

土居智典「清末湖南省の省財政形成と紳士層」（『史学研究』第二二七号、二〇〇〇年）。

戸川芳郎「郭象の政治思想とその「荘子注」」(『日本中国学会報』第一八集、一九六六年)。↓のち同『漢代の学術と文化』(研文出版、二〇〇二年)に収録。

戸川芳郎・蜂屋邦夫・溝口雄三『儒教史』(山川出版社、一九八七年)。

中島隆博『『荘子』――鶏となって時を告げよ』(岩波書店、二〇〇九年)。

――『共生のプラクシス――国家と宗教』(東京大学出版会、二〇一一年)。

新村容子「清末四川省における局士の歴史的性格」(『東洋学報』第六四巻第三・四号、一九八三年)。

――『アヘン貿易論争――イギリスと中国』(汲古書院、二〇〇〇年)。

――「*The Friend of China* より見るイギリスのアヘン貿易反対運動」(東洋文庫編『アジア学の宝庫、東洋文庫――東洋学の史料と研究』勉誠出版、二〇一五年、所収)。

西里喜行「郭嵩燾の琉球自立＝独立論とその周辺」(『琉球大学教育学部紀要』第六一集、二〇〇二年)。

箱田恵子「清末領事派遣論――一八六〇年、一八七〇年代を中心に」(『東洋史研究』第六〇巻第四号、二〇〇二年)。↓のち同『外交官の誕生』に収録。

――「清朝在外公館の設立について――常駐使節派遣の決定とその意味を中心に」(『史林』第八六巻第二号、二〇〇三年)。↓のち同『外交官の誕生』に収録。

――「科挙社会における外交人材の育成――在外公館の設立から日清戦争まで」(京都大学大学院文学研究科二一世紀COEプログラム「グローバル化時代の多元的人文学の拠点形成」編『人文知の新たな総合に向けて――二一世紀COEプログラム「グローバル化時代の多元的人文学の拠点形成」第四回報告書』下巻、二〇〇六年、所収)。↓のち同『外交官の誕生』に収録。

――「在外公館の伝統と近代――洋務時期の在外公館とその人材」(岡本隆司・川島真編『中国近代外交の胎動』、所収)。

――『外交官の誕生――近代中国の対外態勢の変容と在外公館』(名古屋大学出版会、二〇一二年)。

林正子「黄晃――もう一人の釐金創始者」(『史苑』第三六巻第一号、一九七五年)。

原朝子「清末四川の経徴局について」(『近代中国研究彙報』第二一号、一九九九年)。

坂野正高「天津条約(一八五八年)調印後における清国外政機構の動揺(一)――欽差大臣の上海移駐から米国公使ウォードの入京まで」(『国際法外交雑誌』第五五巻第六号、一九五七年)。

――『近代中国外交史研究』（岩波書店、一九七〇年）。

――『近代中国政治外交史――ヴァスコ・ダ・ガマから五四運動まで』（東京大学出版会、一九七三年）。

――『中国近代化と馬建忠』（東京大学出版会、一九八五年）。

福永光司「郭象の荘子解釈」（『哲学研究』第三七巻第二号、第三七巻第三号、一九五四年）。→のち同『魏晋思想史研究』に収録。

――『荘子――中国古代の実存主義』（中公新書、一九六四年）。

――『魏晋思想史研究』（岩波書店、二〇〇五年）。

牧野巽「宗祠とその発達」（同『牧野巽著作集』第二巻、御茶の水書房、一九八〇年、所収）。

溝口雄三「光緒初期の議会論」（『中国――社会と文化』第一号、一九八六年）。

――「ある反「洋務」――劉錫鴻の場合」（『伊藤漱平退官記念論集』汲古書院、一九八六年、所収）。→のち同『方法としての中国』に収録。

――『方法としての中国』（東京大学出版会、一九八九年）。

溝口雄三・伊東貴之・村田雄二郎『中国という視座』（平凡社、一九九五年）。

三石善吉『伝統中国の内発的発展』（研文出版、一九九四年）。

宮崎市定「支那側史料より見たる英仏聯合軍の北京侵入事件――特に主戦論と和平論」（『アジア史研究　第二』東洋史研究会、一九五九年）。

宮沢礼克「太平天国期の湖南財政について――咸豊五年（一八五五）における釐金導入と湘潭章程制定を中心に」（『史流』第四三号、二〇一〇年）。

村岡健次『ヴィクトリア時代の政治と社会』（ミネルヴァ書房、一九八〇年）。

村田雄二郎編『新編　原典中国近代思想史　万国公法の時代』（岩波書店、二〇一〇年）。

目黒克彦「浙江永康県の応氏義荘について」（『集刊東洋学』第二六号、一九七一年）。

――「清末に於ける義荘設置の盛行について」（『集刊東洋学』第二七号、一九七二年）。

茂木敏夫「近代中国のアジア観――光緒初期、洋務知識人の見た「南洋」」（『中国哲学研究』第二号、一九九〇年）。

――「馬建忠の世界像――世界市場・「地大物博」・中国―朝鮮宗属関係」（『中国哲学研究』第七号、一九九三年）。

——「中国における近代国際法の受容——「朝貢と条約の並存」の諸相」（『東アジア近代史』第三号、二〇〇〇年）。

森正夫「明末の社会関係における秩序の変動について」（『名古屋大学文学部三十周年記念論集』、一九七九年）。

——「明末における秩序変動再考」（『中国——社会と文化』第一〇号、一九九五年）。

山下龍二『大学・中庸』（集英社、一九七四年）。

山田賢『移住民の秩序——清代四川地域社会史研究』（名古屋大学出版会、一九九五年）。

山田央子「一　明治前半期における政党の誕生（—一八九〇年）」（季武嘉也・武田知己編『日本政党史』吉川弘文館、二〇一一年、所収）。

山本英史『赴任する知県——清代の地方行政官とその人間環境』（研文出版、二〇一六年）。

山本進『清代財政史研究』（汲古書院、二〇〇二年）。

横山英「鄭観応の議院論」（『史学研究』第一二九号、一九七五年）。

吉澤誠一郎「補論　風俗の変遷」（同『天津の近代』、所収）。

——『天津の近代——清末都市における政治文化と社会統合』（名古屋大学出版会、二〇〇二年）。

——『シリーズ中国近現代史①　清朝と近代世界一九世紀』（岩波新書、二〇一〇年）。

吉田公平「朱子学・陽明学における『大学』」（源了圓編『江戸の儒学——『大学』受容の歴史』思文閣出版、一九八八年、所収）。

林毓生（丸山松幸・陳正醍訳）『中国の思想的危機』（研文出版、一九八九年）。

渡辺浩『近世日本社会と宋学』（東京大学出版会、一九八五年）。

——『東アジアの王権と思想』（東京大学出版会、一九九七年）。


〈欧米語文〉

Chang, Hao. *Liang Ch'i-ch'ao and Intellectual Transition in China, 1890-1907*, Cambridge, Mass.: Harvard University Press, 1971.
—— *Chinese Intellectuals in Crisis: Search for Order and Meaning* (*1890-1911*), Berkeley: University of California Press, 1987.
Evans, Eric J. *Parliamentary reform in Britain, c. 1770-1918*, New York: Longman, 2000.
Frodsham, J.D. trans. and annot., *The First Chinese Embassy to the West: The Journals of Kuo Sung-T'ao, Liu Hsi-hung and Chang*

Te-yi, Oxford: Clarendon Press, 1974.

Hao, Yen-p'ing and Wang, Erh-min. "Changing Chinese Views of Western Relations, 1840–95," John K. Fairbank and Kwang-ching Liu, eds., *The Cambridge History of China*, vol. 11, Cambridge, 1980.

Hsü, Immanuel C. Y. *China's Entrance into the Family of Nations: the Diplomatic Phase, 1858–1880*, Cambridge: Harvard University Press, 1960.

Kuhn, Philip A. *Rebellion and Its Enemies in Late Imperial China*, Cambridge, Mass.: Harvard University Press, 1970.

Mair, Victor H. "Language and Ideology in the Written Popularizations of the Sacred Edict," in D. Johnson, A. J. Nathan and E. S. Rawski, eds., *Popular culture in late Imperial China*, Berkeley, Calif.: University of California Press, 1985.

Platt, Stephen R. *Provincial Patriots: the Hunanese and Modern China*, Cambridge, Mass.: Harvard University Press, 2007.

Polachek, James M. *The Inner Opium War*, Cambridge, Mass.: Council on East Asian Studies, Harvard University, 1992.

Stödter, Rolf. "International Law Association," in Rudolf Bernhardt, ed., *Encyclopedia of Public International Law*, Vol. 2, 1995.

Tsui, man-shing, "A Advocate of Conciliation: Kuo Sung-tao's Attitude towards Sino-Western Relations," Ph. D. Dissertation, University of Toronto, 1974.

Wagner, Rudolf G. "The *Shenbao* in Crisis: The International Environment and the Conflict between Guo Songtao and the *Shenbao*," *Late Imperial China*, Vol. 20, No. 1, 1999.

Ward, Humphry. *History of the Athenaeum, 1824–1925: with Portrait and Illustrations*, London: Athenaeum Club, 1926.

Wong, Owen Hong-hin. *A New Profile in Sino-Western Diplomacy: The First Chinese Minister to Great Britain*, Hongkong: Chung Hwa Book Co., 1987.

Wright, Mary Clabaugh. *The Last Stand of Chinese Conservatism: The Tung-Chih Restoration, 1862–1874*, Stanford: Stanford University Press, 1957.

Yang, Lien-sheng. "Historical Notes on the Chinese World Order," John K. Fairbank, ed., *The Chinese World Order: Traditional China's Foreign Relations*, Cambridge, Mass.: Harvard University Press, 1968.

初出一覧

本書の各部分をなす原型論文は以下のとおりである。ただしいずれも本書において大幅な加筆修正を行い、場合によっては分解のうえ新たに構成しなおすなど、原型をとどめていない場合もある。

序章　小野泰教「郭嵩燾・劉錫鴻の士大夫観とイギリス政治像」（『中国哲学研究』第二二号、二〇〇七年）に基づき、書き下ろし

第一章―第五章→小野泰教「郭嵩燾・劉錫鴻の士大夫観とイギリス政治像」（『中国哲学研究』第二二号、二〇〇七年）。

第一章・第二章→小野泰教「咸豊期郭嵩燾の軍費対策――仁政、西洋との関連から見た」（『中国――社会と文化』第二六号、二〇一一年）。

第四章→小野泰教「清末士大夫の見た西洋議会制――いかにして理想の君民関係を築くか」（『アジア遊学　東アジアの王権と宗教』勉誠出版、二〇一二年）。

第六章→小野泰教「郭嵩燾の政治思想――誠意・慎独・絜矩を中心に」（『孫文研究』第五一号、二〇一二年）、同「清末士大夫における二つの民認識について」（趙景達編『儒教的政治思想・文化と東アジアの近代』有志舎、二〇一八年、所収）。

第七章　書き下ろし

第八章→小野泰教「郭嵩燾の『荘子』解釈――郭象「自得」「独化」への批判とその背景――」（『日本中国学会第一回若手シンポジウム論文集　中国学の新局面』日本中国学会、二〇一二年）。

終章　書き下ろし

あとがき

本書は、筆者が二〇一三年に東京大学大学院人文社会系研究科に提出した博士論文「清末における士大夫像の模索――郭嵩燾の修己治人を中心に」を基礎に、現在の職場である学習院大学での研究成果を加えた形で執筆されたものである。

筆者が本書の主人公である郭嵩燾に出会ったのは、修士課程一年のゼミにおいてであった。郭嵩燾が当時における西洋通、開明的知識人の一人であるという知識はあったが、その彼が、地元湖南で明末清初の思想家・王夫之の学術の顕彰活動を行っているという事実を知り、興味を持った。清末当時に最先端の西洋を実見したということと、伝統学術の偉人を顕彰するという行為との間にギャップを感じたからである。

そうして多くの先達たちに続くように、筆者も郭嵩燾の思想に見られる近代的な部分と伝統的な部分の関係を自分なりに説明するという方向で研究を進めていくことになった。ところが、そのような視点で研究を進めれば進めるほど、郭嵩燾の伝統的側面ばかりが目につくようになった。例えば、士大夫という存在へ強いこだわりを持っていたり、西洋の議会制度を「風俗」といった伝統的観念から論じたりしている点である。郭嵩燾は結局のところ、中国的な観点を西洋に当てはめているだけなのか。彼は西洋体験をしながら何ら思想的変化を起こさなかったのか。そう考えはじめると、彼の思想的なあり方に疑問を生じ、しまいには研究の意欲がさがってしまったことさえあった。

しかしながら、郭嵩燾の士大夫への強いこだわりや「風俗」といった観念の重視が、まさに郭自身の当時のアクチュアルな課題だと認識できるようになってから、郭嵩燾にぐっと愛着がわくようになった。彼の士大夫へのこだわりは、当時の士大夫のあり方を踏まえたうえでの彼の切実な自己認識なのではないか。「風俗」といった概念は、われわれ現代人の価値観とは異なるけれども、彼なりの当時の現実を踏まえたうえでの有効な概念だったのではないか。そしてそれは同時代の西洋社会の特徴をも案外うまく表現できていたのではないか、等々……。このように考えてみると、実は筆者が近代と伝統という枠組みにとらわれていたことがわかった。このような経緯で考えをまとめていったのが本書である。

本書の完成にあたっては、まず筆者の二人の指導教員に感謝の意を表したい。お一人目は佐藤慎一先生である。佐藤先生と初めてお会いしたのは、学部一年生のころ参加した丸山眞男『忠誠と反逆』を読むゼミにおいてであった。先生との出会いにより、筆者は中国近代思想史研究の道に志すこととなった。二〇〇九年にご退職されるまでの長きにわたり指導教員をお引き受けいただき、その後もしばしば懇切なご指導をいただいている。研究対象自身の思惟構造に分け入り、それを明晰な論理と魅力的な文体で描き出す先生の研究スタイルには、大きな影響を受けた。また先生は、筆者のよい面、そして主に弱い面をしっかりと見抜いたうえでご指導くださった。先生の研究室での面談は緊張の連続で、面談後は自分の弱さ、甘さを痛感させられるのが常であったが、それがいつも自分を客観的に捉えなおすよい機会となったのである。

お二人目は村田雄二郎先生である。村田先生には、博士課程二年から指導教員をお引き受けいただいた。以前から先生のご講義には参加していたとはいえ、新参者のゼミ生である筆者を本当に温かく受け入れてくださった。思想史研究から外交史研究にいたるまで幅広い分野で優れた業績を残されている先生のもとで学べたことは、郭嵩燾研究を進めるうえで大変貴重であった。また先生とは各種国際会議の開催作業をご一緒させていただいたが、そうした国際交流における先生のご尽力を目の当たりにできたことは大変得難い経験であった。そして博論執筆や本書刊行の際、起動の遅い筆者に対し、適切なタイミングで背中を押してくださったのも、まさに先生であった。

本書のもととなった博士論文の審査の際には、村田先生、佐藤先生のほかに、石井剛先生、小島毅先生、佐々木揚先生、吉澤誠一郎先生に審査を務めていただき、口頭試問の際には、各先生から厳しくも有益なコメントを数多く賜った。このような贅沢なメンバーに審査いただけたことは、筆者にとって何よりも光栄なことであった。先生方には改めて感謝申し上げたい。

また、学部生以来、十数年間にわたり在籍した東京大学中国思想文化学研究室から受けた影響は、決定的なものであった。筆者が本格的に研究を始めた大学院生時代のスタッフである、佐藤慎一先生、川原秀城先生、小島毅先生、横手裕先生には心よりお礼申し上げたい。また研究室の授業を担当されていた中島隆博先生、橋本秀美先生、石井剛先生にも心よりお礼申し上げたい。先生方に賜ったさまざまな恩恵ははかりしれない。この研究室では、自分の所属ゼミや専門にとらわれず、教員・学生間で自由に学問的議論をすることが可能であった。また近代思想を専門とする者であっても、当然のように前近代思想を学ぶべきとする雰囲気のなかですごせたことは、筆者にとって最大の財産となっている。筆者を日々支えてくださった研究室の先輩、友人、後輩のみなさんに厚くお礼申し上げる。

さらに筆者は、博士課程の時、二〇〇七年から二〇〇九年まで中国政府奨学金生として中国人民大学の清史研究所に留学する機会を得た。その際には、楊念群先生に受け入れ教員を務めていただいた。筆者の留学生活の大半を占めたのは、先生のゼミをはじめとする授業の準備であった。いろいろと不慣れな日本人留学生であった筆者を、楊先生は実に温かく辛抱強く見守ってくださった。先生にはあらためてお礼を申し上げたい。

二〇一一年からは、東京大学大学院人文社会系研究科で助教を担当することとなった。この時期には、引き続き中国思想文化学研究室で研究できる機会に恵まれたうえ、研究室運営に関わるさまざまな業務を担当する機会を得た。こうした業務を通じ、大学というものが、数多くのスタッフの並々ならぬ努力によって成り立っているということを知ることができたのは、大きかった。この助教時期に特にお世話になった石川洋さん、春原由樹さんには、厚くお礼申し上げたい。

また畏友・森川裕貫君にも心からお礼申し上げる。森川君とは、学部時代に佐藤慎一先生の授業で知り合って以来、現在にいたるまで切磋琢磨させていただいている。研究や趣味、その他もろもろ語り明かした学生時代が懐かしい。そしてこれからも多くのことを語りあえればと思う。

二〇一六年より、現在の職場である学習院大学外国語教育研究センターに着任することとなった。当センターでは、各国の言語および文化を専門とされる個性豊かでかつ魅力的な先生方とともに、語学教育や研究に従事させていただいている。中国語担当教員の大澤顯浩先生、高柳信夫先生をはじめ当センターの先生方、そしていつも筆者をサポートしてくださる副手のみなさんに厚くお礼申し上げたい。

本書につながる研究には、JSPS 科研費 JP10J02946、JP23820007 の助成を受けた。記して感謝申し上げる。

本書の刊行に際しては、平成三〇年度学習院大学研究成果刊行助成金の支援を受けることができた。推薦者となっていただいた大澤顯浩先生、高柳信夫先生、そして関係各位に厚くお礼申し上げる。

本書の刊行作業においては、東京大学出版会の山本徹さんに大変お世話になった。山本さんからいただくコメントを通じ、本を書くとはどのようなことかを学ばせていただいた。また山本さんには出版に際しての各種手続きにも的確にご対応いただいた。あらためてこの場でお礼申し上げたい。

本書を父・小野光利、母・秀子にささげたい。両親は、研究とは全く関係のない世界の人であるが、研究者が聞いてもなるほどと反省させられるような励ましで、筆者をここまで導いてくれた。そして何より、両親は筆者のことを真に信じてくれている。あらためてここでありがとうと言いたい。

そして最後に、本書を妻・有紀、長女・真琴にささげたい。妻は学生時代からの研究仲間であり、筆者がくじけそうになったとき、いつもさりげなく助けの手を差し伸べてくれた。またこの間まで生まれたての赤ん坊であった長女も、最近ではずいぶんと言葉を覚え、「おとうさん」と呼んでくれるようになった。二人とも、本当にありがとう。

二〇一八年一〇月

小野泰教

索　引

・項目は本文中にある語句から採用した．
・項目の頁は，本書の文脈上，重要となる箇所を採用した．
・外国語の項目も日本語読みの順番で配列した．
・「郭嵩燾」など，本書全般にわたって頻出する語句は採用していない．

あ　行

か　行

さ　行

た　行

な　行

は　行

ま　行

や　行

ら行・わ行

付録　郭嵩燾関連年表

西暦	郭嵩燾の思想と実践
嘉慶 23 年（1818）	湖南湘陰に生まれる.
道光 15 年（1835）	秀才となる.
道光 16 年（1836）	長沙の岳麓書院で劉蓉や曾国藩らとともに学ぶ.
道光 17 年（1837）	挙人となる.
道光 20 年（1840）	浙江学政羅文俊の幕下に入る. 浙江の海防を論じる.
道光 25 年（1845）	弟崑燾と恩科会試に落第. 長沙で羅沢南と学術交流.
道光 26 年（1846）	江西吉安知府陳源兗の幕下に.
道光 27 年（1847）	李鴻章, 沈葆楨らとともに殿試に合格, 翰林院庶吉士となる. 江南に遊び, 夷務を論じる.
道光 28 年（1848）	郭家彬にしたがい, 湘陰の災害の救済事業を行う.
道光 29 年（1849）	湘陰の大水の際, 救済事業を行う. 母, 死去.
道光 30 年（1850）	父, 死去.
咸豊 2 年（1852）	太平天国軍が北上し長沙を包囲. 郭は太平軍を避け, 左宗棠と玉池山に住む. 『礼記質疑』の執筆を開始する. 曾国藩に団練結成を促す（西暦では 1853）.
咸豊 3 年（1853）	南昌などに援軍として出動. 太平軍に対する水師の建設を提案. 翰林院編修となる.
咸豊 4 年（1854）	曾国藩の推挙により湘軍の捐輸担当者となる. 勧捐のため益陽・寧郷に赴き, 十余万両を得る. 湖南巡撫駱秉章に釐金採用を提唱.
咸豊 5 年（1855）	曾国藩の指示で浙江の塩務を計画実施する.
咸豊 6 年（1856）	上海にて釐金工作を行う. 各国領事に会う.
咸豊 8 年（1858）	北京で翰林院編修の原職に就く. 『実録』を読む. 南書房行走を命じられる.
咸豊 9 年（1859）	僧格林沁とともに天津の海防に取り組み, 内江の防衛, 造船, 通訳の養成を説く. 「主戦不可」と主張して僧格林沁と対立. また山東における税釐徴収事情調査を任されるも, その業績不振の責任を朝廷から追及される.
咸豊 10 年（1860）	病と称して再帰郷する. 『綏辺徵実』の執筆を開始する.
同治元年（1862）	江蘇巡撫李鴻章の推挙で蘇松糧儲道になる.
同治 2 年（1863）	両淮塩運使となる. 曾国藩の軍費獲得の意向により署広東巡撫となる. 劉錫鴻, 郭嵩燾の幕下に入る.
同治 4 年（1865）	オランダとの条約批准書交換を行う. イギリス領事潮州入城事件が発生.
同治 5 年（1866）	イギリス駐広州領事ロバートソンと民営汽船会社設立について議論する. 前年からのイギリス領事潮州入城事件に際し, 潮州の郷紳たちに条約の遵守を求める. 署広東巡撫の職を辞し故郷に再び帰る.

	以後，地元で郷紳としての生活を送る．
同治 7 年（1868）	『湘陰県志』『湖南通志』の編纂に従事する．
同治 9 年（1870）	城南書院の主講に．曾国藩と天津教案について論じる．王闓運と王夫之の学問について論じる．
同治 13 年（1874）	日本の台湾出兵について，恭親王が郭嵩燾ら洋務の有識者と湘軍の将軍らを招集．
光緒元年（1875）	北京に到着．同文館教習マーティン，イギリス公使ウェードに会う．福建按察使に任命される．同年に「条議海防事宜」を上奏．マーガリー事件の謝罪および公使館常設のために出使英国欽差大臣に任命される．署兵部侍郎兼総理衙門大臣に任命される．
光緒 2 年（1876）	署礼部左侍郎に任命される．劉錫鴻らを率い上海を出航．香港，シンガポール，コロンボ，スエズ，マルタ，ジブラルタル等の海港都市を経由して，ロンドンを目指す．イギリスまでの航海中も日記を書き留める（『使西紀程』として総理衙門から翌年刊行される）．ロンドンに到着，ヴィクトリア女王に国書を呈する（西暦では 1877）．
光緒 3 年（1877）	『使西紀程』が総理衙門から刊行されるも，編修何金寿などがそれに対し猛烈な批判，その後その破棄が命じられる．清議派張佩綸により郭革職を求める弾劾上奏が出る．この年，禁アヘン・国際監獄会議への中国の参加・シンガポール領事設置に関する上奏をする．議会や各種アソシエーションの観察を行う．李鴻章と書簡で西洋の富強について論じる．
光緒 4 年（1878）	出使法国欽差大臣を兼務し，イギリス・フランス間を往来する．劉錫鴻との不和が原因で，朝廷から帰京を命じられる．
光緒 5 年（1879）	3 月に帰国（上海）．北京には行かず長沙へ戻り，以後郷紳としての生活を送る．『罪言存略』を刊行．
光緒 7 年（1881）	思賢講舎設立，主講となる．
光緒 8 年（1882）	禁煙公社を開く．
光緒 9 年（1883）	李鴻章と清仏戦争について論じる．
光緒 10 年（1884）	再び李鴻章と清仏戦争について論じる．
光緒 11 年（1885）	『湖南通志』完成．
光緒 15 年（1889）	李鴻章と鉄道建設について論じる．
光緒 16 年（1890）	『大学章句質疑』『中庸章句質疑』『礼記質疑』，思賢講舎より刊行．また郭慶藩『荘子集釈』に自ら注釈を施す．湖広総督張之洞の諸政策を批判する．
光緒 17 年（1891）	『校訂朱子家礼』，思賢講舎より刊行．郭嵩燾，死去．

以上の年表は，郭廷以編定『郭嵩燾先生年譜』上下，陸宝千『郭嵩燾先生年譜補正及補遺』を中心に，序章であげた先行研究も参照しつつ作成した．

著者略歴
1981年　佐賀県生まれ.
2004年　東京大学文学部卒業.
2006年　東京大学大学院人文社会系研究科修士課程修了.
2011年　東京大学大学院人文社会系研究科博士課程単位取得退学.
2013年　東京大学大学院人文社会系研究科博士課程修了.
東京大学大学院人文社会系研究科助教（2011-16年）を経て,
現　在　学習院大学外国語教育研究センター准教授. 博士（文学）

主要著作
「清末士大夫における二つの民認識について」（趙景達編『儒教的政治思想・文化と東アジアの近代』有志舎, 2018年, 所収).
「孫詒讓「墨子後語」の儒墨論争観」（『東洋史研究』第73巻第3号, 2014年).

清末中国の士大夫像の形成
――郭嵩燾の模索と実践

2018年11月15日　初　版

[検印廃止]

著　者　小野泰教《おのやすのり》

発行所　一般財団法人　東京大学出版会
代表者　吉見俊哉
153-0041 東京都目黒区駒場 4-5-29
http://www.utp.or.jp/
電話 03-6407-1069　Fax 03-6407-1991
振替 00160-6-59964

印刷所　株式会社三陽社
製本所　誠製本株式会社

© 2018 Yasunori Ono
ISBN 978-4-13-026159-3　Printed in Japan

JCOPY 〈㈳出版者著作権管理機構 委託出版物〉
本書の無断複写は著作権法上での例外を除き禁じられています. 複写される場合は, そのつど事前に, ㈳出版者著作権管理機構（電話 03-3513-6969, FAX 03-3513-6979, e-mail: info@jcopy.or.jp）の許諾を得てください.

倉田明子著　中国近代開港場とキリスト教　A5　七二〇〇円

園田節子著　南北アメリカ華民と近代中国　A5　七四〇〇円

小野寺史郎著　国旗・国歌・国慶　A5　六四〇〇円

田中有紀著　中国の音楽思想　A5　一二〇〇〇円

中島隆博著　共生のプラクシス　A5　五〇〇〇円

飯島渉・久保亨・村田雄二郎編　シリーズ20世紀中国史〈全四巻〉　A5　各三八〇〇円

岡本隆司・吉澤誠一郎編　近代中国研究入門　A5　三二〇〇円

岡本隆司・川島真編　中国近代外交の胎動　A5　四〇〇〇円

ここに表示された価格は本体価格です．御購入の
際には消費税が加算されますので御了承下さい．